广东省教育科学规划课题“深化课程改革背景下中学地理课堂教学评价研究”（2014YQJK206）
广东省中学地理学科数字资源建设与应用研究项目

中学地理微课设计与应用

编委会

主　　编：施美彬

执行主编：吴俊和　林会新

编　　委（排名不分先后）：

刘　靖　刘　刚　孟　洁　赵中卫
杨洁兰　冯嘉琪　艾志华　冯振彪
周建峰　王玮琛　张运喜　赖丽容
吴青青　廖　乐　刘素华

广东高等教育出版社
Guangdong Higher Education Press
·广州·

图书在版编目（CIP）数据

中学地理微课设计与应用 / 施美彬主编. —广州：广东高等教育出版社，2021. 8

ISBN 978 - 7 - 5361 - 6634 - 9

Ⅰ. ①中… Ⅱ. ①施… Ⅲ. ①中学地理课 - 课程设计 Ⅳ. ① G633.552

中国版本图书馆 CIP 数据核字（2019）第 232502 号

ZHONGXUE DILI WEIKE SHEJI YU YINGYONG

出版发行	广东高等教育出版社 地址：广州市天河区林和西横路 邮编：510500 营销电话：（020）87553335 http://www.gdgjs.com.cn
印　　刷	广州市友盛彩印有限公司
开　　本	787 毫米 ×1 092 毫米 1/16
印　　张	14.75
字　　数	370 千
版　　次	2021 年 8 月第 1 版
印　　次	2021 年 8 月第 1 次印刷
定　　价	48.00 元

目 录

第一章　绪论

第一节　地理微课概述

◎ 问题导入

什么是地理微课？地理微课的构成要素有哪些？

近年来，随着“互联网+教学”时代的到来，以及智能化、便携化移动终端的快速普及，以视频为信息传输媒体的地理微课已经得到了越来越广泛的应用，也为核心素养下的地理教学创新提供了新方法、新思路。“微课”这种新的课程展示方式，让教师看到了一种全新的、让学生有效地提高学习效率的平台。这样的平台从它本身而言，让人看到了便利的、个性化的学习渐渐出现在教育教学的过程中。与此同时，新鲜的事物是否能够长时间地发展，取决于它能够为教育教学过程带来什么，以及是否能够真正为广大师生所用。从源头上讲，教育教学工作者都希望培养能够应对未来社会的学生，而学生的学习情况总是参差不齐，故“因材施教”一词才能让教师认同。

一、地理微课的概念

（一）微课的发展和定义

在国外，微课的雏形最早见于美国北爱荷华大学勒罗伊·A. 麦格鲁教授所提出的60秒课程，正式的微课概念是2008年由美国圣胡安学院教学设计师戴维·彭罗斯提出的。[①]然而，真正让微课走入大众视野的还是印度裔美国年轻人萨尔曼·可汗创立的可汗学院，这是一家非营利性的教育网站，为世界各地的网络学习者提供免费的高品质学习服务，其微课视频涵盖了数学、物理、化学、生物、天文、历史等科目。

2010年微课开始传入我国，微课的概念在国内首先是由广东省佛山市教育局教育信息网络中心胡铁生老师于2011年正式提出的。随后，我国很多学者对微课的概念和内涵

① 张一川，钱扬义．国内外“微课”资源建设与应用进展［J］．远程教育杂志，2013（6）：26-33.

进行了不断深入的研究，虽然不同学者从不同角度提出了许许多多不同的微课定义，但可将其归纳为三类（见图 1–1）。

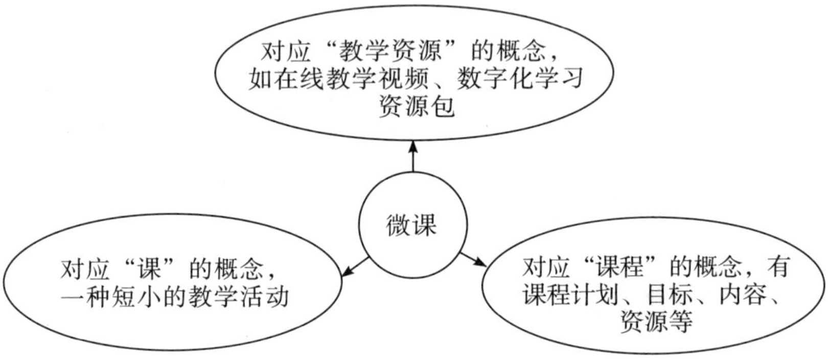

图1–1　微课定义的三种类别

如图 1–1 所示的三类微课定义中，具有代表性和影响力的研究者见表 1–1。

表 1–1　国内部分学者的微课定义比较

研究者	微课定义	类别
佛山市教育信息网络中心胡铁生	按照新课程标准及教学实践要求，以教学视频为主要载体，反映教师在课堂教学过程中针对某个知识点或教学环节而开展教与学活动的各种教学资源的有机组合①	教学资源
南京师范大学张一春	是指为使学习者自主学习获得最佳效果，经过精心的信息化教学设计，以流媒体形式展示的围绕某个知识点或教学环节开展的简短、完整的教学活动②	课程
广州大学教育学院田秋华	基于学校资源、教师能力与学生兴趣，以主题模块组织起来的相对独立与完整的小规模课程。是校本课程的重要形式，应将其纳入学校的课程体系中③	课程

从表 1–1 可知，目前国内学者对微课定义的表述虽然有所差异，但在定义的内涵上存在一定的共同性，即“目标单一、内容短小、时间很短、结构良好、以微视频为载体”。各个学科在微课应用方面都有一定的特点，主要是根据自己学科的性质而逐步形成的。

（二）地理微课的定义

在地理学科方面，中学阶段的学习特别强调学生需要对地理区域有主动认知的过程，以及具备较强的地理实践能力。结合教学的进度安排和学生的实际情况，教师一般难以在日常的课堂中带领学生开展地理科学实验、地理野外考察。学生在自身生活的环

① 胡铁生，黄明燕，李民．我国微课发展的三个阶段及其启示［J］．远程教育杂志，2013（4）：36–42.

② 张一春．微课的评判原则［EB/OL］．（2013–07–31）［2018–04–20］．http://blog.sina.com.cn/s/blog_8dfa9ca20101r2oj.html.

③ 田秋华．微型课程及其开发策略［J］．课程・教材・教法，2009（5）：3–8.

境中，也对很多的地理现象缺乏实际的认知经验。因此，学生在地理学习的过程中，难以对一些地理现象产生形象的认知过程，不利于养成综合分析思维。微课主要以视频为呈现方式，可以很好地呈现多媒体教学素材，迎合了地理学科教学过程的需要。教师可以在设计好教学内容的主题后，把地理科学小实验、地理野外考察等内容制作成微课供教学使用，或者是通过组合图片、视频等素材为学生呈现某一地理知识。与此同时，新课改中倡导教学要做到趣味性和知识性的融合，让学生能够感受生活中的地理，引起学生学习的兴趣。能够引起学生兴趣的微课往往能够提高教学效率，能够把学生的注意力集中在微课的内容上，在没有师生互动反馈的过程中依然进行自主的学习。教师应当利用地理学科包罗万象的学科特质，结合中学生的年龄特点，选取有趣的素材吸引学生的注意力，同时选取有重难点突破的知识点，让学生在学习的过程中真正得以解惑。地理微课是指根据地理课程育人目标和学生自主学习需求，以流媒体形式展示的围绕中学地理一个（或有联系的若干个）知识点及技能方法、思维等而开展的简短、完整的情景化的教与学活动全过程。在研究各位专家学者对微课概念理解的基础上，本书更倾向于微课对应"课"的概念，认为微课是微型课的代名词，是视频化的教学活动片段。因此，结合立德树人根本任务和落实地理核心素养的要求，得出地理微课的定义。

该定义强调：第一，微课要从学生的角度去制作，要体现以学生为本的教学思想；第二，微课解决的问题可以是某个地理知识点，也可以是某种地理能力；第三，微课设计要注重情景化教学，产生良好的师生互动。

在这里，还需要明确的是地理微课≠地理微视频≠地理微课程。

地理微视频是指与地理教学相关的视频短片，是一种辅助性教学资源，它是地理微课的一个重要组成部分。如讲述"常见的天气系统"时导入新课的天气预报视频等。

地理微课程是指系列化的网络学习课程资源，具有课程属性，包含了课程设计、课程开发、教学实施、教学评价等环节。单个的地理微课不能构成课程体系，围绕某个主题的一系列的若干个地理微课才能组成地理微课程。如地理主干知识突破微课程、地理能力提升微课程等。

因此，地理微课与地理微视频、地理微课程之间既有区别又有联系，三者关系如图 1–2 所示。

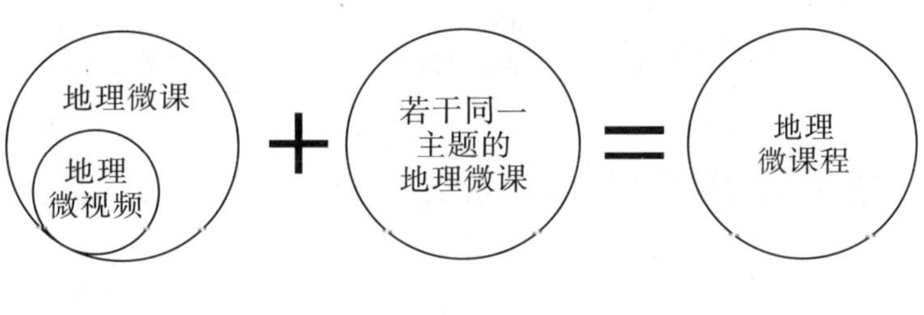

图1–2　地理微课与地理微视频、地理微课程的关系

二、地理微课的构成

微课虽微，但五脏俱全。地理微课是现实课堂的浓缩，也是信息时代的产物，因

此，它既有一般课的基本要素，也有视频技术的支撑来帮助学生完成自主学习，是为学生答疑解惑的很好的选择。地理重难点知识，需要较多的基础知识支撑，这就需要教师在微课设计的过程中重点把握知识精髓，提炼对学生真正有帮助的内容，进而渗透出地理的核心素养。地理微课与其他学科的微课相比，具有非常明显的生活性，学生往往能够从地理微课的学习过程中感受到浓厚的生活气息。

一个典型的地理微课由五大要素构成：学习目标、学习内容、教的活动、学习交互和多媒体，其相互关系如图 1–3 所示。①

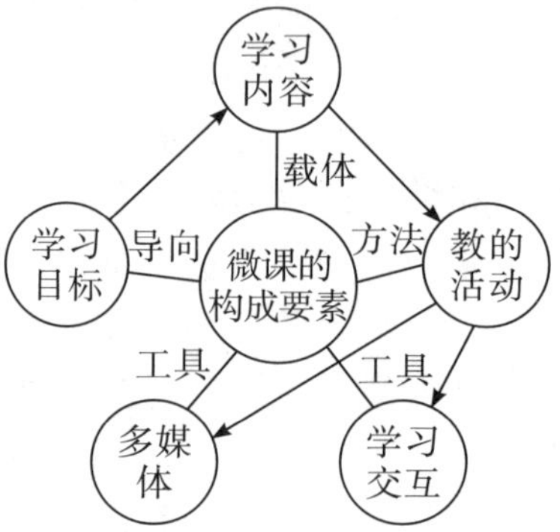

图1–3　地理微课的构成要素

（一）学习目标

学习目标是指教师预期学生学习地理微课后而达成的结果。学习目标可以直接展示在微课视频开头（见图 1–4），让学生开始学习微课之前就清楚学习任务。学习目标一般具有单一、明确的特点，对微课教学内容的选择起到导向作用。

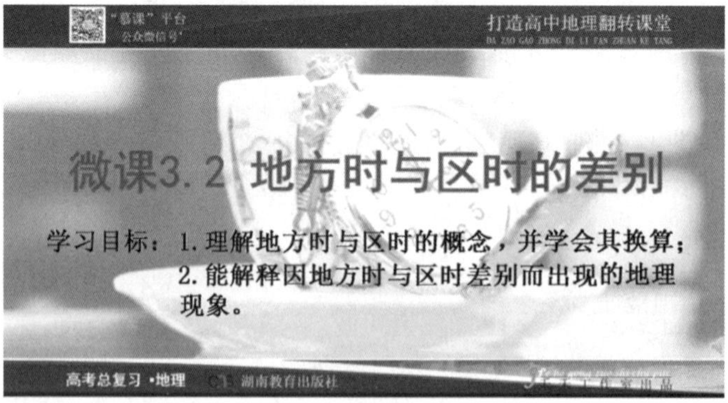

图1–4　地理微课的学习目标展示

（二）学习内容

学习内容是指教师实现地理微课预期学习目标的信息载体。微课学习内容的不同会

① 苏小兵，管珏琪，钱冬明，等．微课概念辨析及其教学应用研究［J］．中国电化教育，2014（7）：94–99.

直接影响教师对“教的活动”的设计。由于微课的时间较短，需要教师根据学生学习情况、紧扣学习主题对学习内容进行精心选取、删减、改编、设计。一节微课一般只有一条线索，围绕一个核心点，主题突出，内容具体。如地理微课“山地垂直地域分异规律及应用”，根据“喜马拉雅山垂直自然带图”层层设计问题，以问题解决为线索贯穿整个微课过程。

（三）教的活动

教的活动是指教师作为活动的主体与特定微课学习内容的客体之间的相互作用过程，通过这种相互作用向学习地理微课的学生有效传递教学信息，以帮助学生对内容进行思考、理解与建构。教的活动是实现微课目标的方法。从教的方法来看，教的活动可以分为教师讲授、教师演示、教师问答等活动类型。

（四）学习交互和多媒体

教师需要借助特定的工具来完成地理微课中相应的“教的活动”，这种工具主要包括两类：一是交互工具，当学生在学习微课时，能促进学生与微课之间更有效地进行信息交互和操作交互，其交互的类型和形式有人物对话、人机交互等；二是信息呈现工具——多媒体，能更好地帮助教师表达、解释教学内容，提高学生在学习微课时与学习资源间信息交互的有效性，如微课中呈现的课件、图形图像、动画、视频等多媒体资源（见图 1–5）。

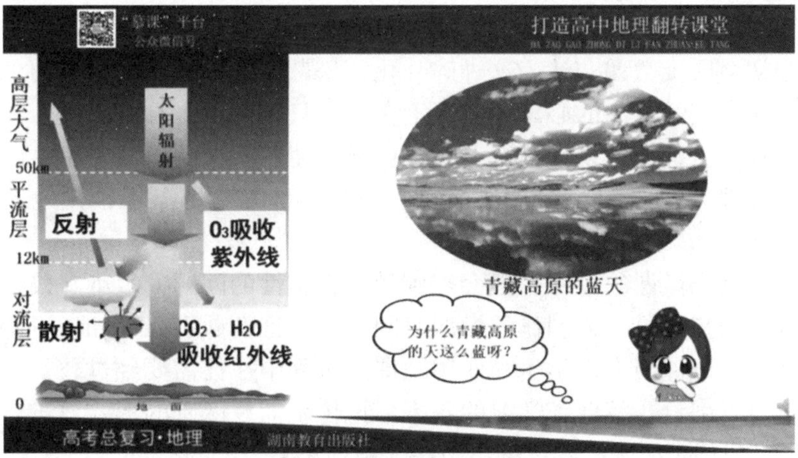

图1–5　地理微课中的交互与多媒体

地理微课的五大构成要素是相互联系、相互影响的，教师通过对这五大要素的精心设计，组织构成一个具有一定结构化程度的数字化教学过程。

三、地理微课的分类

地理微课从不同角度主要分为三类。

（一）按照教学方法来分类

1. 讲授型地理微课

讲授型地理微课是以教师为导向，围绕语言传递的信息，采用讨论法、讲授法、启发法、问答法等不同教学方法，以某一教学主题、地理知识点为中心开展的微课教学。

2. 实操型地理微课

实操型地理微课是在教师的帮助指导下，围绕实践训练、直接感知，采用实验法、练习法、演示法等不同教学方法，围绕抽象的知识难点而开展的完整、简短的教学活动。

3. 情景型地理微课

情景型地理微课也称为案例分析型微课，就是教师选择生产、生活中的地理事物或现象案例进行分析，将学生知识学习和能力提升融入案例中，实现情景化教学。

（二）按照教学内容来分类

地理微课可分为知识类微课（自然地理知识、人文地理知识、区域地理知识）和技能类微课（信息获取能力、区域定位能力、语言表达能力、读图分析能力、解题方法技巧）等。

（三）按照教学时段来分类

地理微课可分为课前自主学习类、课中合作探究类、课后巩固检测类之类。

四、地理微课的功能特点

很多人起初会质疑微课，认为这种碎片化、松散型的模式破坏了学习的完整性，让学生形成了“快餐式学习”的心理。实际上，微课只是一种工具，它是否能够对学生提供帮助往往取决于教师如何设计微课、管理微课和使用微课。以学生为主的微课设计，要从形式上尊重学生的学习习惯，从内容上满足学生的学习需求，让地理微课微而不碎、微而不散。

不少教师在制作微课的过程中也会提到教学完整性的问题，教师在设计的过程中容易误入日常教学的传统思维，制作的微课时间过长，把新课引入、知识讲解、练习巩固等内容都放在一个微课当中，学生在使用微课的过程中往往需要经过较长时间才能开始学习真正的重难点部分，降低了学习的效率。把传统面授课堂的形式放进微课中，也容易使微课内容的目标不明确，难以突出微课“精、小、短”的特点。

为了更好地避免上述两个问题，教师应当在设计微课的初始，结合自身教学情况规划好具有不同学习目标的微课形式。根据目标而设定的微课类型有很多，一般在聚焦好知识目标后，套用一些基本的结构，准备相关素材并进行填放即可。结合中学地理学习的基本特点，需要微课作为学习辅助的目的主要体现在以下三个方面：为学生呈现真实的地理环境，丰富学生的学习资源；有效针对重难知识点进行突破，提高学生的学习效率；互动评价夯实知识基础，落实日常教学质量。

（一）丰富多彩的地理学习资源

地理微课的平台可以将日常生活当中的教学资源融合在一起，并通过讲解使知识变得活灵活现，从而以一种学习资源的形式呈现给学生。

随着信息技术的逐步提升，地理教学资源变得更加丰富，地理教学的途径变得更加多元。资讯在网络上畅通传播，人与人之间的沟通常常是通过各种社交平台完成，师生都在时代的进步下增添了许多碎片化的学习时间，许多真实的地理环境景观通过不同的途径进入师生的视野。视频网站、应用软件的分享平台等资讯，也常常可以拓宽学生的课外知识层面。比如新闻媒体的航拍新闻，节选其中的片段将会是很好的学习资源。

一般移动终端的拍照和录影功能可以简单快捷地完成地理教学资源的收集。一些难以在课堂上完成的地理实验可以通过录影分享，日常野外地理考察中的自然现象可以通过录制视频呈现。一般来说，视频中呈现周边熟悉的环境、身边同学的地理实践活动会更加容易让学生产生亲切的感觉，从而引发学生学习的兴趣。

明确目标以后，教师往往通过录屏技术或资源下载等途径，获得数量较大的视频素材。制作微课可以是一个持续而有意义的过程，教师不妨养成用简单的软件对已经获取的视频素材进行剪辑，后期根据相关知识点组合视频内容，并配以知识讲解即可。此类微课一般以科普的形式呈现，没有非常固定的学习目标，与此同时也能贴近日常教学内容的课外知识。学生可以通过观看此类微课，逐步养成关注身边生活事物的良好习惯。

（二）简要明晰的地理知识讲解

地理微课从形式上来说非常适合针对某一小知识点的深入讲解，让学生重点突破日常感到困难的内容，教师在设计此类微课的过程中，需要注意语言简明扼要，充分理解微课是日常课堂的辅助工具，是一种知识内容讲解的补充与重现。

其中，针对空间想象能力要求较高的知识，在知识的讲解方面需要用到的教具较多，课堂上难以一一呈现，地理微课则可以让教具以事物拍摄、动画制作等方式呈现，甚至VR和AR技术也是可以被应用和尝试的，通过更加丰富的形式帮助学生逐步形成空间想象的过程，理解地球运动、河流变迁、洋流运动、大气运动等自然现象。

同时，让学生理解地理要素之间相互影响、能量传递等关系，往往需要调用较多的基础知识、地理数据、多媒体资源才能帮助学生进行全面的理解，微课作为一种呈现的工具有非常大的优势，几乎可以满足各种地理教学资源的呈现。

在充分理解地理微课的“精、小、短”的基本特点后，教师可以在课堂上观察学生，发现学生学习中的困难所在，对知识点剖析和对教学内容进行筛选，从而明确微课制作的切入点和需要深入讲解的内容。利用PowerPoint等电脑应用软件提前转换格式，便可以轻松地保存视频教学资源，与学生分享。一方面，此类微课一般以课堂补充的形式帮助学生课前预习或课后复习，或是在项目学习中作为知识教授，为课堂中学生相互交流空出充足的时间。另一方面，此类微课要求教师在制作前注意有的放矢、突出主题，着力于学生难以理解的知识点，巧用微课提高课堂成效。

（三）“一个都不落下”的评价练习

得益于微课制作工具越来越丰富，教师可以利用地理微课讲解日常习题，与学生一起对习题进行回顾和重现，也可以利用网络平台投票功能、Camtasia Studio等应用软件，对学生进行评价与检测，满足学生个性化的学习需求。

地理学科在日常教学安排中往往是课时相对较少的科目，在有限的课时中要完成新课的讲解和练习的处理，时间比较紧张。而在日常练习的讲解中，往往是根据教师自身对题目的理解和教学经验决定课堂内容，在班额人数较多的情况下难以满足每个学生的需求，容易造成学生的知识漏洞。以练习讲解的微课可以较好地解决此类问题，教师在制作的过程中可以呈现绝大部分练习内容，并进行知识补充；学生则可以根据自己的实际情况观看，大大地提高了学习的效率。

随着大数据时代的来临，数据的处理变得非常简便，通过网络平台的投票功能、问卷收集功能等，就可以轻松地了解学生的练习情况。因此，练习型的微课可以考虑搭配数据收集过程呈现，以便教师掌握学生的情况。在学习评价方面，知识的遗漏检测也是一个值得重视的方面。通过 Camtasia Studio进行微课制作可以为视频设置练习关卡，让学生在观看完一道习题的情况下，完成同类的练习题，引导学生学以致用、举一反三。

练习评价类的微课适宜独立制作，让学生从开始观看微课时便引起注意，提前思考对自己而言有困难的内容，有针对性地解决问题，重点突破有难度的习题，归纳总结做题技巧。

◎ 深度思考

1. 导致微课定义尚未统一界定的原因是什么？
2. 对地理微课的概念，你还有什么不同的理解？
3. 为什么要把地理微课纳入“课”的范畴？地理微课与现实课堂教学有什么区别？

第二节　地理微课的学科性质

◎ 问题导入

地理学的学科性质是什么？地理微课的学科特点有哪些？

地理学是以研究地球外貌环境、内部构造、变化规律以及人类活动与地理环境之间关系为主要内容的科学。地理学的主要使命是解决人口资源、环境、发展面临的复杂问题。

一、地理微课的特殊性

我们可以以生活性作为重要的切入点，创新设计地理微课的内容，这主要突出体现在以下三个方面：一是思维培养上落实地理空间思维，建立地理事物的空间联系；二是呈现手段上应用现代信息技术，渗透地理学习的新途径和新手段；三是内容选取上使用真实地理学习素材，建立生活经验与地理知识的关联。

（一）培养学生的地理空间思维

地理空间思维能力是地理学科的特色能力，它涉及学生对地理事物的视觉化能力、操作心像能力和图式化的思考能力。与此同时，地理空间思维能力与一般的空间能力比较起来，更加重视地理事物之间的空间关系。培养学生地理空间思维是地理学科的特色需求，作为素材呈现形式丰富的地理微课起到举足轻重的作用。

首先，地理微课需要关注培养学生空间想象能力，地理微课应用软件制作相关动画，形象表达范围尺度过大或时间轴过长的地理事物及其变化，重现地理事物在某个阶段的演化过程，如利用谷歌地球重现历史上河道的演变过程等。其次，地理微课需要重点突出地理事物的空间特性，地球表面涉及各种自然环境与人文环境的现象、效应和过程，在设计微课的过程中可以灵活地把真实地理事物与图文符号进行联系，逐步培养学生的心像地图形成，如在区域地理微课制作中灵活穿插真实的棉花图片和中国棉花种植范围的专题地图。最后，地理微课需要重视地理事物之间的空间联系，树立学生在地理学科上有宏观性、整体性的学习观念，营造具有关联性的思维模式，培养学生多视角、扩散性的思维能力，如通过一段黄土高原四季航拍视频，分析黄土高原水土流失的形成原因，描述水土流失的形成过程。

（二）呈现真实的地理环境

地理学科学习的内容非常广泛，研究的内容包含了地球表面自然环境和人文社会的方方面面，不同地理事物之间的联系更是学生重点的学习内容。因此，学生需要在学习的过程中不断接触真实的地理案例来加深对知识的理解。而地理学习是从不同的空间尺度出发的，在地理微课的设计过程中需要明确知识内容涉及的空间尺度范围，结合现代信息技术的工具支撑，从而选择合适的呈现方式。

一是在人登高远眺能够看到的范围内，教师可以考虑选择利用局部空间的街景巡游模式，为学生展示河流植被等自然景观，也可以让学生感受道路两旁的人文活动，让学生有一个直观的感受，如“腾讯地图”手机应用软件中的街景功能可以很好地展现水乡乌镇的景观。二是在利用航拍工具能够观测到的范围内，一般的城市街道布局和绿化面积分布都能够清晰呈现，对山丘、部分河段或是森林公园等地理事物能够在图像中用肉眼观察，这种尺度的范围图像，教师可以考虑选择无人机航拍图像或空中全景相机图像等作为地理微课的素材，如 AirPano公司推出的系列手机应用软件，可以让学生全方位地了解某一种地理事物，形成直观的认识，若用 AirPano软件在空中看巴黎，能感受星形广场四面八方的放射性街道不断向外延伸。三是针对全球范围或宇宙空间中的地理事物，地理微课也能够尝试利用模拟的动画或场景为学生呈现地理事物的发生过程，但这样的模拟工具需要基于真实的数据进行加工，有主题地突出地理事物的变化特点，尽量避免过于粗略的呈现方式，如谷歌地球通过遥感技术获取真实的地理事物数据，经过处理后可按时间顺序或者空间特性进行呈现。

（三）使用真实的学习素材

地理学习过程中强调学生需要有解决问题的能力，希望学生能够在考察、调查和模拟实验等地理实践活动中具备行动能力和科研品质，这是地理实践力培养的具体表现。受正常教学进度和课时安排限制，难以利用课堂时间让学生真正走出课室走进大自然，因此地理微课的多媒体素材展示平台就起到了重要的作用。在地理微课设计的过程中，应该尽量提供真实情景素材，让学生能够面对真实的问题进行观察、感悟、理解地理环境，通过微课中的语言文字引导学生探索地理环境与人类活动的关系，弥补课堂时间不足给教学素材带来的局限性问题。

同时，教师也可以适当思考日常利用地理微课平台为学生呈现地理科学实验和地理野外考察等相关片段，收集少数学生的地理实践活动并向更多的学生展示。受益于地理微课的制作方式已经变得更加便利，一般移动终端都可以完成相应的剪辑视频功能，教师可以多加重视日常教学素材的收集，为学生提供真实学习素材做好准备。结合更加综合、全面的项目学习方式，为学生呈现一些微观区域和微观地理事物。教师从日常生活中收集素材的习惯，也引导着学生不断在生活中思考问题和获取新知。

二、地理学的学科性质

地理学是一门研究地球表层自然要素、人文要素及其相互关系的科学，它既具有综合性、区域性、空间性、动态性，同时又具有极强的知识性、趣味性、实践性。

1. 综合性

地理学是跨自然科学和社会科学的综合性学科（见图1-6），它涉及的内容广泛，所研究的对象或现象不是孤立的、片面的，各地理要素之间的相互联系、相互影响、相互依赖、相互制约构成地理环境的综合性。因此，学习地理时，务必先分解它的各个组成部分，研究各个要素本身，然后再用综合的联系的观点去研究分析各要素之间的相互关系。

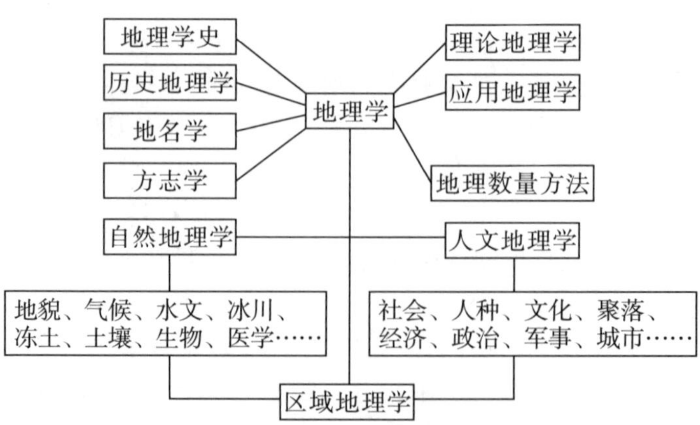

图1-6 地理学体系

2. 区域性

地球表面自然要素和人文要素空间分布不均一的特点，决定了地理学研究的区域性特点。地理学科的内容离不开各个具体的区域，任何区域都有自己的特征，区际之间存在着地理环境及经济结构的地域差异，表现出无可替代的区域特征。世界地理、中国地理、乡土地理就是研究不同尺度、不同层次的区域特征和区域差异的。很多地理学者认为，区域研究是地理学研究的“核心”。

3. 空间性

地理学所研究的对象都具有一定的存在空间。空间性指空间位置、空间分布、空间联系三个不同而又有联系的概念，培养空间想象力是学习地理极其重要的方面。学习一个区域，首先要了解这个地区的空间位置，包括经纬度位置、海陆位置、政治地理与经济地理位置；然后弄清地区内部地理事物如地形、河流、湖泊、气温、降水、植被等的空间分布及其原因，以及经济资源、工业部门、主要农林牧产品、交通运输线的空间分布规律及配置原因。

4. 动态性

地球表面不断变化的特征，决定了地理学须以动态观点进行研究的特点。地理学研究既注重空间的变化，也注意时间的变化。地理现象无论是自然的还是人文的，都是不断变化的。这种变化有周期性的，也有非周期性的；有长周期的，也有短周期的。用动态的观点研究地理学，要求把现代地理现象作为历史发展的结果和未来发展的起点，要求研究不同发展时期和不同历史阶段地理现象的发生、发展及其演变规律。

三、地理微课的学科特点

与传统课堂相比，地理微课具有教学时间短和内容少的特点，主题突出，交互性较强，不受时空限制，方便学生自主学习使用。但由于地理学独特的学科性质，决定了地理微课必须体现学科特点，具备与其他微课不同的个性化表现。

1. 教学资源生活化

“学习对生活有用的地理”“学习对终身发展有用的地理”是地理新课标最基本的理念。因此，地理微课的教学素材和案例应尽可能贴近学生的生活实际，将教学活动置于逼真的社会背景之中，从而激发学生学习地理的强烈愿望，将教学的目的要求转化为学生的内在需要，才能帮助学生更好地解决实际问题。如地理微课“世界的聚落”之“聚落的形态”，以社会热门话题——购房为基础，设计了快递哥小王和保安员老王俩父子对顺德大良南国东路宝翠花园和顺德缝沙合耕新村两处房子的地理环境、交通状况、服务设施的情况等方面的调查作为故事发展的主要脉络（见图 1-7），将学生生活当中有所听闻的事情融入地理的学习当中，让学生感受到生活地理的乐趣。

图1-7 “世界的聚落”微课

2. 学习过程趣味化

地理学科和其他学科最大的不同，就在于它自身的趣味性，因为在地理微课中，大量的信息通过文字、图片、音频与视频的方式呈现出来。地理微课可以在最大限度上调动学生的多个感官，刺激学生的神经，让学生认识到地理学习的趣味性。地理微课，不仅让地理知识变得立体化、多样化，更让地理课堂变得轻松、愉快。如地理微课“中国的气候之季风气候显著”，利用三个虚拟的可爱角色夏季风、冬季风、比比熊进行问答、交流等组织教学，激发了学生学习的兴趣（见图 1–8）。

图1-8 “中国的气候之季风气候显著”微课

3. 问题创设情境化

学习地理最终的目的是能够运用知识原理规律去解决生产生活中的实际问题。地理微课中问题的创设要运用多样的语言描述和丰富的地理图表，将地理核心概念与情境素材融合在一起，创设真实的问题情境，激发学生探究和解决实际问题的兴趣。如 2017 年高考地理全国 I 卷第 1 ~ 3 题，问题的情境创设采用了生活中拍摄的两张绿化隔离带景观照片，并配以文学性的语言进行描述：……数年前，两侧的绿化隔离带按统一标准栽种了常绿灌木；而如今，一侧灌木修剪齐整［见图 1-9（A）］，另一侧则杂树丛生，灌木零乱［见图 1-9（B）］。拍摄当日，这些杂树隐有绿色，新叶呼之欲出。……这让学生有一种身临其境的感觉。

（A）

（B）

图1-9

4. 教学方式直观化

地理微课可以使得地理课的呈现形式更加直观化，可以把这些比较抽象的地理问题化繁为简，运用图文材料更直观地表达学习任务。如地理微课“土地盐碱化”，从习近平总书记访问兰考事件，引出土地盐碱化的主题，通过一幅幅生动形象的手绘图像，直观展现了土地盐碱化的特征、分类、成因和治理措施等（见图 1-10）。

图1-10　“土地盐碱化”微课

深度思考

1. 一个好的地理微课的评价标准是什么？
2. 地理微课如何体现地理学的学科性质？

第三节 地理微课的教学研究

问题导入

地理微课的教学应用目标如何确定？教学设计的基本内容有哪些？教学模式通常有哪几种类型？

目前，地理微课被越来越多的教师应用到中学地理教学实践中，在课前、课中和课后的不同教学阶段，地理微课的教学应用目标是有差异的，对其教学运用模式和教学设计也有不同的要求。

一、地理微课的教学应用目标

由于受实际教学环境的影响，地理微课的教学应用目标在很大程度上受到不同教学阶段的影响。一般来说，课前以学习新知为主，课中以解决疑难为主，而课后则以巩固拓展为主。因此，地理微课的教学应用目标主要分为三个层面（见图 1–11）。

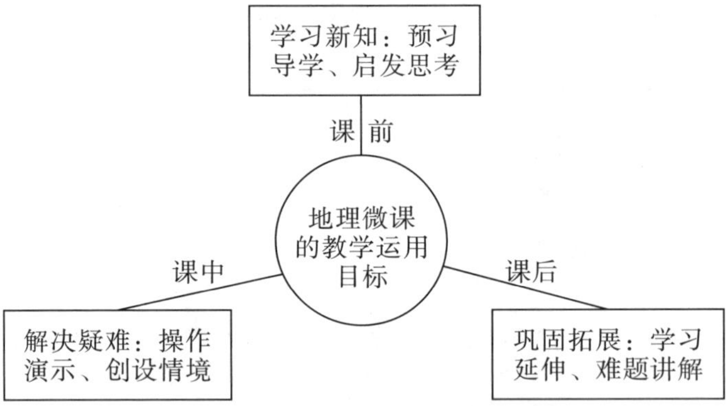

图1–11 地理微课教学应用目标三个层面

1. 学习新知

教师就某个地理知识点进行针对性的讲解，或者在学习新内容前通过微课的方式帮助学生预习导学，前者是为学生掌握新的知识点提供个性化的教学支持，后者是为学生在预习新的教学内容时更好地引发思考和提出问题。

2. 解决疑难

教师根据教学经验，针对学生会重复出现的典型错误、问题，某些有一定难度的前导知识点，或者需要教师重复示范或演示的过程性内容（如三圈环流的形成过程），以及就某些学生难以理解的内容创设相应的问题情境。

3. 巩固拓展

不同学生的学习程度是有差异的，对于一些学习程度较高的学生可以提供以拓展为目的的地理微课，而对于学习程度稍差的学生则重点分析和讲解那些难点问题，对试卷或作业的题目进行分析和讲评，解决学生在学习过程中出现的各类困难。

二、地理微课的教学设计

微课的教学设计要坚持“以学生为中心”，反思学生需要看什么、听什么，这样的表达能否理解。要从画面、声音和学生心理入手考虑学生在视觉、听觉和感觉等方面的需求。

视觉方面，因微课的重点是呈现教学内容，所以教师可以不出现在屏幕当中。

听觉方面，由于不见其人，应当用亲切、自然的语调，口语化的表达来拉近与学生的距离。

感觉方面，微课不是公开课，要营造出一种“面对面、一对一”的个性化辅导氛围，让学生全神贯注地投入到学习中来。

不同的教学应用目标，对地理微课的教学设计内容也提出不同的要求。以“学习新知”为教学目标的东西半球划分为例，说明地理微课教学设计的基本内容（见表 1–2）。

表 1–2　地理微课教学设计的基本内容

<table>
<tr><td>微课名称</td><td colspan="2">地形剖面图与“通视问题”</td></tr>
<tr><td>学习目标</td><td colspan="2">1. 学会地形剖面图的绘制方法；2. 能够运用地形剖面图判断两点间的通视问题</td></tr>
<tr><td>适用对象</td><td colspan="2">高二学生复习</td></tr>
<tr><td>教学方法</td><td colspan="2">讲授法、图解法</td></tr>
<tr><td>设计思路</td><td colspan="2">由问题导入，引发学生思考；通过边讲边画让学生掌握地形剖面图的绘制步骤，并学会运用地形剖面图判断通视问题，培养学生的读图分析能力</td></tr>
<tr><td colspan="3">教学过程</td></tr>
<tr><td>流程</td><td>内容</td><td>时长</td></tr>
<tr><td>片头</td><td>展示课题名称及学习目标</td><td>15 秒</td></tr>
<tr><td>引入</td><td>问题导入：站在高高的望日峰顶上，能否看到山下的甲地呢</td><td>12 秒</td></tr>
<tr><td rowspan="3">正文讲解</td><td>边画边讲，讲解望日峰至甲地的地形剖面图的绘制方法</td><td>90 秒</td></tr>
<tr><td>解决问题，由地形剖面图判断出：从望日峰顶不能看到甲地</td><td>45 秒</td></tr>
<tr><td>绘图归纳，在等高线地形图中，判断两点是否通视的方法</td><td>65 秒</td></tr>
<tr><td>小结</td><td>小结本微课主要内容</td><td>20 秒</td></tr>
</table>

微课教学设计要求做到：目标明确，主题突出；短小精悍，结构完整；语言准确，提问简明；形象直观，活泼灵动。

三、地理微课的教学应用模式

就目前教学实践来看，地理微课的教学应用模式，主要有翻转课堂教学、课内差异化教学和课外辅导答疑三种。

1. 翻转课堂教学模式

根据教学的需要，地理微课可以安排在课前，也可以安排在课内，这种应用模式的重要特点是学生学习微课发生在教师讲授或组织问题探究前，即“先学后教”。在学生学习地理微课后，安排适当的预设任务，以获取学习对微课内容的掌握程度，为教师的后续教学决策提供反馈信息（见图 1–12）。

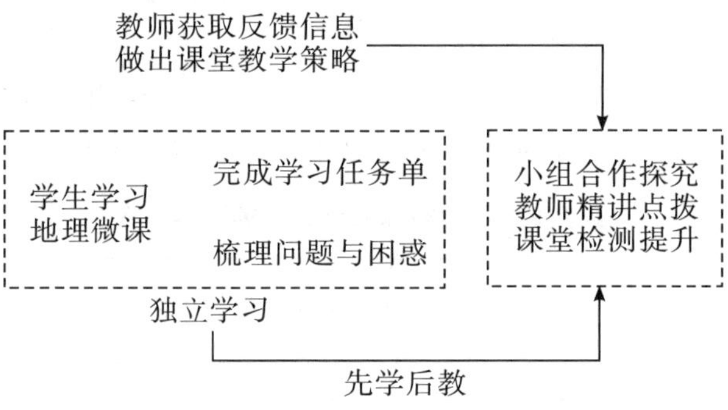

图1–12　翻转课堂模式的教学环节

2. 课内差异化教学模式

在课堂教学过程中，教师在完成某个模块或知识点讲授后，往往会要求学生完成相应的课堂任务（如情境化问题训练），以检测学生学习的成效或拓展教学内容。但由于学生学习程度的差异性，部分学生会无法顺利完成课堂任务，这时他们就可以通过学习教师事先准备好的地理微课，及时回顾相关地理知识或规律原理，以完成课堂任务（见图 1–13）。

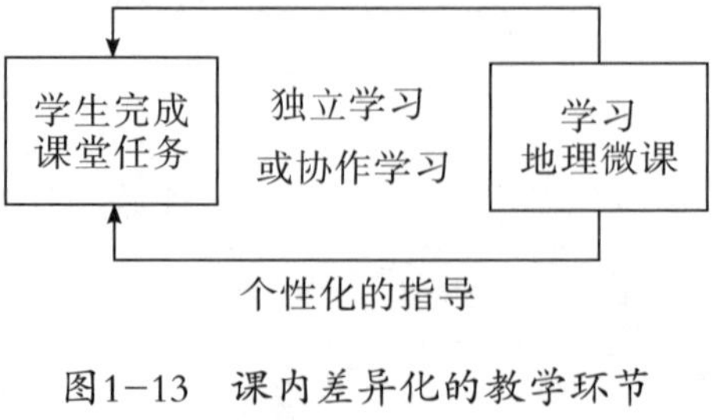

图1–13　课内差异化的教学环节

3. 课外辅导答疑教学模式

学生在课后的地理练习中，经常会遇到某些题目不会做的情况。针对这种情况，教师可以根据以往的教学经验，将其解题分析录制成微课，提供有针对性的练习指导或与练习相关知识点的辅导，以供学习有困难的学生自主学习（见图 1–14）。

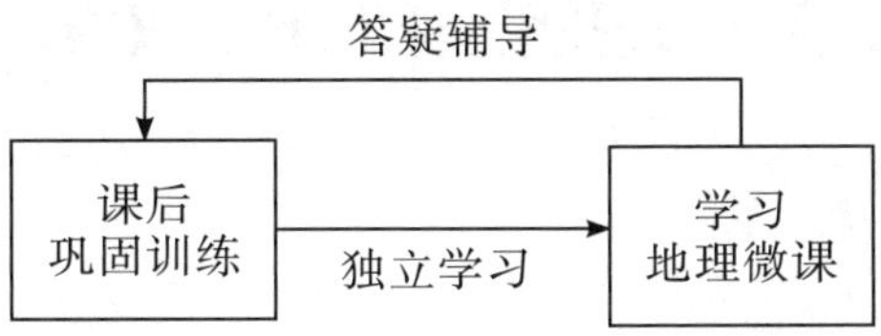

图1–14 课外辅导答疑的教学环节

总体来看，地理微课的教学应用有两大特点：一是微课的学习一般适合学生的独立学习，无论是课内还是课外；二是微课的学习一般适合安排在课前或课后，课中由于受时间限制，一般较少安排。

地理微课的教学运用主要是为学生提供个性化学习，以帮助教师借助信息技术和网络技术的手段更好地实现差异化分层教学。当然，微课的教学应用模式并不局限于上述三种方式，这需要教师和研究者在教学实践过程中不断地探索和总结归纳，以寻求适合教师、学生自己教学实际的应用模式。

◎ 深度思考

1. 与传统课堂相比，利用地理微课构建翻转课堂有什么优势？
2. 如何实现地理微课教学运用模式的创新？

第二章　地理微课的教学目标

第一节　教学目标的意义和功能

◎ 问题导入

什么是教学目标？地理微课教学目标的意义和功能有哪些？

一、教学目标的定义

1934 年，美国俄亥俄州立大学的泰勒虽率先提出“教学目标”，但并未对其做明确的界定，在西方，教学目标一般指与教学或训练有关的、而非与教育有关的目标。教学目标分为最终目标和直接目标两种，前者是为受教育者将来从事各种社会活动要实现的目标，后者为使学生掌握从事上述各项活动时所需的活动工具、行为方法方面所要实现的目标，一般包括习惯与技能、知识与思想、理想、信仰、态度、兴趣等。①

什么是教学目标呢？我国学者倾向于将教学目标和教学目的联系起来，华中师范大学教授李家清认为：教学目标是教师对教学效果的预期追求，表现为教师的教学活动所引起的学生学习行为的变化。教学目标能够引领学生的发展方向，指导教学方法的选择与运用，起到整合教学活动各个因素，测量学生行为结果等作用。②

而目前，大家普遍认为，教学目标是教学活动主体（包括教师和学生）预先确定的，在教学活动中具体要达到的明确的、可测量的教学结果。它既是教师对“教”的效果的提前预见，同时也是对学生“学”的结果的预先设想，且在预设内既注重稳定性，又有变化性，既注重预设性，又有生成性。同时，教学目标的实现需要系列教学活动的参与方可达成，包括教学活动的内容、方式以及教学目标实现的外在呈现。所以说：“教学目标是教学活动的出发点和归宿，在教学过程中制约着教学策略设计和教学评价设

① 朗特里．西方教育词典［Z］．陈建平，杨立义，邵霞君，等译．上海：上海译文出版社，1988：143.

② 李家清．地理教学目标的差异性设计研究［J］．中学地理教学参考，2003（11）：6–7.

计，起着提纲挈领、纲举目张的作用。”①

二、教学目标的意义

教学目标是教师的“教”与学生的“学”双向目标的辩证统一。在整个教学活动之前，教师预设了教学活动实施的方向，同时也预估了学生学习达到的预期效果，而这一切都要在教学目标中得到体现，所以教学目标指向整个教学活动，既规定了教师“教”的方向，同时也预设了学生“学”要达到的程度，对教师而言是教授目标，对学生而言是学习目标。

地理教学目标是检验地理教学效益的有效指标。地理有效教学的核心是地理教学有没有效益。那么如何体现效益呢？地理教学目标是具体的、细化的、可观察、可测量的，是整个教学的起点，所有的教学设计活动都要服从和服务于地理教学目标，可以说它引领了整个教学设计的全过程，地理教师可以通过地理教学目标来进行有效益的教学设计，同时课程完成后还可以通过测量教学目标的达成度来检验地理教学的效益性。

地理微课的教学目标，主题突出、指向明确、以小见大。微课具有“短、小、精、活”的特点，只围绕某一独立知识点，以 5 ~ 10 分钟的视频为主要载体。因此地理微课的教学目标是即时的教学目标，既要按课标要求来设计，也要符合学生的实际学习能力，在地理教学目标体系中是最基础的层面，也是最直接、最具体的地理教学目标，还具有微课视频短小、主题鲜明、内容精练、掌握及时的特点，其目的性更强，指向更明确。教学目标可以指导教师的教学，指导学生的学习，指导学习结果的测量和评价，同时又是教学评价的重要依据。目标指导教学、测量评价教学，因此，制定好具体的、可操作性的教学目标是提高教学效益的关键。要提高课堂教学的效益，首先要制定有效的教学目标，在有效教学目标的指引下，制定合适的教学方法，进而有效地指导学生学习。

三、教学目标的功能

美国学者麦克唐纳曾指出，教育目标的功能虽然目标水平不同，但其有共同的功能价值，总而言之，教育目标功能是指通过明确教育活动的目标，旨在达到目标的最优内容和方法，并成为评价教育教学活动结果的一种目标。②在我国，陈澄教授主编的《地理教学论》、李家清教授主编的《地理课程与教学论》、张华教授的《课程与教学论》等都对教学目标的功能做过系统的概述。综合以上专家的观点，课堂教学目标的功能可以归纳为以下三点。

1. 导教——指导教师教学方法的选择与应用

教学目标决定教学活动的基本走向。首先，教师可以根据教学目标设计教学活动，构建教学策略，合理布局教学思路，有序安排教学环节，并以此来开展教学。其次，地

① 王民，仲小敏. 地理教学论［M］. 2 版. 北京：高等教育出版社，2010：36.
② 钟启泉. 现代课程论［M］. 上海：上海教育出版社，1989：299.

理教师可以根据教学目标合理选择与运用教学方法。

2. 导学——指导学生高效、积极地学习

地理教学目标最大的优点就是它的清晰性，在教学活动开展前，明确教学目标可以让学生清楚地知道通过学习，自己的行为和能力将会发生怎样的变化，以及如何测量这种变化。它能为学生提供自己的学习尺度目标，以便学生在学习的过程中，时时参考，不断缩小自身学习现状和教学目标之间的差距，并能够激发学生的学习动力和达成目标的欲望，促使学生高效、积极地学习。

3. 导测评——指导教学结果的测量和评价

教学是一个动态的过程，对这一动态过程如何进行调控和矫正就需要参考教学目标，这样才能够使教学不偏离目标。课堂教学目标所描述的具体行为表现，是地理教师进行课堂教学评价的衡量标准。地理课程标准或教学大纲提出的课程目标太过于抽象，只具有指导作用，在具体的教学过程中教师很难把握，而地理课堂教学目标是具体的、可测量的，这样学习结束后，学生在此过程中学到了哪些具体的知识点、获得了哪些技能、培养了哪些情感和价值观，都可以从具体的地理课堂教学目标陈述中获得，所以地理教学目标是对教学结果的测量和评价。

◎ 深度思考

1. 地理微课设计如何更好地体现地理教学目标？
2. 地理微课如何渗透地理教学目标的功能？

第二节　教学目标的定位

◎ 问题导入

教学目标的理论基础有哪些？目前我国中小学地理教学目标的制定存在哪些问题？我们应该根据哪些理论来制定教学目标？教学目标的制定应该遵循哪些原则？

一、教学目标的理论基础

目前被广泛认可的教学目标理论基础有如下几种。

1. 认知负荷理论

认知负荷理论是由澳大利亚学者斯威勒等人在 20 世纪 80 年代提出的，该理论认为，人的记忆有限，人脑的认知资源可以被多项任务同时占有，当占用的资源超过人的认知资源总量时就会影响人的记忆效果。微课“短、小、精、活”的特点刚好可以帮助学习者解决这一问题，微课将一个复杂的教学内容微型化、碎片化融入课堂当中，帮助学习者在合理的认知负荷内，提高学习效率。那么，地理微课的教学目标设计也一样需要微型化、碎片化，让学生在有效的时间内最大限度地掌握知识。

2. 系统论

系统论认为世界上每一个事物都可以看作一个系统，我们的世界是若干系统的集合。任何系统不是几个元素的简单累积，而是一个相互联系、相互作用的有机整体，整体的功能大于各部分功能作用之和。

比如教学目标中的三维教学目标“知识与技能”“过程与方法”“情感态度与价值观”就是一个系统，凝炼为学科核心素养。三者相互依存、相互支持，并构成了一种多向的、非线性的关系（见图 2–1）。因此，微课的教学目标虽然微型化，但不能不系统化，三维目标缺一不可才能培育学生核心素养。

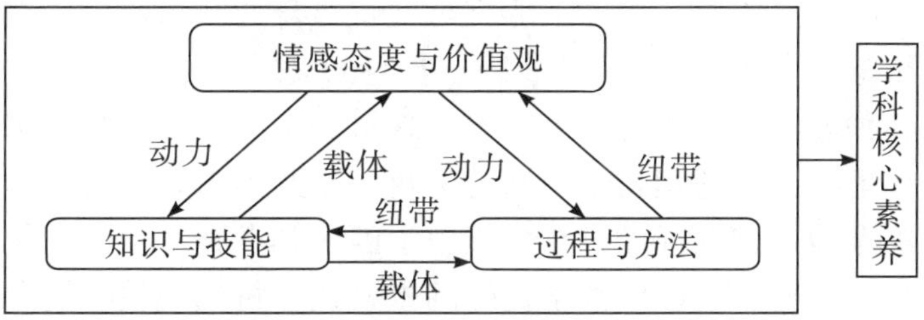

图2–1　三维教学目标的统整与学科核心素养关系

另外，地理教学过程中的各个要素也是一个系统，因此在设计微课的地理教学目标的时候需要把地理课程目标、教材内容、学生学情等要素综合在一起，从整体上进行把握，使教学过程最优化，也使微课的地理教学系统功能最大化。

3. 地理教学理论

“地理教学理论是对地理教学现象和过程的理性概括，它主要通过研究地理教学现象和过程，解释教学要素间内在联系，阐明地理教学规律，并且以地理教学基本规律为基础，提出地理教学理念和教学策略。”①地理教学理论是关于地理教学即地理教师行为的理论，主要研究“地理学科怎样教”的问题，核心问题是“怎样教才是有效的”。“地理教学目标的设计和实施的日的都是为了提高地理课堂教学的有效性，促进学生的发展。因而教学理论，尤其是地理教学理论作为地理教学目标设计和实施的直接理论基础，为地理课堂教学目标的设计提供了理论依据。”②地理微课教学目标的设计主体是教师，地理微课资源更多地作为学习资源，学生才是学习的主体，虽然课堂容量很小，但是更应该把地理教学理论渗透其中，让学生在学习过程中逐渐领会地理学习的方法。

① 黄景．高中地理课堂教学目标的设计与实践研究［D］．武汉：华中师范大学，2014：20.

② 李家清．中学地理教学设计和案例研究［M］．北京：科学出版社，2012：45–46.

二、当前中学地理教学目标普遍存在的问题

教学目标应始终贯穿于整个地理微课教学设计中。地理课程的教学目标从知识与技能、过程与方法、情感态度与价值观三方面设计，培养学生发现地理问题、归纳地理规律、运用地理原理的核心素养。可是地理教师在教学设计上还是比较倾向于教学内容的设计，教学目标处于次要地位，在教学目标的设计上还存在很多问题，使得教学目标的作用没有完全发挥出来。

1. 观念缺更新

地理课程改革已经进行了十来年，虽然教学方式、教学手段等方面发生了很大的变化，但是教学实践并没有实现与这些新的理念的完美结合。地理课程改革要求地理教师成为地理课程的开发者和研究者，就需要地理教师在意识上发生改变，进而提升自己。可学校与相关的教育机构很少开展有关课程改革的培训，即使有培训也不够系统，因此很多地理教师没有完全适应改革的要求，对自身角色的转换还存在困惑，一些年纪大的教师还保留传统的理念，缺少理论学习。对地理教学目标的设计既是课程改革的要求也是对教师角色转换的内在要求，教师未能完全理解自身的新角色更新观念，因此未能充分发挥其自主性和能动性，实际上更是忽视了自身的发展。

另外，现在各种教辅资料盛行，市场上有教材配套的教师教学用书，有教学设计或案例集锦，还有地理期刊、地理教学网站等资料，因此不少教师的教学目标直接照搬教辅资料，而不是根据地理课程标准，在分析教学内容和考查学生学情的基础上设计的。其本质是地理教师没有充分意识到教学目标的重要性，将地理教学目标象征性地摆在教案中，没有去追问这样的设计是否合理，如此导致了地理教学过程中教学目标的游离，因而地理教学目标达成率不高。

2. 内容不合理

首先，新课程倡导的三维目标中，“知识与技能”目标是基础；“过程与方法”目标是关键；“情感态度价值观”的提升是灵魂，凝练成学科核心素养。这三个维度的教学目标各司其职，又相互渗透，形成了一个统一的整体。这就需要我们的教学不仅要关注学生获取知识，重视培养学生能力，更需要帮助学生树立人生观和价值观，避免出现三维教学目标设计不全面，存在明显的详略差异，重“知识与技能”目标的实现，而轻“过程与方法”目标、“情感态度与价值观”目标的达成等问题。

其次，明确、具体的教学目标能有效克服课堂教学的盲目性、随意性，因此教学目标设计必须根据地理课程标准的要求、教材内容和学生的学情，把课堂教学目标加以具体化，避免出现单纯强调知识的难度与深度，忽视三维目标的层次性和递进性的问题。另外，还要注意舍弃抽象空洞的地理教学目标。例如，如果将“培养学生的地理素养”作为地理教学目标就很不合适，什么是地理素养，如何培养学生的地理素养、怎样去评价等都是大的课题，想必很多教师自己也未必弄得清楚，将它作为课堂的教学目标势必是无效的。

最后，微课的地理教学目标要符合微课的特点。微课是以讲解某一知识点为目标，精心设计 10 分钟以内的视频作为核心，而展开的简短完整的教学内容及其活动。由此

可见，微课的地理教学目标也要具有“短、小、精、活”的特点，要有明确的“微”教学目标，针对某一知识点而展开，不适合“多、冗、繁”的教学目标设计。一般表现为三维教学目标所含的子目标较多，如有的地理教师会设计三个“知识与技能”目标，两三个“过程与方法”目标，至少两个“情感态度与价值观”目标，对于一个只有10分钟的内容课程，这么多的教学目标会导致教学设计过程中注重知识量的填充，而失去了节奏，既增加了师生的课业负担，又不利于教学目标的达成。笔者认为，“知识与技能”“过程与方法”“情感态度与价值观”三个维度需整合指向核心素养的教学目标设计，目标清晰明确，才有利于教学的教、学生的学以及目标的达成。

3. 表达不规范

首先，教学目标中的行为主体错误。由于长期受到传统教学模式的影响，地理教师撰写的教学目标大多都是站在教师为主体的角度，突出教师行为的描述，而忽视了学生的主体地位，如“使学生……”“引导学生……”“提高学生……”等等。教学目标是教学后学生行为的预期结果，因此新课程强调的行为主体是学生而不是教师。特别是微课不同于一般的多媒体课件，也不同于视频公开课或课例片段等，它的使用主体是学生，所以地理微课的教学目标的主体更应该以学生为主，明确微课所要学生解决哪些问题，让学生在这短暂的几分钟微课里能够清晰明了、集中精力获取地理知识与技能，得到过程与方法，培养情感态度与价值观。

其次，教学目标的动词表述模糊抽象。教学目标的具体化对提高学生的学习成绩有促进作用，可是很多教师往往运用描述心理过程的专用术语来描述教学目标。如“了解”“理解”“掌握”等动词，学生并不能清楚地知道掌握到什么程度才是“了解”“理解”“掌握”，其实具体的行为动词应为“说出”“描述”“举例”“说明”“概述”等，这样学生才能更加清楚目标的具体要求，也更具有可操作性。而行为动词表述模糊抽象，使教学目标缺乏可操作性和可预测性，既不能较好地指导教师的行为，同时也削弱了教学目标的导向性和评价功能。

三、教学目标制定的依据

1. 课程标准

地理课程标准是国家对地理课程的规范和要求，是教材编写、指导教学、课后评价以及考试的重要依据，是管理和评价地理课程的基础，是指导地理教育教学工作的指令性文件，也是地理教学的依据和准则。因此课程标准是一种特殊的目标，它规范了学生在学习地理课程过程中的“学什么”“怎么学”和“学到什么程度”的问题。同时也对教师“为什么教”“教什么”和“怎么教”提出了相关建议。地理教学目标的制定必须依据地理课程标准指向核心素养培育。地理课程标准对学生的学习提出了总的要求，其基本理念、设计思路、评价要求对课堂教学目标起限定和指导作用。

地理课堂教学目标是地理课程标准的具体化，是课程标准的下一级概念。因此，一方面，地理教学目标要以课程标准为“规范”和“法令”，研究地理课程标准是教师设计地理教学目标的首要任务。通过分析地理课程标准中的内容和要求，充分研究课标，才能明白教学内容在课程中的地位，初步确定课堂教学的素养目标，使得设计的目标不脱离课程标准，更加科学化、准确化。另一方面，地理课程标准不是详细具体的标准，也为教师对教学目标的设计留下自由和空间。

2. 教材内容

对课程标准的研究为设计教学目标奠定了基础。接下来要分析教材内容。教材内容是地理教学的基础，与课堂教学目标有着直接的关系，是目标设计的物质载体。分析教材内容是指分析地理课程标准中规定的相关内容要求及教材中这些内容的呈现特点和方式，弄清楚学生应学习和掌握哪些知识、技能方法和情感态度等素养水平。对教材内容的分析，将影响教师对教材的把握，影响教学目标的确定以及教学方法的选择和教学媒体的选用效果等方面。对教材内容的分析，目的在于揭示教材中各项知识技能和情感态度、学科逻辑之间的关系，更能准确科学地设计教学目标。

3. 学生学情

地理新课程强调“学习对生活有用的地理”与“学习对终身发展有用的地理”，学生的学习应该是有意义的学习，它并非指教学内容自身的意义，而是指教学内容对于学生应具有的意义，即教学内容应能与学生已有认知结构中的知识和观念发生现实的关联。实际上，这两大理念需要学生不再是旁观的学习者，而是要在地理学习的过程中不断构建丰富的“地理意义关联”，甚至形成独特而又相互交汇的“地理意义关联”，在生活中能够活用地理知识。地理课程标准是地理教学目标的底线，学生则是地理教学目标最高限度的尺度。教师教学的对象是学生，教师的教也是为了学生的学，教学目标是对学生学习结果的预期。因此，在制定教学目标过程中，对学生学习起点能力、学生状态进行分析，做一个整体的把握，能为教学目标的确定提供科学的依据，对教学目标的设计起到导航作用。

加涅等心理学家的研究表明，学习者对某项学习目标的学习已具备的知识和技能，了解和掌握的程度是教学目标设计成败的关键。这就告诉我们，在设计教学目标之前必须确定学生的起点能力，分析学生起点能力主要从以下几个方面进行：①以前学过的地理知识和已经掌握的地理技能；②其他学科有关的知识和能力；③学生从生活中获得的经验和能力。

在进行地理课堂目标设计时，必须对学生当前的状态进行分析，比如：学生在不同年龄阶段的生理和心理特征、当前的认知结构、学习习惯、情感态度等素养水平，这样设计出来的地理教学目标才符合学生需要和核心素养培养要求，才具有针对性。基于学生，立足学生，为了学生，是地理教学目标合理性的前提。

四、教学目标制定的原则

1. 整体性原则

根据系统论的整体观念，任何系统都是一个由多要素组成的有机整体，并不是各个部分的简单相加，整体功能应该大于部分功能之和。课堂教学目标中“知识与技能”“过程与方法”“情感态度与价值观”三个维度就是一个系统，是相互联系、相互渗透的有机整体即学科核心素养。因此，微课地理教学目标的设计不能脱离这三个维度，应该将三者融为一体，以“知识与技能”为载体，通过“过程与方法”这一中介，形成正确的“情感态度与价值观”培育学生核心素养。微课虽小，但这三个维度缺一不可。

2. 微型化原则

微课的特点主要有二：一是时长短，一般在10分钟以内；二是内容少，一堂微课只讲一个知识点或者是相对独立的小模块。学生的认知能力是有限的，若要在10分钟之内处理太多信息完成太多任务，就会造成思维认知上的超载，进而影响知识的获得。因而，微课教学目标的制定就应该符合微课的特点，目标少而精，是针对某一知识点而精心制定的目标。所以笔者认为，在地理微课教学目标设计过程中，应遵循微型化原则，在课程标准要求的前提下，就“知识与技能”“过程与方法”“情感态度与价值观”三个维度整合定出教学目标即可。

3. 可操作性原则

只有设计出明确而又具体的地理微课教学目标，才能保证地理微课课堂具有可操作性和可测量性，才能让学生有效学习，才能对教学过程和教学结果进行准确的评价，才能使地理微课教学目标对地理课堂教学具有实际指导意义。地理微课课堂教学目标设计具有可操作性应具备以下条件：一是目标动词行为化，即多采用具有可观测、可实施的行为动词作为教学目标设计的动词，如“说出”“填图”“描述”等。二是行为条件情境化，如学生的情感态度与价值观和能力的形成不能仅仅通过行为动词体现，这就需要设计出具体的行为过程或行为条件，如把“树立珍惜和爱护水资源的意识，懂得基本的水资源可持续利用策略”改成“通过应对水短缺这一环节，学会不同地区和时间水资源的合理利用方法，养成在日常生活中合理利用水资源的习惯”，这样的更改，通过外显的行为动词与行为条件，大大提高地理课堂教学目标的可操作性和可测量性。三是行为主体学生化，只有确定行为主体才能使地理课堂教学具有针对性，才能让学生更清楚地知道学完这堂课应该掌握哪些知识点，或者这堂课的达成度有多少。

4. 生本性原则

地理微课课堂，由于时间的简短和以视频为主，主要用于学生课前学习和课后片段式的学习。因此地理微课课堂教学目标更应当坚持“以学生为本”“学习的主体是学生”和“为了学生全面的、个性的和充分的发展”的设计指导理念。首先，地理微课课堂教学目标的表述主体应当是学生；其次，地理微课课堂教学目标的设计要面向全体学生，对全体学生提出全面发展的要求和目标；最后，地理课堂教学目标的设计应当具有层次性、差异性，以保证按照学生不同的认知水平和生活经验，提出梯度性的发展要求或目标，这样才能帮助不同程度的学生实现不同的目标，从而促进学生的全面充分发展。

◎ 深度思考

1. 指向核心素养培育的教学目标设计，应该如何整合三维目标进行设计？

2. 在制定地理微课教学目标时，如何注意知识难度和学生基础两个方面的问题？

第三节　教学目标的制定

◎ 问题导入

如何制定地理微课教学目标？每个环节应该注意哪些问题？

地理微课教学目标的制定是地理微课教学设计过程中重要的一环，体现了教师对课程理念、教材、学生等因素的整体把握，科学的地理微课教学目标是有效教学的重要保障。地理微课教学目标的设计就是在充分考虑上述原则以及多方面因素的基础上进行的一种活动。地理微课教学目标的设计流程如图 2–2 所示。

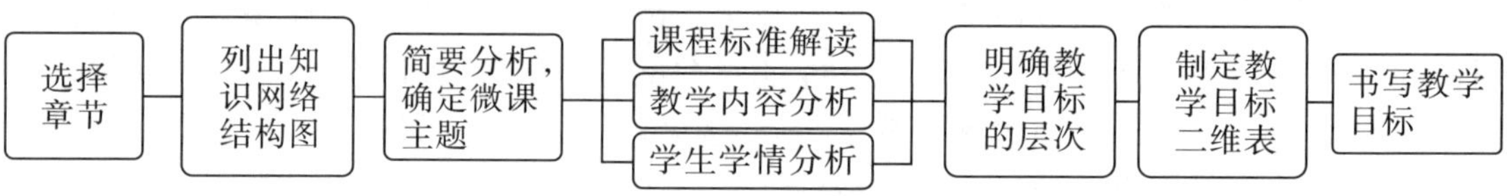

图2–2　地理微课教学目标设计流程图

1. 以网定题

教材中的地理基础知识主要由知识点组成，所谓知识点，是教学内容中相对独立的与其他知识不交叉的若干知识。地理微课是指围绕某一独立知识点，以 5 ~ 10 分钟的视频为主要载体，展开简短和完整的教学内容及其活动。所以确定教材中的知识点是制定地理微课教学目标的基础工作。教材中的知识点那么多，如何简单方便地确定知识点呢？一个方便可行的方法就是列出知识网络结构图。我们以湘教版初中《地理》七年级（见图 2–3）和八年级（见图 2–4）教材为例。

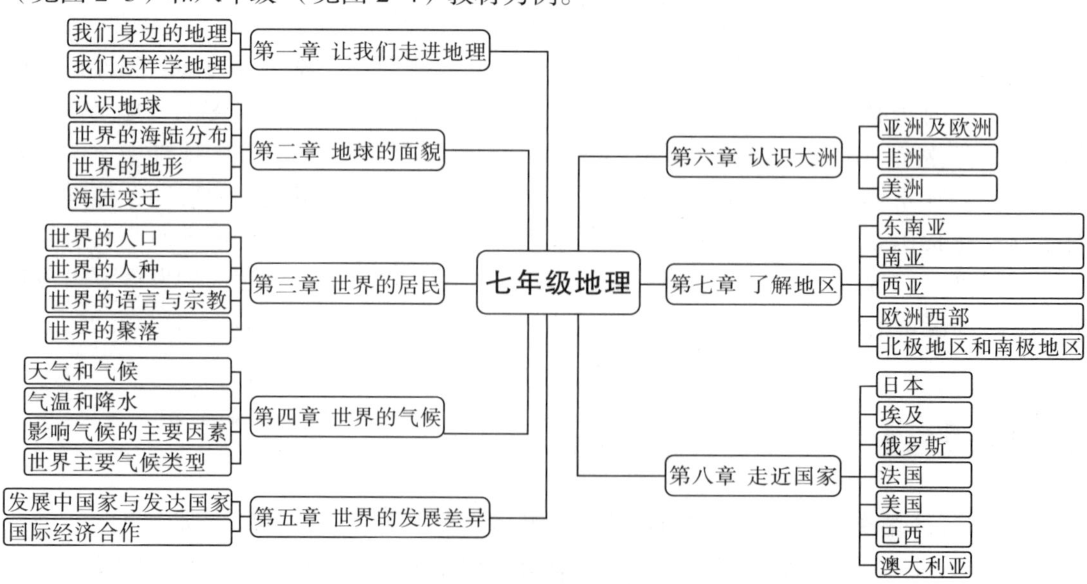

图2–3　湘教版七年级地理教学课程体系认知导图

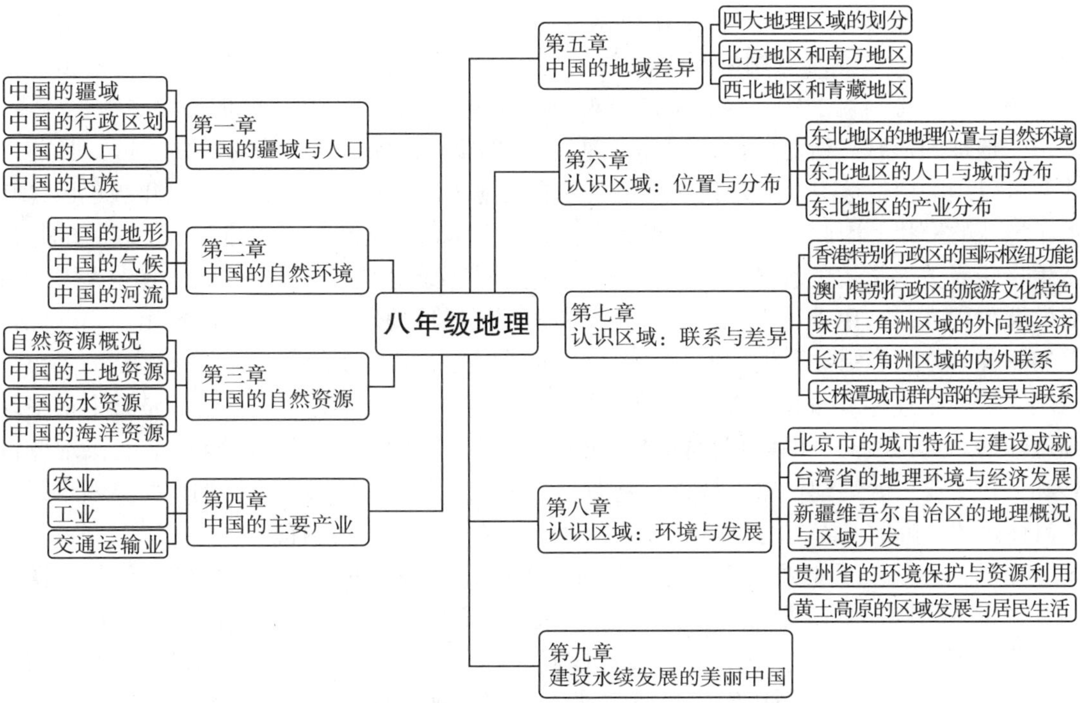

图2-4　湘教版八年级地理教学课程体系认知导图

我们以图 2-3 中世界地理部分第二章“地球的面貌”第一节“认识地球”为例，先列出“认识地球”这一节的知识网络结构图（见图 2-5）。

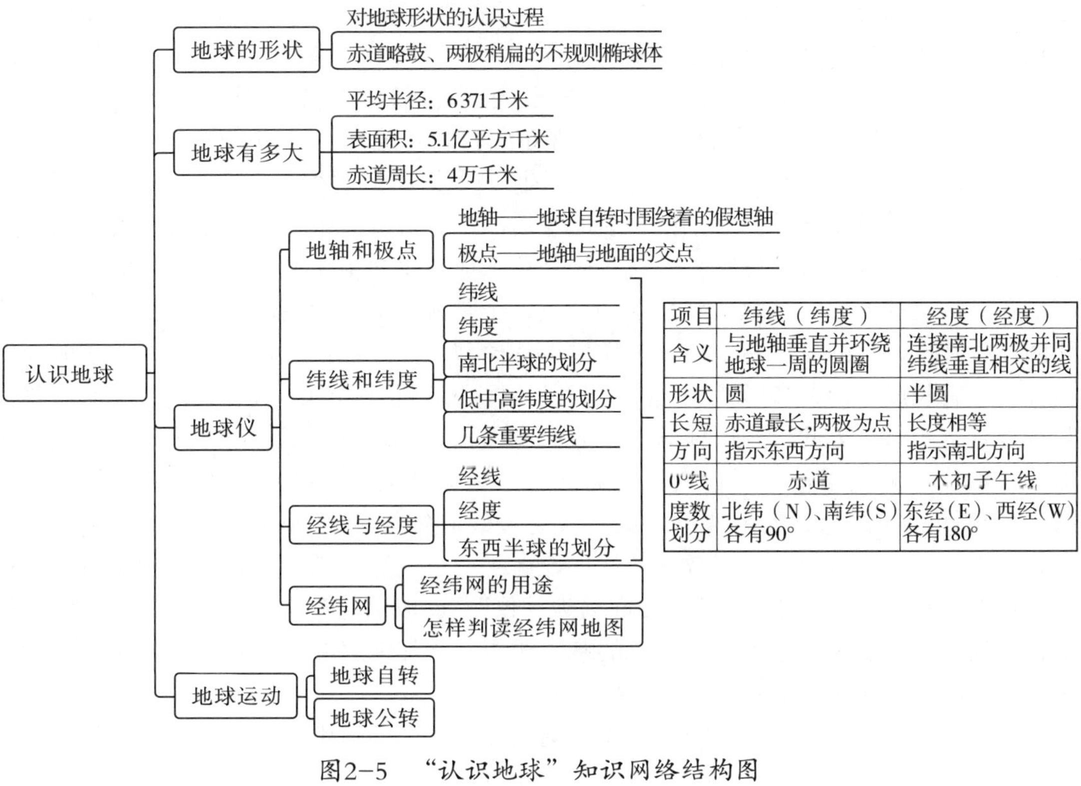

项目	纬线（纬度）	经度（经度）
含义	与地轴垂直并环绕地球一周的圆圈	连接南北两极并同纬线垂直相交的线
形状	圆	半圆
长短	赤道最长,两极为点	长度相等
方向	指示东西方向	指示南北方向
0°线	赤道	本初子午线
度数划分	北纬（N）、南纬(S)各有90°	东经(E)、西经(W)各有180°

图2-5　“认识地球”知识网络结构图

不是所有的知识点都需要制作成微课来讲解，也不是所有的知识点都适合制作微课。将教学中的重点难点用来制作微课，是一个较好的选择。列出知识网络结构图后，所有的知识点将一目了然，接下来即可对知识点做简要分析，确定地理微课主题。

“地球的形状”所对应的课程标准内容是“了解人类认识地球形状的过程”。目前，我们可以用一幅地球卫星照片让学生直观地看到地球的形状。学生在一至六年级也已经知道了地球的形状。因此，课标把重点放在“了解人类认识地球形状的过程”上，目的是让学生接受有关科学史的教育，这在课堂教学中学生较易接受和了解。“地球有多大”所对应的课程标准是“用平均半径、赤道周长和表面积描述地球的大小”，课本用一幅图像，采用图释的方式，引导学生用地球的半径、赤道周长和表面积等数据来描述地球的大小，以培养学生描述地理事物的能力，相对来说比较简单。“地球的运动”应该是整个初中地理教学的难点，所对应的课程目标是“用简单方法演示地球的自转和公转”，有关地球自转和公转所产生的地理现象，教材点到即止，相关难点内容后移，安排到该册第四章第三节具体阐述。因此，以上内容都不是作为地理微课主题的最佳选择。

而“地球仪”是本课的重难点，且难度适中，但是不好想象，需要辅助教具或视频图片来学习，因而这就非常适合作为微课主题。根据知识网络结构图以及微课自身的特点，可以把“地球仪”这部分分为“纬线与纬度”“经线与经度”和“怎样判读经纬网地图”这三个主题。接下来我们通过研究课标、分析教材内容和学生学情来了解“纬线与纬度”这一微课主题。

2. 精准剖析

课标分析：湘教版《地理（七年级上册）》地理课程标准对“纬线与纬度”这一主题的要求是：“观察地球仪，比较和归纳纬线、纬度、特点。”这就要求我们在微课里要呈现纬线的定义、形状、长短、指示的方向，纬度的划分，南北半球的划分，低中高纬度和几条重要纬线等知识点。这些知识点需要通过观察地球仪来实现。

教材分析：“认识地球”这一章节出现在湘教版《地理（七年级上册）》第二章第一节，既是这一章的重要内容，同时又是学生进一步学习自然地理（如时区、极昼、极夜、气候等）的重要基础，对学生今后的生活、学习、实践都将产生十分重要的指导意义。按照课程标准的设计思路，教材首先介绍了地球仪。由于地球是一个巨大的球体，生活在地球上的人们很难观察到地球的全貌，于是人们提出解决问题的办法——根据地球的形状并按一定的比例缩小后，制作成地球模型，即地球仪。地球仪是缩小了的地球模型，没有长度、面积和形状的变形，其经纬线和地理事物的形状、方向、相对位置都与实地基本相符，因此，利用地球仪，人们可以较为方便地认识和研究地球。其次，在地球仪的作用和使用基础上，教材进而探讨了地球仪上具有特定含义的点、线、面，从而引出纬线的概念，因为地球表面是没有经线和纬线的，所以这是一个抽象的知识点，学生比较难理解。为此，教材还特地设计了一个观测活动（“在北半球测量当地纬度”）和制作活动（“用乒乓球制作简易地球仪”），以引导学生掌握简单的地理观测技能，在动手制作的过程中了解地球仪的基本构造，并加深对纬线与纬度、低中高纬度地区、南北半球的划分等相关知识的理解。

学情分析：这一章节针对的是七年级刚刚接触地理的学生，学生在小学时没有学过地理，只在一至六年级的《科学》和《品德与社会》教材中，了解了一些关于地球仪的简单知识，所以本节微课对于地球仪的介绍可以简单略过，详细介绍纬线与纬度，可是地球表面本身是没有纬线和纬度的，是抽象的概念，这对学生来说要理解纬线就会觉得很难，特别是抽象思维弱的学生学习难度更大，所以重点要让学生观察地球仪，看图归纳纬线的特征，以便为后面经纬网的学习和应用打下坚实基础。

3. 明确目标

通常来说，微课教学时间短，并且以视频作为主要载体，那么如何在有限的时间内进行最高效率的学习，就需要我们对教学目标进行细化。布鲁姆等人的教育目标分类法为教师进行教学目标的细化和教学目标分层提供了理论依据。下面简单介绍一下布鲁姆等人的教育目标分类法。

布鲁姆等人将教育目标划分为认知领域、动作技能领域和情感领域。知识的获得是技能和能力形成的基础，同时，知识、技能及能力的形成也会促进情感的发展。每一领域下各有几个逐层递进的级别，具体介绍如图 2–6、图 2–7、图 2–8 所示。

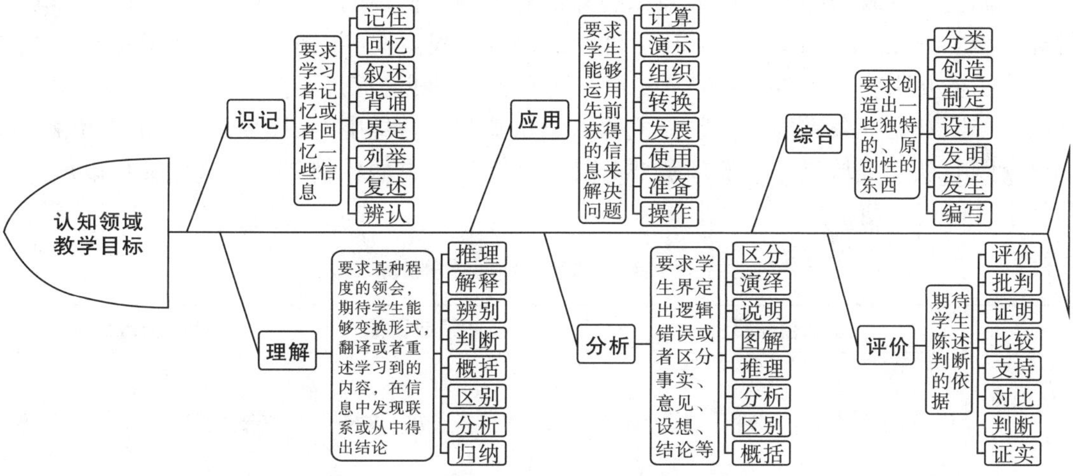

图2–6　认知领域教学目标分层示意图

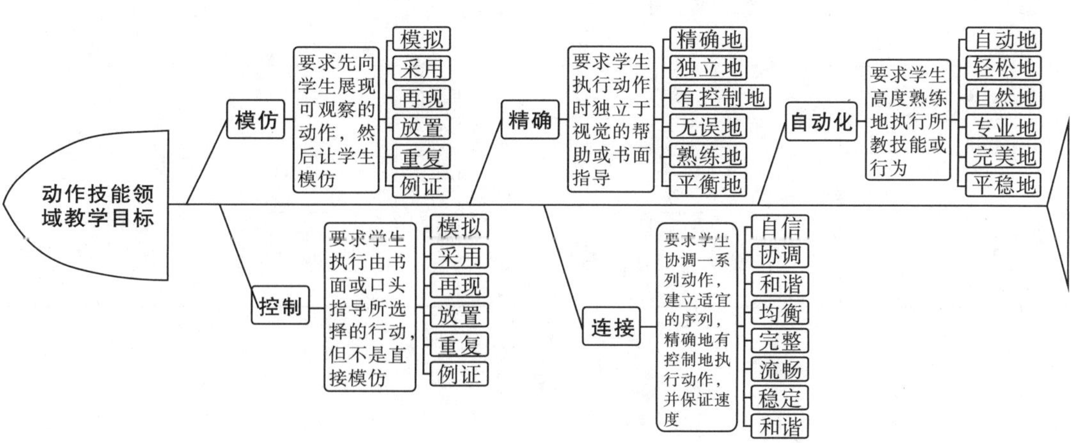

图2–7　动作技能领域教学目标分层示意图

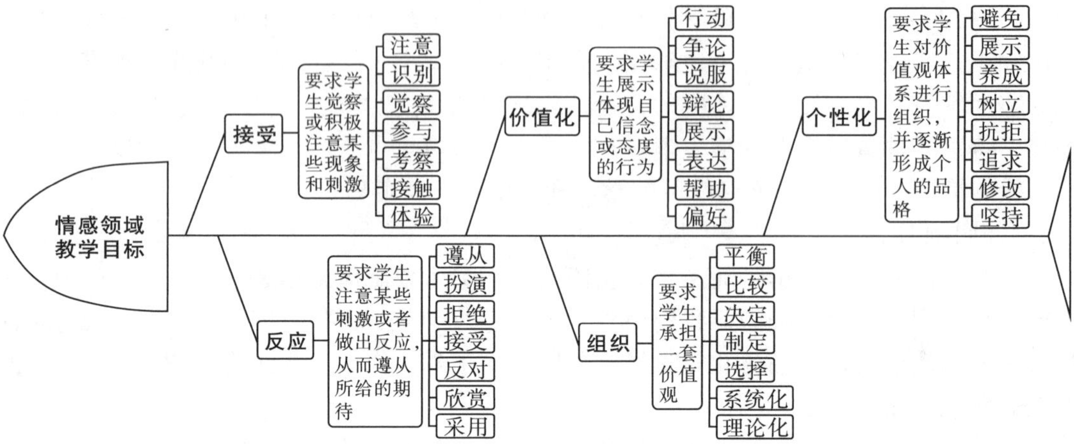

图2–8 情感领域教学目标分层示意图

4. 制定二维表

我们把“纬线与纬度”这节微课的知识点根据布鲁姆的教育目标划分制定地理教学目标二维表（见表 2–1）。有了教学目标二维表，我们就可以将不同的知识点归入不同的教学目标并明确其对学生的学习要求。比如在“纬线与纬度”这节微课中，“低中高纬度的划分”和“几条重要纬线”就主要属于认知领域目标中的识记部分，而“纬线”这部分就既有认知领域目标中的理解部分又有技能领域中的控制部分。这样细化以后，书写教学目标就方便了。

表 2–1 “纬线与纬度”地理教学目标二维表

知识点	认知领域目标						技能领域目标					情感领域目标				
	识记	理解	应用	分析	综合	评价	模仿	控制	精确	连接	自动化	接受	反应	价值化	组织	个性化
地球仪			√						√							
纬线		√						√								
纬度				√												
低中高纬度的划分	√															
几条重要纬线	√															

5. 确定教学目标

综合以上四点以后，我们同样以“纬线和纬度”（七年级）这节微课为例，利用行为目标表述方式，从三维地理教学目标角度来书写地理教学目标。

（1）知识与技能目标：学生能够说出低中高纬度的划分；在地球仪上指出赤道、南北回归线、南北极点的位置。

（2）过程与方法目标：学生通过观察地球仪，能够准确描述纬线的形状、大小以及指示的方向；能够在地球仪上辨别南北半球。

（3）情感态度与价值观目标：通过观察地球仪，培养学生的空间思维能力，激发探究性学习的兴趣。

需要说明的是，由于教师对内容标准的细化程度不同，学生情况不同，教学目标有时会有一定的差异，但是一定不能脱离课程标准和教材内容。总之，教学目标的制定很重要，教学目标是教学活动的出发点和归宿，起着提纲挈领、纲举目张的作用，我们要认真对待。

◎ 深度思考

1. 如何检验地理微课目标的制定是否科学合理？
2. 如何评价地理微课目标的完成程度？
3. 在地理微课目标的制定过程中可否引入学生的意见和建议？

第三章　地理微课的教学设计

第一节　地理微课教学设计的理论探讨

◎ 问题导入

什么是微课教学设计？微课教学设计有哪些理论基础？

一、微课教学设计的概念

对于教学设计的概念，国内外很多学者都给出过恰当的定义。其中精辟的有几种：一是美国的教学设计大师加涅认为教学设计就是详细规划教学过程的一种设计；二是美国佛罗里达州立大学的迪克与凯里提出来的观点，他们认为教学设计是一个系统化的过程，这个系统包含设计、开发、实施与评价教学一系列的行为；三是闵卫国在其编著的《教育心理学》一书中说到教学设计的概念应该以宏观和微观两个角度来看，宏观来看是指“拟定教学计划、确定各门课程的教学要求”，微观来看就是“针对具体的课题和单元”进行的教学设计。①在平时教学当中，闵卫国提出的微观角度的教学设计概念通常是我们赞同的。

那到底什么是微课的教学设计呢？微课的教学设计不等同于平时课程的教学设计，针对微课“短、小、精、活”并以微视频为载体的特点，微课教学设计的定义应该是根据微课的教学目标与功能，围绕教学中一些单个或者多个知识点，对 10 分钟左右的教学活动进行规划设计的过程。

二、微课教学设计的理论基础

在进行微课教学设计的过程中，一般有以下一些理论作为微课设计与开发研究的基础，如建构主义理论、人本主义学习理论、教学传播学理论等。

建构主义理论，是指学生在学习过程中不再是传统信息接收、加工等的被动学习者，而是教学意义的主动构建者。教学过程中要以学生为主体，教师作为引导者，通过

---

① 闵卫国，傅淳．教育心理学［M］．昆明：云南人民出版社，2004.

创设情境搭建支架等手段，引导并加强学生在学习过程中的自主构建、独立发现和主动学习。建构主义理论关注学生自主学习能力的培养，强调要根据学生的兴趣、需求和能力去开发微课课程资源，这在教与学转变的今天，也是我们所大力提倡的。

人本主义学习理论和建构主义理论有相似之处，都认为学生应当是学习活动过程中的主体者，尊重学生的情感需求，相信学生的认知能力；不同之处是人本主义学习理论并不像建构主义理论一样强调要加强学生的自主探究和学习能力，而是注重在教学的过程中，为学生提供各种有用的教学资源，并为学生创设一种适合学习的氛围，引导学生为自己的学习做翔实的计划。①也就是说，教师在开发设计微课时要注意按照微课教学目标的要求，一般是将每个章节的知识重难点制作成若干个 10 分钟左右的微视频，这样在网络传播的过程中，就可以让学生根据自己的需要选择并自由地安排时间观看一遍或多遍，如此可以大大弥补课堂上知识“一刀切”的弊端，从而让学生更有针对性地学习知识。

教学传播学理论，通俗地讲就是把教学看成信息的传播过程，看成是一种文化的扩散，对于以微视频为载体的微课程来说更是如此。传统的课堂在知识传播方面范围比较局限，因为只有在课堂上才能获得知识，所以常常受到一些限制。但在信息技术迅猛发展的今天，教学与传播的结合势不可当，尤其是“微课程”介入教学领域后，知识的传递甚至不再是面向课堂上的学生，更是面向全体公民。

◎ 深度思考

1. 教学设计和微课教学设计有何区别？

2. 在“微课程”这种新的教学形式下，课程设计的传统理论基础是否仍然适用？有哪些新的理论？

第二节　地理微课教学设计的原则

◎ 问题导入

地理微课设计需要遵循哪些原则？

一节好的微课，灵魂仍然在于它的设计，教学设计的好坏直接决定一节微课的质量高低。根据先前概述的微课教学设计的概念以及微课教学设计的理论，微课的教学设计有以下几个原则必须注意。

① 刘恩山．中学生物学教学论［M］．2 版．北京：高等教育出版社，2009：98-100.

一、以学习者为中心

从某种程度上来说，微课资源的开发动力根本上来源于学习者的需求和兴趣。因此，在微课的设计过程中，只有以学习者的特点为主导，才能在微课设计中不偏离轨道行驶在正确的航线上。

二、知识点微化

知识点微化是什么意思呢？根据微课短而精的特点，再加上地理这门课程内容繁而多的现实，地理微课所要讲解的内容应选择学习者难以理解的重点和难点，也就是微课中的知识点应是相对简短完整的知识点，即微化或微型化原则。

三、时长恰当

根据黎家厚教授提出的10分钟法则①（见图3-1），地理微课的教学时长一般应控制在10分钟左右，时间过短起不到学习的效果，时间过长容易产生学习疲劳，10分钟左右能够较好地保证学习质量。其中片头导入时间一般不超过30秒，在最后面的总结或是提问与练习时间一般不超过1分钟。

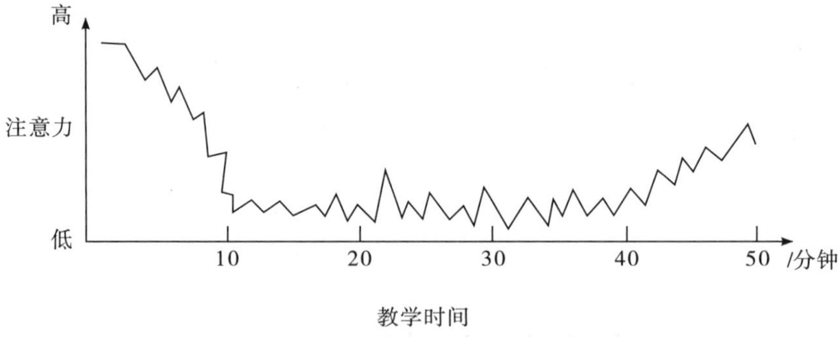

图3-1　教学时间与注意力关系图

当然，在实际地理微课开发中，每位一线教师对于教学设计都有自己独特的见解，而这种见解随着教育教学过程中个人领悟与成长，也是在不断更新和变化的。

◎ 深度思考

1. 地理微课与地理课堂教学的关系是什么？
2. 你认为地理微课教学还需要遵循哪些其他原则？

① 吴靖，夏斌．微课程建设的装备需求与实现方案［J］．中国教育技术装备，2012（11）：45.

第三节 地理微课教学设计的主要内容

◎ 问题导入

如何设计一堂地理微课教学课?

一、前端分析

学习者学情分析。如前所述，微课是以学习者为主体而开发设计的，所以在设计之前应该清楚学习者的学情及需求。一般包括两个方面：一是明确微课资源的对象和用途；二是明确学习者的需求，针对学习者的特点设计让学习者感兴趣的内容，提高学习者自主学习的效率。比如学习者是七年级学生，那么在教学设计之前应对七年级学生的学情分析如下。①

七年级学生对新鲜事物和地理知识充满好奇心，能热情参与课堂、踊跃发言，这对于教师开展活动、设计一些有趣的情境是有帮助的，也是适应他们发展的。目前七年级学生还多以感性认识为主，虽能根据图片资料简单描述地理事物的特点，但由于年龄小、阅历浅，对某些景观并不熟悉，对某些现象还不能理解，尤其是运用地图和地理知识分析和解释地理现象的能力还较欠缺，这就需要教师多培养他们这方面的能力。

教学目标的分析。一节课的教学设计始终是围绕教学目标而定的，微课也不例外，在进行微课的教学设计之前首先要分析这节教学内容想让学生达到的目标。对于教学目标如何定位和设计前面章节已经涉及过，这里就不再赘述。

教学内容的分析。在微课教学设计之前，肯定还要对所要教学的内容做先一步的简单分析。微课中的教学内容一般都是一些单个或者多个知识点，教师在进行教学设计前，应处在学习者的角度认识和理解知识点，把握知识点之间的关联。

以湘教版《地理（七年级上册）》“世界的聚落”当中“自然环境与聚落的关系”知识点为例，教学目标和教学内容分析见表 3–1。

① 廖乐，柳爱兰，龚湘玲.基于ADDIE模型的微课设计与反思：以七年级地理“自然环境与聚落的关系”为例［J］. 地理科学，2017（8）：48–51.

表 3–1 “自然环境与聚落的关系”教学目标和教学内容分析表

<table>
<tr><td colspan="2">项目</td><td>自然环境与聚落的关系</td></tr>
<tr><td colspan="2" rowspan="2">教学目标</td><td>1. 能举例说明聚落的位置、建筑形态与自然环境的关系</td></tr>
<tr><td>2. 学习者理解地理事物都是发展变化的观点</td></tr>
<tr><td rowspan="3">教学内容</td><td rowspan="2">课程内容</td><td>1. 说明自然环境对聚落形成的影响</td></tr>
<tr><td>2. 简述自然环境对某一地区聚落建筑风格的影响</td></tr>
<tr><td>课程结构</td><td>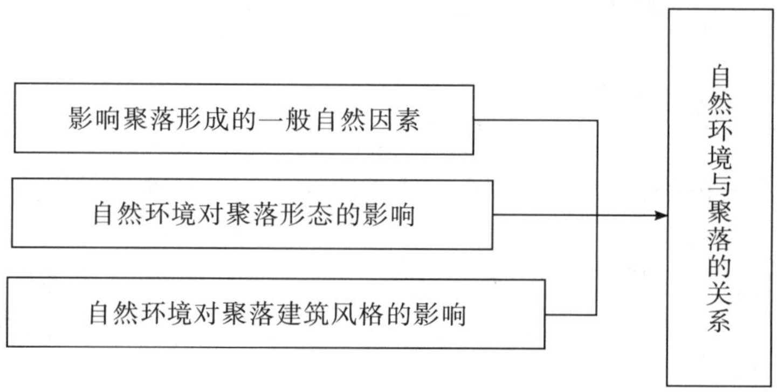
</td></tr>
</table>

二、知识内容设计

前端分析之后，就可以开始进行微课设计了，有效的微课设计是微课制作的保障前提。知识内容的设计可以说是对微课进行教学设计的第一步，知识点的内容设计一般包括课题导入、知识讲解、知识总结和课后拓展四个维度，如图 3–2 所示。

图3–2 知识点内容设计流程图

知识点内容设计流程其实相当于确定微课的教学顺序。将教学内容按照上述的设计流程确定之后，想要得到一节微课那肯定是没问题的，但如果想要设计的微课出彩，那么就还远远不够。如何能让自己的微课出彩呢？首先知识内容设计上一定要有新意或者亮点，能瞬间抓住学习者的眼球，并且提高学习者的学习兴趣。微课要有新意和亮点，除了与个人灵感有关之外，其实也有“套路”可循，比如可以将知识内容故事化或者情境化，教师有目的地引入或创设具有一定情绪色彩的形象生动的场景；比如还可以尝试将知识内容转化成问题的形式来呈现，以问题导学、释疑解惑的方式来串联微课内容；再比如，在如今“互联网 +”的时代，教学媒体也开始多样化，微课的知识内容其实也可以运用多媒体的手段取胜，比如可以选择真人出镜式微课、动画式微课、录屏式微课等等。或者将以上几种混合使用，在这里推荐 Focusky软件、Camtasia Studio录屏软件和优芽网、演界网等可以实现微课多样化的一些软件或者网站，具体微课制作软件后面章节会详细介绍。

三、呈现方式选择

微课是以微视频为载体，界面呈现的文字和图片应非常清晰，对某些重点内容还可以用一些元素如形状、标识、颜色、转场等凸显出来；色彩要饱满干净，如可以蓝配粉、绿配黄、粉配黄、蓝配黄、紫配蓝，等等，总之给人以美的视觉享受；动画要多样并恰当。另外，教师在讲解时应尽量情绪热烈、咬字清脆，还可以恰当配一些优美或活泼的背景音乐，注意在课程讲授中动画与教师的讲解要同步调，从而使得学习者的视觉和听觉保持一致。

四、微课脚本创作

在前端分析、知识内容设计、呈现方式设计完成之后，就可以开始撰写微课的脚本。事实上，微课的脚本即是对所设计内容的总结和梳理，撰写微课脚本是制作优秀微课的关键，脚本设计好之后就可以依据脚本开始录制微课。一般微课脚本设计的模板见表 3–2。

表 3–2　微视频脚本设计的一般模板

<table>
<tr><td>微课名称</td><td colspan="4"></td></tr>
<tr><td>知识点来源</td><td colspan="4">年级：　　　　教材：</td></tr>
<tr><td>背景音乐</td><td colspan="4"></td></tr>
<tr><td colspan="5">教学过程</td></tr>
<tr><td colspan="2">教学环节</td><td>教学内容</td><td>界面呈现</td><td>媒体效果</td></tr>
<tr><td colspan="2">引入课题</td><td></td><td></td><td></td></tr>
<tr><td rowspan="4">教学过程</td><td>环节 1</td><td></td><td></td><td></td></tr>
<tr><td>环节 2</td><td></td><td></td><td></td></tr>
<tr><td>环节 3</td><td></td><td></td><td></td></tr>
<tr><td>……</td><td></td><td></td><td></td></tr>
<tr><td colspan="2">知识总结</td><td></td><td></td><td></td></tr>
<tr><td colspan="2">课后拓展</td><td></td><td></td><td></td></tr>
</table>

下面还是以湘教版《地理（七年级上册）》“世界的聚落”当中“自然环境与聚落的关系”知识点为例，设计的微视频脚本如表 3–3 所示。

表 3–3　“自然环境与聚落的关系”微视频脚本

<table>
<tr><td>微课名称</td><td colspan="3">自然环境与聚落的关系</td></tr>
<tr><td>知识点来源</td><td colspan="3">年级：七年级　　教材：湘教版</td></tr>
<tr><td>背景音乐</td><td colspan="3">Music Box Dancer</td></tr>
<tr><td colspan="4">教学过程</td></tr>
<tr><td>教学环节</td><td>教学内容</td><td>界面呈现</td><td>媒体效果</td></tr>
<tr><td>片头</td><td>1. 创设情境、导入新课
创设“唐代王小二想找一处良居安家乐业，但不知道选在哪里好，希望大家能来帮帮他”的情境，激发学生学习兴趣，引入知识点讲解</td><td>

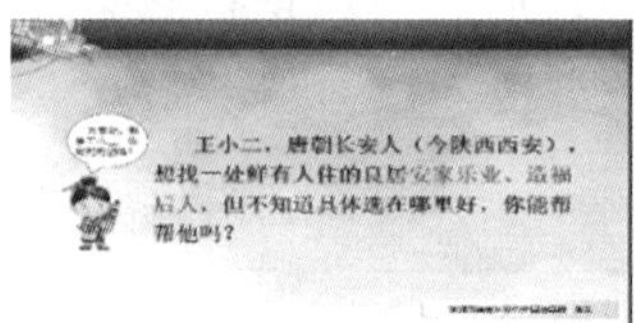
</td><td>出现片头动画，进入“我的地理微视频课堂”，出现标题“王小二择屋记”，并蹦出王小二这个卡通人物，王小二头顶上出现一个气泡和文本，文字呈现“逐字出现”效果</td></tr>
<tr><td rowspan="2">正文讲解</td><td>2. 出示地图，解决问题一
王小二一直很向往洛阳，但不知道洛阳气候怎样，由于唐代洛阳气候和现今无太大差别，出示洛阳现今位置图和气候图，帮他分析洛阳气候，得出洛阳气候夏季高温多雨、冬季低温少雨的特点，适宜居住的结论</td><td>图略</td><td>依次出现洛阳位置图和文本内容以及气候图和文本内容</td></tr>
<tr><td>3. 出示等高线图，解决问题二
王小二来到洛阳，现选中四处地点，但不知道具体哪里好，出示这片地方的等高线图，帮他分析四处地点哪里比较适合生活和农业生产等，得到“地形平坦、水源丰富、交通便利和气候适宜”的地方最容易形成聚落的结论，即影响聚落形成的自然因素一般有气候、地形、水源和交通等</td><td>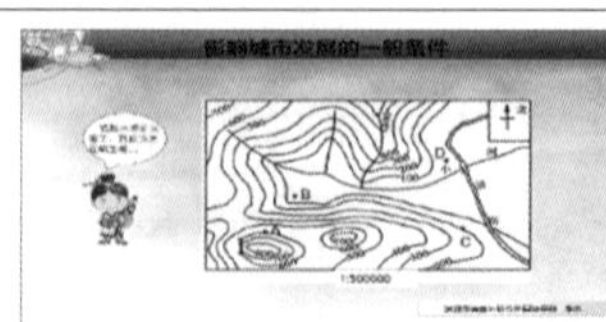
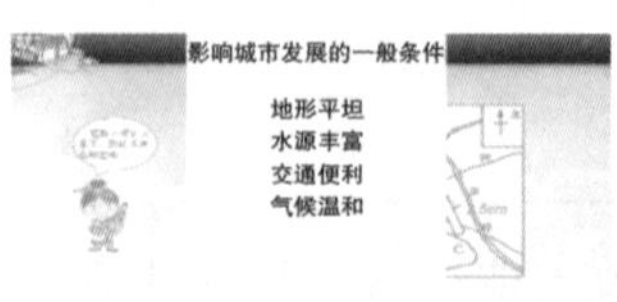
</td><td>展示一幅等高线地形图，然后依次在比例尺 A、B、C、D 四点上绘出红色圆圈，再出现文本内容</td></tr>
</table>

续上表

正头讲解	4. 出示Flash动画，直观讲解知识点 鼠标点在动画上，一边演示一边讲解：一般在河流较少的平原地区，乡村聚落呈现不规则多边形或圆形分布，比如南亚的印度河谷地和西亚的美索不达米亚平原；而一般在河流较多的平原地区，乡村聚落呈现为条带状分布，比如我国的长江中下游平原地区。并表明随着社会发展，影响聚落形成的自然因素是不断发展变化的	图略	出现Flash动画“最早出现城市的地方”，依次在地图上会显亮并出现文本如印度河谷地、西亚美索不达米亚平原、长江中下游平原地区等，再出现小结文本
	5. 出示图片，举例说明 出示北京四合院、云南吊脚楼、陕北窑洞的图片，举例说明自然环境对聚落建筑风格的影响：北方寒冷，所以北方房屋墙体厚，屋内多有壁炉和火炕；云南温暖多雨，建筑墙体单薄，门窗开得较大，排水系统较好；陕北窑洞，建筑依山而建，具有冬暖夏凉的特点	  	依次出现北京四合院、云南吊脚楼、陕北窑洞的图片
片尾			结束动画

◎ 深度思考

1. 地理微课教学设计与传统的地理教学设计有何异同？前者有何优势？
2. 微课在地理教学设计中的地位是什么？如何突出微课在地理课堂教学中的作用？

第四章　地理微课的教学制作

第一节　地理微课录制的主要软件

◎ 问题导入

地理微课制作软件可分为哪些类型？各自有哪些特点？

微课制作是实现微课教学的条件，而微课的制作离不开软件的支撑。不同微课制作软件的操作难度、视频风格等差异悬殊，本章节重点介绍常用微课制作软件，并在实操方面手把手教你如何使用这些软件制作出风格各异的微课。

一、主要微课制作软件介绍

在搜索引擎中输入“微课制作软件”，马上会弹出一大堆微课制作软件来，如何用这些软件制作微课？其制作风格是怎样？面对五花八门的软件，到底哪一个才适合自己？下面笔者对目前流行的微课制作软件进行分类阐述，配合相应的微课视频，相信你很快会找到最心仪的那一款。

（一）幻灯片类微课制作软件

幻灯片类软件主要有：Microsoft Office PowerPoint（PPT）、Focusky等类型，它们在我们日常工作中充当着非常重要的角色，这些常见的软件也能做微课。其制作的微课将会是怎样的风格？下面笔者从软件概述、软件特点等方面做宏观介绍。

1. PPT

说起PPT大家并不陌生，它已成为必备的教学工具。PPT类微课以PPT动画制作技术为支撑，以教学内容为主线，辅助图片、文本、表格、数据等素材，在课件播放过程中录制关于课程内容的旁白，最后导出为微课视频供学生和教师学习使用。为了更加直观地了解PPT制作出来的微课效果，可扫码（见图4-1）观看微课视频。

图4-1　PPT风格微课案例——什么是城市化

PPT作为一款微课制作软件，其主要特点如下。

（1）耳熟能详，容易上手。

由于PPT动画是软件本身自带的一些动画效果，同时每一个动画效果都可以根据需要进行调整，经过精心设计与巧妙应用，你可以制作出流畅动感的动画从而达到很好的效果，相对于Flash等专业动画软件来说，更易操作上手。

（2）增强趣味性，提升学习专注力。

PPT包含页面镜头切换和自定义动画，可以对图片、文字、图形等多种信息元素进行整合，让知识讲解具有逻辑关系或特定教学情境，增强教学内容的趣味性，提升学习者的注意力，提高学习效果。

（3）抽象知识具体化，便于学习理解。

在教学过程中，许多知识本身是抽象的、难以描述或难以理解的，利用PPT生动的动画将这些知识转化为具体的、形象的、可视的内容，可以方便学习者更好地掌握和理解，从而达到更好的学习效果。

（4）知识、技术和艺术并重。

想要利用PPT制作一个师生欢迎、传播性强、认可度高的微课，需要花费一番功夫。这种微课需要对知识点讲解清晰到位，或一针见血，或循循善诱。要达到这种效果，必要的PPT制作技术少不了，只有好的技术才能制作好的课件，特别是PPT动画的设计，可以增强对知识的理解；而课件制作的艺术性可以通过颜色搭配、图文排版、音视频元素运用等方法实现，从而增强微课的视觉冲击及感染力，让微课更具吸引力。

2. Focusky

Focusky是一款新型多媒体幻灯片制作软件，与传统的微课制作工具如PPT相比较，Focusky 拥有无限制的画布，利用画布的放大、缩小、旋转和移动，制作出来的微课具有3D 演示效果，同时支持多种素材导入，可以创建特定的思维导图，使课件更加丰富多彩，也更加具有逻辑关系。这样的微课更有魅力，学生能够在更加系统化、精确化的视频画面中获得知识。为了直观地了解 Focusky制作出来的微课效果，可扫码（见图 4-2）观看微课视频。

图4-2 Focusky风格微课案例——地理说题

Focusky作为一款微课制作软件，其主要特点如下。

（1）操作简便，画布无限。

Focusky的操作与PPT差别不大，与在国内已经流行很久的Prezi软件类似，通过简单学习就可以上手。Focusky的画布没有边界，界面人性化且所有功能都是中文说明，拖拽移动方便。

（2）海量模板，随取随用。

Focusky提供了诸多精美模板，可直接在素材库选择，也可以通过搜索选择适合自己主题的模板，简单替换内容即可快速制作出具有动态效果的微课。

（3）3D演示，画面生动。

相比传统PPT顺序播放，Focusky模仿视频转场特效，融入3D镜头缩放、旋转、平移等特效，切换更加顺畅、不显生硬，如同一部生动的3D动画电影。

（4）思维导图，逻辑清晰。

Focusky模板中拥有精心设计的图形、图案，如灯泡、大脑等，整个模板流程并非线性的，而是呈现出强烈的逻辑关系。在Focusky里可以选择既定模板中的思维导图，也可以自由编辑路径，创建出拥有自己风格的思维导图，让微课内容更有逻辑性，帮助学生理解和掌握微课的要点。

（5）多元素支持。

Focusky 支持图片、音频、视频，甚至还可以实现 PPT 课件的导入；支持多语言，如中文、英语、日语、韩语等；此外其也能支持多种输出格式，如HTML网页版、exe文件、视频等，并且可以上传网络空间进行离线浏览。

（二）录屏类微课制作软件

1. FS Capture

如果你刚接触屏幕录制软件，FS Capture作为入门软件值得推荐。它功能强大，集截图、扫描、录屏等功能为一体。7.3 以上版本均可实现屏幕录制，录制时可选择不同尺寸范围进行视频录制，它自带鼠标聚焦功能，支持鼠标周边区域放大功能，同时支持录制麦克风和扬声器的音频，最后生成 WMV格式视频。为了直观了解 FS Capture制作出来的微课效果，可扫码（见图 4-3）观看微课视频。

图4–3　FS Capture风格微课案例——人口的空间变化

FS Capture作为一款入门级的屏幕录制软件，其主要特点如下。

（1）占空间小，功能强大。

FS Capture软件占用空间不到 3 M，下载解压后点击应用程序即可使用，无须安装。其功能强大，主要包括截图、图像处理、屏幕放大、屏幕取色、屏幕标尺、将图像转换为 pdf 文件、屏幕录制等功能。

（2）操作简便，容易上手。

如果你担心电脑技术不精湛，这款入门级的软件将成为你录制微课视频的利器。打开软件→选择屏幕录像机→选择录制屏幕录制区域→点击红色录制按钮→点击开始→同时按下 Ctrl+F10 暂停或结束录制→点击保存生成 WMV格式的视频文件。

（3）聚焦重点，可视性强。

软件录制过程中鼠标指针周边自带光晕，随时提醒学生现在讲解的重点位置，避免学生出现走神而难以跟上教师讲解的步伐。同时软件还有放大功能，将鼠标移动到重点区域后按下 F5 键，即可对该区域进行放大，减少其他无关信息对观众的干扰，增强微课的可视性。

2. Camtasia Studio

Camtasia Studio中文音译为喀秋莎，是一款专业录屏和视频编辑软件。它有不同的屏幕录制尺寸供选择，也可以自定义尺寸，支持人像视频嵌入，支持语音录制，还支持图片、音频、视频等多种素材导入；它有着强大的编辑能力，可以对视频进行剪辑、修改、编码转换、添加特殊效果等，特别是支持将音视频分离实现双轨道编辑；同时它支持的视频输出格式丰富，除了支持常用的视频格式外，还可以转换成 gif 动画格式，exe 可执行文件格式。为了直观了解 Camtasia Studio制作出来的微课效果，可扫码（见图4–4）观看微课视频。

图4-4　Camtasia Studio风格微课案例——非洲

Camtasia Studio 作为一款集屏幕录制、声音采集、视频和音频剪辑和输出于一体的软件，是制作微课的利器，其主要特点如下。

（1）软件较小，运行环境要求低。

Camtasia Studio 安装包只有 300 M左右，相比较其他几个 G的主流视频编辑软件要小很多，对硬件无特殊要求，常见的操作系统及硬件配置都可安装运行。

（2）音视频双通编码，增强学习效果。

Camtasia Studio 软件具有录屏和录音双重功能，将微课信息通过多重通道传达，增强了学生学习的效率和效果，帮助学生更好地掌握知识。同时对录制的视频可以实现音视频分流，分别对音频和视频进行编辑，将音频和视频效果达到最佳状态，减少无关信息干扰。

（3）字幕功能，助力学习。

Camtasia Studio 具有添加字幕的功能。在软件中可一次导入所有字幕，然后结合视频播放时间点击句子，直接设置字幕出现的时间即可，无须逐字逐句添加字幕，有助于学生视听觉相结合的学习。

（4）学习聚焦，减少干扰。

微课往往聚焦于一个问题，通过精心设计集中突破教学重难点。但在微课教学中，为了让学生更快更好地跟着教师的教学进度思考，减少无关信息的干扰，有必要对学习内容进行聚焦。Camtasia Studio自带高亮显示光标位置、鼠标点击、放大区域、标注、智能跟踪事件发生区域、自动变焦放大显示关键区域等效果工具，能很好地聚焦学习内容，以提高学生的学习效果。

3. 万彩录屏大师

万彩录屏大师与 Camtasia Studio类似，是一款功能强大的录屏编辑软件，具有Camtasia的主要功能，区别在于它内置大量免费的素材模板，支持添加动画人物解说角色、进场和出场动画效果以及其他各种动画特效等。同时它操作简单，新手也可以轻松录制出标清、高清、超高清视频。为了直观地了解万彩录屏大师制作出来的微课效果，可扫码（见图 4–5）观看微课视频。

图4-5　万彩录屏大师风格微课案例——城市化导入

万彩录屏大师是集电脑屏幕录制与后期动画视频编辑于一身的录屏软件，简单易用，其主要特点如下。

（1）完美录屏，所见即所录。

万彩录屏大师界面简洁，操作简单，新手也可以轻松录制出标清、高清和超高清视频，流畅不卡顿且不限制录制时长；录制屏幕支持全屏录制和自定义录制区域录制；录制过程中可以灵活控制录制进程，随时开始、暂停或结束录制；录音过程能保持画面声音同步录制，也能启动麦克风和扬声器消音设置，仅仅录制屏幕活动；鼠标指针运动能有效引导观众视线，完美呈现录屏效果，录制中可自由选择内置多种鼠标指针图形、鼠标底部图形、鼠标点击动态图形。

（2）庞大素材库，应有尽有。

万彩录屏大师拥有炫酷的片头片尾特效，可以让视频更专业和美观，同时缩短了视频制作时间；内置多种动画角色如教师、医生等，每个动画角色配有不同的表情和动作姿势，可增加视频的视觉效果；拥有诸多Flash动景特效如气泡、落叶等，还有大量高清矢量SVG图片和圈画图标如打钩、打叉、提示框等；此外软件内置了诸多不同场景的图片，也可以自定义背景颜色。

（3）个性微课，轻松编辑。

万彩录屏大师拥有功能强大的时间轴，可以在时间轴上添加不同元素并控制各个元素的出场顺序和播放时长，为不同元素添加不同的进场、强调和出场动画效果；在时间轴上可以添加图形、图片等多种元素；此外软件还内置背景音乐、过渡效果、镜头特效等，以增强视频的观赏性。

（4）配音加字幕，增强体验感。

万彩录屏大师可以输入文本，利用语音合成功能，即可生成普通话、粤语等不同语音，实现配音、字幕、画面同步播放，进一步解释说明录像画面内容，避免画面的单调，获得极佳的视觉体验效果。

（5）画质清晰，多格式输出。

万彩录屏大师支持快速输出多种不同格式（.mp4；.wmv；.avi；.flv；.mov；.mkv）的高画质视频（576p；720p HD；1 080p HD），支持在不同设备观看。

（三）交互类制作软件

1. Course Maker 交互式微课制作软件

Course Maker 类似 PPT风格，功能强大，又充分考虑了用户在操作上的简单性；支持多种格式的微课素材导入，支持录屏、手写、交互式等多种类型的微课；能够实现习题交互。为了直观了解 Course Maker制作出来的微课效果，可扫码（见图 4–6）观看微课视频。

图4-6　Course Maker风格微课案例——水循环

Course Maker 把产品的易用性和功能性完美平衡，实现交互式微课“人人能做、人人会做、分分钟做”的效果，是国内最好用的微课制作软件之一。其主要特点如下。

（1）PPT风格，操作简单。

Course Maker 软件是全中文界面，按键、快捷键均有文字说明；采取时间轴轨道操作，可轻松调整对象在视频中的位置和时长；可以调整对象的大小、在画面中的位置、边框、透明度；既采用了先进的非编技术，又针对微课的特点，摒弃了复杂的、冗余的功能；教师只需要具备基本的计算机知识即可快速掌握。

（2）资源互通，随用随取。

Course Maker 支持文字编辑、3D效果的设置；PPT中的特效字、图片、SmartArt、图表、艺术字、流程图，Web中的图文、视频、动画，其他资源库中的素材动画均可置入 Course Maker 作为微课制作的素材；几乎支持所有的音视频格式；支持直接插入 PPT文档录制，PPT文档里设置的各种效果不变；截屏、录屏直接置入编辑区域；可添加摄像头视频，外部语音、系统声音，可实现音视频分离。

（3）交互学习，增分提效。

Course Maker可脱离 Web平台实现交互式微课功能，教师在微课制作时可在需要的节点插入习题，支持客观题和主观题，表现方式也多样化：支持键盘录入、手写、拍照、音视频等多种方式。客观题系统可以自动阅卷；主观题教师可以手动批改，并将批改结果反馈给学生。学生需要利用知识圈 APP学习微课，当进行到相应节点时就会出现习题，学生答题提交后，才可继续学习剩余的微课内容；其他软件制作的微课视频也可以导入进来设置习题。

（4）随时编辑，方便分享。

Course Maker可以生成标准格式的视频，视频的帧率、码率、分辨率都可以自定义；微课视频源文件生成课件包，无须再手动从不同路径中打包各种对象素材，独有的多媒体技术在极大程度上减少了微课视频源文件的容量；内容可完全再编辑，快速生成自有风格的微课视频；发布者可以设置知识圈的权限；该软件还支持手写原笔迹录入。

2. 优芽互动电影制作软件

优芽互动电影是一款优秀的在线动画课件制作工具，它不仅支持场景、人物、动作，还糅合了PPT页面的编辑方式，同时它还支持在动画电影中嵌入测试题，具有较好的互动效果，因而它更加符合教师的使用习惯和教育特点。为了直观了解优芽互动电影制作出来的微课效果，可扫码（见图4-7）观看微课视频。

图4-7　优芽互动电影风格微课案例——清明节的来历

优芽互动电影作为一款微课制作兼顾互动功能的软件，具有以下特点。

（1）素材丰富，随取随用。

优芽互动电影软件中内置了丰富的片头、场景、片尾、角色、道具等，在制作微课过程中可以随取随用；软件同时还支持素材导入，如可直接导入PPT，将原始的PPT素材制作成动态视频，丰富的素材资源让其制作的微课像电影一样富有情境。

（2）内嵌测验功能，实现交互学习。

优芽互动电影软件可以在视频中嵌入普通试题、游戏试题等，从而在视频中实现实时交互。

（3）功能强大，创意无限。

优芽互动电影搭载剧本导入功能，只需编写文本内容，一键导入即可生成创意动画；软件中的实用教学模块，提供了多种样式的提示板、流程演示动画、旁白、试题等教学辅助功能，即选即用；软件还可以根据输入的文字，自动合成语音，适合以讲故事的方式呈现知识的内容，不过，目前系统合成的语音还比较生硬。

3. H5交互式微课制作软件

H5支持网页端的图片、音频、视频、动画等丰富的多媒体功能，实现三维图形及交互特性，页面浏览作品能呈现惊人的三维视觉效果，拥有丰富的视觉体验，能够与用户发生多维交互。为了更加直观地了解H5软件制作出来的微课效果，可扫码（见图4-8）观看微课视频。

图4-8　H5风格微课案例——交通运输方式和布局

H5 互动微课即利用 H5 语言编写的一种翻页式微课，通过手机终端把文字、图片、音频、视频等以动画的方式展示出来，它具有以下特点。

（1）模板丰富，容易上手。

采用 H5 技术的软件较多，诸如易企秀、微页、兔展、MAKA等，这些软件都内置了许多模板，分免费和付费两种，还可以根据风格、用途等进行搜索，选用合适的模板；选定模板之后通过替换模板中的元素即可快速制作出 H5 微课。

（2）互动学习，增强体验。

微课教学的一个很大的弊端在于信息流的单向性，学生无法知道自己学习是否理解掌握，教师也无法得知学生的学习效果。H5 界面可以利用表单布置微课测试题，或者嵌入互动答题，使教师可以在后台查验学生答题完成率、准确率等。

（3）易于修改，便于学习。

在微课制作过程中，难免会因为操作失误、知识点讲解不清、数据呈现有误等导致视频出现瑕疵，使得需要重新修改微课，但由于视频编码的特殊性，需要找到源头重新录制，增加修改难度。H5 微课由于其呈现方式并非视频格式，因此只需对错误界面的内容进行替换，重新发布即可完成修改。同时由于 H5 是借助网页模式的微课，因此所占内存小，便于节省移动终端的流量，加快相应速度，增强观看体验；但其不足也非常明显，H5 交互型微课不能导出为视频格式。

（四）专业手绘类微课制作软件

1. Video Scribe手绘软件

Video Scribe与 PPT等传统演示工具的不同之处在于，Video Scribe采用动画展示模式呈现信息，将可视化对象用画笔等形式快速勾勒出来，观众能够看到虚拟创作者的手势和笔触，仿佛正在和真实存在的人进行交流，增加了视频真实感，使得信息呈现本身变得生动有趣。为了直观了解 Video Scribe手绘软件制作出来的微课效果，可扫码（见图 4-9）观看微课视频。

图4-9　Video Scribe手绘风格微课案例——人口迁移

Video Scribe作为一款手绘动画软件，其主要特点如下。

（1）多种模式，更富情境。

Video Scribe手绘动画分为对话模式和故事模式两种。其中，对话模式通过手写文字、绘制插图、添加背景音乐和旁白等方式，将人物之间的对话或思维过程完整地表达出来；故事模式通过手绘动画进行故事叙述，用绘制图片的方式表现动画效果，利用图形元素构建场景并将多个场景拼接成完整的故事。当然，在故事叙述中经常包含对话模式。

（2）界面简单，傻瓜操作。

Video Scribe的界面非常简单，主界面不超过 10 个功能按钮，一般人熟悉软件操作只需要 1~3 天；熟悉软件后，只要找到好的素材，基本上一两个小时就能制作出一个 2 分钟左右的精美视频动画。

（3）智能输出，部分局限。

视频的输出格式，有 QuickTime、Flash、WMV，甚至还能以图片形式输出。但该软件也存在些许局限，例如不支持中文字体，软件虽然能访问中文字体库，但即使能够输入中文，也无法达到手绘效果，除非用辅助软件配合使用；不支持视频导入，无法与其他视频融合，影响了手绘视频的创意度。

2. Explaindio Video Creator（EVC）手绘软件

Explaindio Video Creator手绘软件是国外的一款白板视频编辑软件，可以制作涂鸦素描，动画解说的手绘效果，操作简单、直观，可以从库中选择对象操作，并将它们与自己的视频、图像和音频结合起来，利用“手绘 +动画 +幻灯片”等效果来合成视频动画。通过动画视频这一强大而有效的方式来吸引和保持学习者的注意力，同时传递知识信息。为了更加直观地了解 Explaindio Video Creator手绘软件制作出来的微课效果，可扫码（见图 4-10）观看微课视频。

图4-10　Explaindio Video Creator手绘风格微课案例——土地盐碱化

EVC手绘软件的主要特点如下。

（1）素材丰富，支持导入。

EVC支持插入多种素材，如Flash动画、文本和各种格式的图片，对导入的位图，EVC的手绘效果较好。

（2）手绘风格，增强观感。

EVC可以实现手绘、手拖、擦除等动画效果，还可以实现平移、旋转和缩放等关键帧动画方式，可灵活设置动画前和动画后的时间长短；可以将图片、视频等素材作为手绘背景，以达到手把手教学的效果。

（3）界面亲切，重点打造。

EVC具有中文操作界面，可直接输入中文文本；同时它通过幻灯片场景方式呈现内容，重点打造每一场景的设计。

3. 万彩动画大师

万彩动画大师是一款免费的MG动画视频制作软件，容易上手，它适用于制作企业宣传动画、动画广告、营销动画、多媒体课件、微课制作等，内置手绘动画相较于Video Scribe和EVC更容易上手（见图4-11）。

图4-11　万彩动画大师手绘风格微课案例——城市化

万彩动画大师的主要特点如下。

（1）功能强大，快速编辑。

万彩动画大师界面简洁，操作简单易上手；画布操作编辑，可无限放大缩小；支持导入PPTX来新建项目，通过简单加工制作出生动有趣的动画演示视频；支持语音合成功能，可以调节语音的音量和音速，设置语音语调。

（2）海量素材，随心所用。

万彩动画大师内置大量动画模板、图片、视频、场景；拥有种类繁多的动静态动画角色，可增加动画视频的趣味性和互动性，让微课视频更加清晰明了。

（3）多样动画，更上档次。

万彩动画大师拥有别出心裁的镜头特效、流行的手绘动画和琳琅满目的文本动画特效；可自定义场景元素的进场、强调及退出动画特效。此外，软件还拥有丰富的过渡动画效果使场景间切换自然不突兀，同时提升了整个动画视频的视觉美感。

二、主要微课制作软件对比

以上对每一种微课制作软件都做了详细介绍，你是否了解到各种软件的优缺点呢？具体到制作微课软件时到底应该选择哪一类软件，或者说同一类软件又该选择哪一款？相信很多人希望能够有一个更加清晰的指引，下面从同类型软件内部软件差异和不同类型软件之间的差异分别做简要对比，包括入门难度、进阶难度、主要制作方式、共同特点、软件特色和适用课程等，利用表格对比便可一目了然。

（一）同类型软件对比

1．幻灯片类微课制作软件对比

幻灯片类微课制作软件主要分PPT和Focusky两款软件，两者虽同属于幻灯片类微课制作软件，能支持元素导入，但风格有较大差异，两者作为微课制作软件对比见表4-1。

表4-1 幻灯片类微课制作软件对比

软件名称	PPT	Focusky
入门难度	简单	较简单
进阶掌握难度	较简单	中等
主要制作方式	制作PPT+录制旁白+导出	Focusky制作+录制旁白+导出
软件特色	2010版以上自带焕丽场景切换，并拥有更多动画效果	画布无限编辑；3D演示，画面生动；思维导图，逻辑清晰
共同特点	幻灯片式效果；支持图片、视频等多种元素导入	

2．录屏类微课制作软件对比

屏幕录制软件类型较多，常用的软件有FS Capture、Camtasia Studio、万彩录屏大师等，三者都具有录屏功能，是配合其他软件制作微课视频的利器。但各软件操作难度差异较大，且功能差异显著，主要区别见表4-2。

表 4–2　录屏类微课制作软件对比

软件名称	FS Capture	Camtasia Studio	万彩录屏大师
入门难度	简单	中等	中等
进阶掌握难度	简单	较难	较难
主要制作方式	录制 + 导出	录制 + 编辑 + 导出	录制 + 编辑 + 添加 + 导出
软件特色	所占空间小；操作简便；仅可添加标题；导出WMV格式视频；对录制视频不可编辑	拥有 FS Capture所有功能；可添加字幕；可编辑视频；可分离音视频分别编辑；导出 MP4 格式视频	除分离音视频编辑外，拥有 Camtasia绝大多数功能；拥有海量素材库，可在录制视频上添加元素，设置动画；导出格式多样
共同特点	屏幕录制、可自由选择录制区域、可添加标题、录制声音、自带聚焦功能、可导出视频格式		

3．交互类微课制作软件对比

交互类微课制作软件主要介绍了 Course Maker、优芽互动电影和 H5，三者相较于前两类增添了一个特殊功能，支持交互学习，但由于较少人接触，操作难度稍大，具体对比见表 4–3。

表 4–3　交互类微课制作软件对比

软件名称	Course Maker	优芽互动电影	H5
入门难度	中等	中等	中等
进阶掌握难度	较难	较难	较难
主要制作方式	录制 + 导出	录制 + 编辑 + 导出	录制 + 编辑 + 添加 + 导出
软件特色	可微课中插入习题，学习互动后可统计；可脱离Web平台；支持多种素材导入；可生成视频	支持 PPT导入；可在视频中内嵌测验；具有文字合成语音功能	支持多种素材导入；可以插入表单组件，进行调查、测试及评价；不可导出为视频
共同特点	均支持交互学习、支持素材导入		

4．手绘类微课制作软件对比

手绘类微课如微课界的一股清流，让人耳目一新，成为众多微课制作爱好者和微课学习者推崇的微课风格，同样因为接触较少，刚入门时制作难度稍大。主要的手绘类微课制作软件有 Video Scribe、Explaindio Video Creator和万彩动画大师，三者对比见表 4–4。

表 4–4　手绘类微课制作软件对比

软件名称	Video Scribe	Explaindio Video Creator	万彩动画大师
入门难度	中等	较难	较难
进阶掌握难度	较难	难	难
主要制作方式	利用手绘方式讲解微课导出	利用“手绘 +动画 +幻灯片”等效果合成	利用手绘动画实现手绘效果
软件特色	拥有对话模式和故事模式；界面简单，傻瓜操作；可多种格式输出；不支持视频导入；不支持中文字体，但可用辅助软件配套使用	支持插入多种素材；可以实现手绘、手拖、擦除等多种动画效果；非画布编辑；支持中文	拥有海量素材、支持多种素材导入；画布编辑，功能强大，支持语音合成和语音输入；多样动画，更上档次；纯中文软件
共同特点	均支持手绘方式制作微课、支持视频导出		

（二）不同类型微课软件对比

不同类型微课制作软件操作难易程度、制作方式差异以及使用课程类型对比见表 4–5。

表 4–5　不同类型微课制作软件对比

软件名称	幻灯片类	录屏类	交互类	手绘类
入门难度	简单	较简单	中等	较难
进阶掌握难度	较简单	中等	较难	难
主要制作方式	幻灯片 +素材 +动画 +配音	录制 +简单素材添加 +配音 +编辑	素材导入 +视频编辑 +嵌入式题 +配音	素材导入 +视频编辑 +配音
适用课程	常规教学	配合其他软件使用	互动答题类微课	常规教学、专业竞赛

不同类型的微课制作难度、制作方式、微课风格等都有较大差异。如果你有好的教学设计、制作技术和创新创意等，并投入时间和精力，无论使用哪一种软件都能制作出不错的微课，只要根据实际需要选择恰当的制作软件和方法，就可以提高微课制作的效率和效果。

◎ 深度思考

1. 了解不同类型的微课制作软件的特点对微课制作有什么意义？
2. 面对不同需求的微课是否可以随意使用微课制作软件呢？
3. 微课制作是否仅限于单一的软件呢？

第二节　地理微课制作的方法

◎ 问题导入

优质地理微课如何制作？不同类型的软件如何制作微课？

优质的微课的设计与制作，需遵循以下原则：第一，优秀的教学设计。微课也是课，好的教学设计是整个微课的灵魂。教学设计也就是常说的脚本，需要突出重难点，参考课标和考纲，符合学生的认知规律。第二，丰富的教学素材。微课的教学素材可以是图片、音频、视频、Flash等，多样的素材可以让微课更加充实，同时也能更好地辅助微课知识点的突破。第三，动画制作精美得当。恰当的动画制作是微课教学的基础，还可以增强微课呈现的效果，打造视觉盛宴，增强学生学习兴趣。第四，恰当配音辅助教学。结合微课教学内容及动画演示配上必要的讲解，起到画龙点睛的作用，配音语速急缓得当、音调合理、吐字清晰，配以字幕强化视听效果。总体来说，优质的微课不仅需要科学的理论支撑，还要符合学习者的认知规律，既要制作精美又要科学，更要让学习者学有所获。但在现实中微课的状况如何？

在日常微课教学中你是否发现这样的现象：微课教学东拼西凑，有则用之，无则免之——缺乏体系；或者微课系统完整，但粗制滥造，简单地将知识点进行复述——缺乏美感；或者下定决心，今年一定要做几个拿得出手的微课，结果雷声大雨点小，从春天说到冬天，最终还处在开始阶段——无果；各种理论、实操培训接二连三地参加，好的微课看了一个又一个，可就是做不出像样的微课——无策……那么，到底如何才能制作一个好的微课呢？下面分别就优质微课的制作整体流程和不同类型软件制作微课的方法来谈微课制作。

一、优质地理微课的制作流程详解——以万彩动画大师+Camtasia Studio为例

一盘好的红烧肉大家都吃过，一个好的微课大家也看过，但有没有想过它们之间的关系呢？红烧肉好吃，原因在于它色、香、味俱全，抓住了你的视觉、嗅觉和味觉。一个好的微课同样如此，画面、声音、内涵也要俱全，才能抓住你的视觉、听觉，还有最重要的是你的思想。俗话说，好看的皮囊千篇一律，有趣的灵魂万里挑一。微课的内涵就如同一个人的灵魂，需要千锤万凿才能练就。下面以一盘“红烧肉”的制作为例，辅以万彩动画大师和Camtasia Studio两款软件为支撑，手把手教你制作优质微课。

（一）拟“菜谱”——脚本

在做一盘好的红烧肉之前，首先得知道如何才能做出一盘可口的红烧肉，也就是要有一个好的菜谱，不同的烹饪方式直接影响菜品的口味。做微课同样如此，一个好的脚本，决定了微课的线索、情节、知识点、笑点、泪点等。一个微课脚本就相当于一部微电影的剧本，是整个微课的精髓，也是灵魂所在。那么如何编写微课脚本呢？

好的微课脚本应包括导入、学习目的、知识点讲解、重难点突破方法，穿插设问和趣味点等。想要在微课中放入一些特别的元素让微课别具一格的话，可多渠道、广角度想办法，如导入部分可充分借鉴网络上的优质课、优秀教案中关于该知识点的导入。当然，最理想的是能充分整合资源，发挥自己的聪明才智标新立异，将自己的创意应用到微课讲解中，这样的微课才能有真正的“魂”（见表 4–6）。

表 4–6　“人口的合理容量”微课脚本

镜头	字幕	素材
片头	人口的合理容量	文字、动画
镜头 1：导入——复活节岛的悲剧	复活节岛是东南太平洋上一个孤零零的小岛，早期被拉帕努伊人发现，这是一块物产富饶的土地，他们的人口快速增长，1680 年人口膨胀到了 8 000—20 000 人……（具体内容省略）	纪录片《复活节岛的传说》《探秘复活节岛》《国家地理：复活节岛探秘》
镜头 2：概念辨析	本节课的关键是辨析三个概念：环境人口容量、环境承载力、人口合理容量……要理解这个概念，需要引进一个新名词“木桶效应”……（具体内容省略）	文字、“木桶效应”图片
镜头 3：中国现状	中国目前的人口数量、人口合理容量、环境人口容量三者之间的大小关系是怎样的呢?	文字、中国人口地图
片尾	谢谢观看	文字、动画

（二）备“食材”——素材

佳肴的根本在于好的食材，做一盘红烧肉当然要取上好的五花肉，最好是放心肉，此外还要有葱姜蒜、酱油、盐等佐料。微课的制作同样需要有这样一些好“食材”，即素材。素材主要包括切合题意的视频、高清图片、好听的背景音乐等，当然还少不了“烹饪”的工具：万彩动画大师和 Camtasia Studio 两款软件，还有话筒、耳机、电脑等。

素材收集完毕后，我们还要对素材进行前期处理。图片有水印可采用截图或者 PS 修图，增强图片的美感；有些图片很重要但本身很小又很模糊，该怎么处理呢？推荐一个网站：www.bigjpg.com。该网站利用最新人工智能深度学习技术，可以将图片中的噪点和锯齿部分进行补充，从而实现图片的无损放大，若是动漫、插画图片、示意图的放大效果近乎完美，它也兼容普通的照片放大，最关键是免费版已足够我们使用（见图4-12）。如果放大后的图片清晰度还不够，此时可以在PPT中用曲线工具对图像进行重绘；好的视频同样可以拿来做素材，但不能采用“拿来主义”，而是要根据脚本内容，截取视频中的几个镜头，这时候一个得力工具就派上用场了——Camtasia Studio。利用它可以轻松截取一个或多个视频中的片段，并将这些片段重新组合成一个新的视频，还可以去除视频背景音乐，最后导出成为必备的素材。

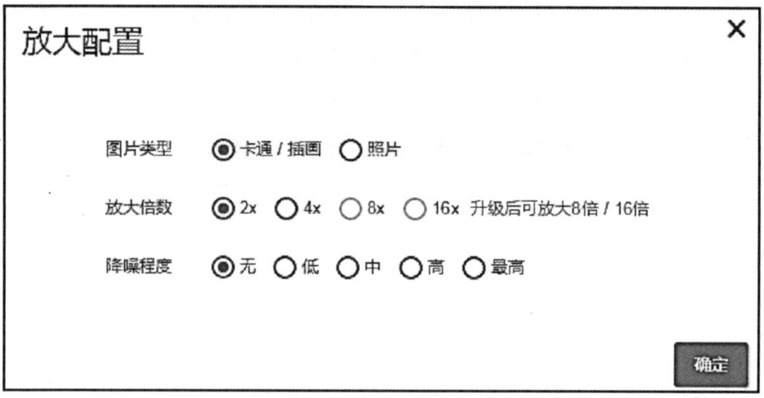

图4-12　图片放大设置

（三）“烹饪”——制作微课

菜品的“色、香、味”都是在烹饪这个环节实现的，因此微课的“烹饪”环节成为微课制作的关键，接下来从以下几个方面展开说明微课制作的关键步骤。

1. “配菜”——配字幕

配菜决定了菜品的成分，同样地，将脚本文字配到字幕中，也就决定了微课的内容和时间。因为后面制作动画和配音都要以字幕的内容和显示速度做参考，所以对字幕出现的时间精确度有很高要求。确保字幕精确的做法如下：①添加参考字幕。点击“字幕”按钮，添加长短适当的文字，调整好字体的格式，个人习惯用黑底白框的格式，便于在不同背景前都能看清字幕，点选“应用到所有”按钮，后面新添加的字幕将参照此格式，无须对字幕格式再做调整（见图4-13）。②调整时长。根据字幕内容长度调整字幕显示时长的小技巧是，点击播放按钮并轻声配音，调整到字幕出现时间和配音时长一致为止，此时按住Ctrl并滚动鼠标滑轮，将时间轴上的文字调整到刚好全部显示为止。③添加所有字幕。保持时间轴的总体比例不变，后面添加的字幕，也拉长到刚好全部显示文字即可，此时字幕显示的时间与自己的配音速度将保持一致。

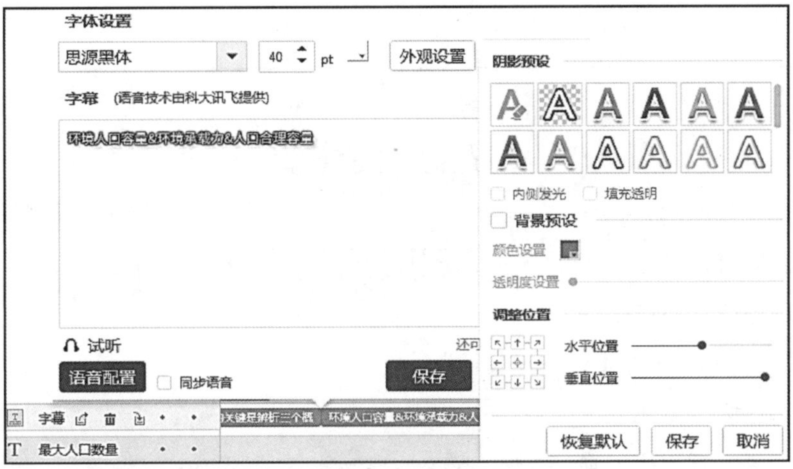

图4-13　“添加字幕”中字体设置

2.“烹饪”——制作

前期准备工作完毕后开始烧菜，菜品的色泽、香味就看这步了。微课的画面感即视觉效果也在这里打造。

（1）软件界面介绍。软件上方为标题栏，中间为视频预览窗口，下方为时间轴，右侧为素材栏、设置栏（见图4-14）。

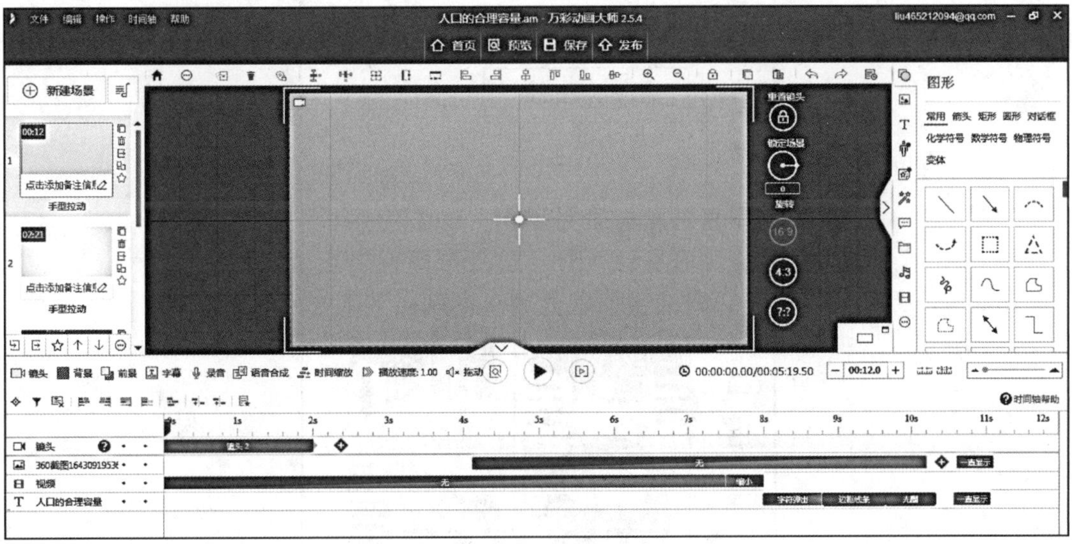

图4-14　万彩动画大师软件界面

（2）动画帧。从右侧插入文字、图片、视频、卡通人物等素材后，会自动在时间轴上出现“进入动画”和“退出动画”，两者之间的距离代表素材在屏幕上显示的时间，通过拖拉间距可以改变素材在屏幕上显示的时间（见图4-15）。若要修改“进入动画”的时间，只需要选中“进入动画帧”，通过拉长或缩短改变进入动画显示的时间即可。若要修改进入动画，双击“进入动画”按钮，即可进入修改，里面有许多动画如手绘、手指推进等；退出动画的修改同理。

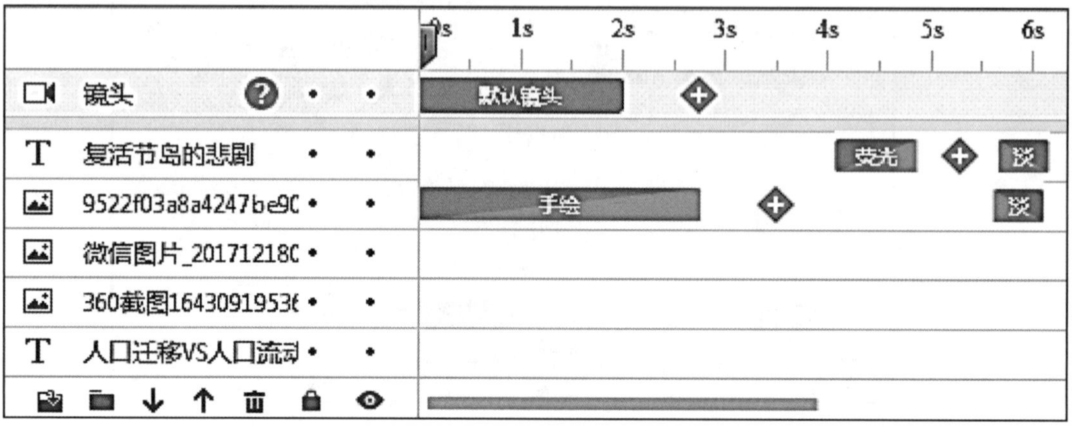

图4-15　素材动画设置

（3）做动画。根据字幕将收集的视频、图片、文字等制作成动画，主要流程是：从软件右侧导入素材到时间轨道，设置好进场动画、退场动画和显示时间。这里最需要的是“创意”，可通过观看优秀视频案例来学习。软件自身的素材库也有自带的诸多音视频、图片等素材（见图4–16），富有创意而且高清，让微课制作如虎添翼。

图4-16　软件素材库

（4）配音。一个高质量的话筒可以让声音更清晰圆润，而一般的耳机话筒也能满足需要。点击“配音”按钮，界面出现倒计时“3、2、1”之后，视频开始自动播放，此时可以根据字幕进行配音。配音过程中可能会出现口误，可多尝试几次直到满意为止，然后保存配音。也可以将每次配音的时间缩短一些，保存一小段配音后再继续配音，以减少出错的时间成本。软件自带“语音合成”功能，将脚本文字粘贴进去并选择“人物角色”后点击“应用”即可。软件内置了不同口音的普通话、英语、粤语和其他各种方言，还有不同性别、不同年龄的角色声音（见图 4–17）。如果觉得自己的声音不够好听或者缺少话筒设备，可采用这种方式解决。但这种配音总有些生硬，不够自然，所以尽可能自己配音，多训练方能成为配音高手。

图4–17　语音合成设置窗口

（四）“装盘点缀”——修饰微课

红烧肉烹饪后装盘加以点缀可更富美感。微课制作到这里也进入尾声，选择 720p或 1 280p视频格式导出，可确保清晰度保持在高清或超清水平，而且文件不大。此时的微课已基本可以使用，但要是缺了什么或者还有些瑕疵，还可以利用 Camtasia Studio 软件做最后的修饰调整。

打开 Camtasia Studio 软件，导入微课视频、背景音乐，将视频拖到媒体轨道上并选中，选择 1 280 × 720 大小。点击“声音”，在这里选择“去噪”，可把噪音去掉，再选择增大音量调到合适音量（见图 4–18）。如果视频中还有少许帧不完美，可将其前后截断后删除，并将剩下的片段拼接起来。视频处理完毕后拖动背景音乐到素材轨道，并调低音乐的声音到尽可能小，以增加微课视频的舒适感，同时又不干扰原视频声音。最后分享导出选择 MP4 720p即可。

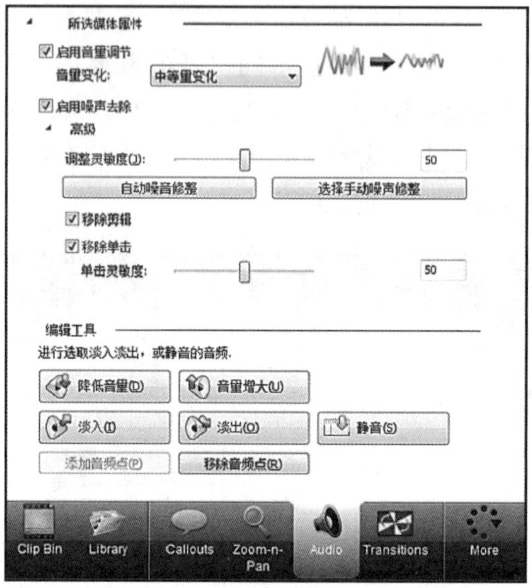

图4-18　声音编辑窗口

此时一个集视觉、听觉美感，且富有个人思想的微课就做成了，就像孩子一样，终于孕育出生了。如果在微课完成后，或者在微课使用中，发现视频中出现了一个错误，或者打错了一个字，该怎么办？掌握这个小妙招，修改轻松搞定：首先将原视频删掉或剪切到其他地方；然后打开之前保存的万彩动画大师文件，切记这些文件、素材都不要过早删除；找到错误的地方进行修改并导出新视频，命名要与原来的视频一致；打开 Camtasia Studio 软件，软件会自动抓取新文件，它会默认是原来的视频处理，此时只要再次从 Camtasia Studio 软件中导出视频即可。扫描（见图 4–19）二维码即可观看由万彩动画大师和 Camtasia Studio 软件相结合制作的“人口的合理容量”微课视频样例。

图4–19　“人口的合理容量”微课视频样例

（五）后记

微课的制作方式千变万化，所谓条条大路通罗马，只要能制作出好的微课，不论过程中用了哪种方法、用了什么软件都不重要。臻品总要经过精心烹饪方能出品，优质微课总要精细打磨才能练就，若能把做“红烧肉”的精神运用到微课制作中，用心去揣摩、细心制作，再加上坚持练习尝试，相信很快就能做出“色、香、味”俱全的微课。

二、不同类型软件制作地理微课方法列举

上一节详细讲解的优质微课的整体流程，可以作为制作优质微课的参考，但具体到不同类型的微课制作软件，就另当别论了，因为微课制作软件众多，难度、风格差异悬殊，下面从四种类型软件中各选取一种，利用实例讲解其制作微课的方法。

（一）幻灯片类软件制作微课——以 PPT为例

PPT大家都耳熟能详，已成为日常教学的必备工具，因此是微课制作的首选工具。如果你的 PPT制作技术已经很高，录制微课更加简单。下面详细讲解如何利用 PPT录制微课的主要步骤。

步骤一：制作 PPT。

想要利用 PPT录制微课视频，你得先有一个 PPT课件。课件的质量直接关乎微课的效果，因此你需要一个好的教案或者微课脚本，充分准备微课相关的图片、视频、音频等素材，再发挥自己的 PPT技术优势，制作出一个重难点突出、画面富有美感、时间长度得当的 PPT课件。具体的 PPT制作过程不再详细赘述，下面介绍几个小技巧让你制作更优质的 PPT课件。

方法一：善用插件 iSlide。

iSlide（见图 4-20）是一款基于 PowerPoint的插件工具，它包含 38 个设计辅助功能、八大在线资源库、超 20 万专业 PPT素材。下载安装 iSlide插件并安装，再次打开 PPT即可在顶部菜单栏看到 iSlide栏目，该栏目内置设计、资源、动画、工具、学习等子栏目。其中“设计”栏目包括一键优化、设计排版、设计工具三个子菜单，可以根据实际需要进行排版等设计；“资源”栏目包括案例库、主题库、色彩库、图示库、智能图库、图标库、图片库、插图库 8 个子菜单，涵盖了主要的素材内容，在制作课件过程中可以自行选择需要的素材，以节省时间；“动画”栏目包括补间和扩展两个子菜单，可以让你制作的动画更加炫酷；“工具”栏目包括导出、PPT拼图、PPT瘦身、文件分析、ZoomIt、计时器等，能够提供一些实用的帮助。

利用 iSlide这款插件可以提高课件制作效率，同时让设计出来的 PPT课件更加专业，增强微课效果，是 PPT制作的利器。

图4-20　iSlide菜单窗口

方法二：擅用图片编辑器。

地理微课的精彩之处总与变化万千的各种图片相关联。如何有效地批量处理图片成为关键。下面介绍一下 PowerPoint中图片处理的两个方法。

（1）智能删除背景：很多时候我们会为地理微课设计一些人物角色来帮助情景演

绎，但经常会遇到这样一个问题——从网上下载的图片素材都有背景颜色。如果直接运用这样的素材会大大影响课件的美观，这时我们就要用到删除背景功能（见图 4–21）。

图4–21 PowerPoint图片删除背景编辑区

例如在“聚落的具体形态”中笔者设计了老王与小王两个人物角色。具体操作如下：先将人物图片素材插入到幻灯片中，然后选定要操作的图片并单击“删除背景”键，待图片区域变成紫色后开始抠图操作。

抠图操作可以分为两步：第一步，拖动图片上的矩形方框，选择抠图的范围。范围以外的区域会被全部删除。第二步，抠图范围内显示正常色的部分为保留部分，显示紫红色部分为删除部分。若需要添加保留部分，可将鼠标移到相应位置，当鼠标出现 +时滑动鼠标方能添加。若需要删除已保留部分，可将鼠标移到相应位置，当鼠标出现 –时滑动鼠标方能删除（见图 4–22）。

图4–22 PowerPoint图片删除背景操作流程

（2）质量处理：地理微课的展示离不开各种地图的运用，但是从网络上下载的地图难免存在分辨率低、色彩不和谐的问题。因此需要在 PPT中插入地图素材后进行再加工。那么以下两个工具（见图 4–23）就十分重要了。

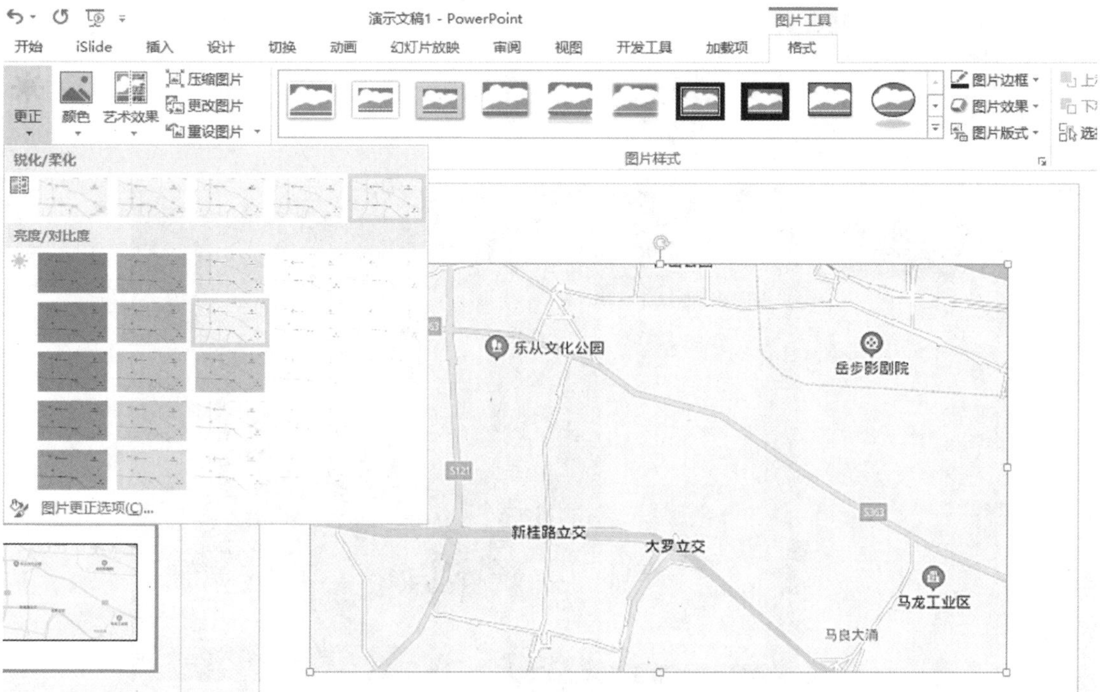

图4-23　PowerPoint图片质量处理

①校正工具：如“聚落的具体形态”这一案例需要运用城区街道道路图与乡村道路图进行对比，但从百度地图上截取的地图不够清晰，此时可以进行以下操作：将地图插入幻灯片并选中地图，然后点击“校正”工具的下拉列表选择适合的“锐化”效果来提高地图的清晰度。

②颜色工具：当对图片的颜色饱和度以及色彩不满意时，在插入幻灯片后选中地图，然后点击“颜色”工具的下拉列表对地图进行重新着色。

方法三：自定义动画。

在微课制作过程中，我们需要给设定的角色赋予生动的形象，这可以通过PPT的自定义动画实现。下面以案例“聚落的具体形态”中“老王父子在舞台上讲述买房经历”的动画场景为例做示范。

（1）拉开帷幕的动画效果：首先在幻灯片中插入红色幕布舞台与独立红色幕布，调整大小并使其适合于幻灯片。为了形成幕布缓慢拉开的效果，复制两张独立幕布并通过水平翻转以轴对称分布于幻灯片上（见图4-24）。

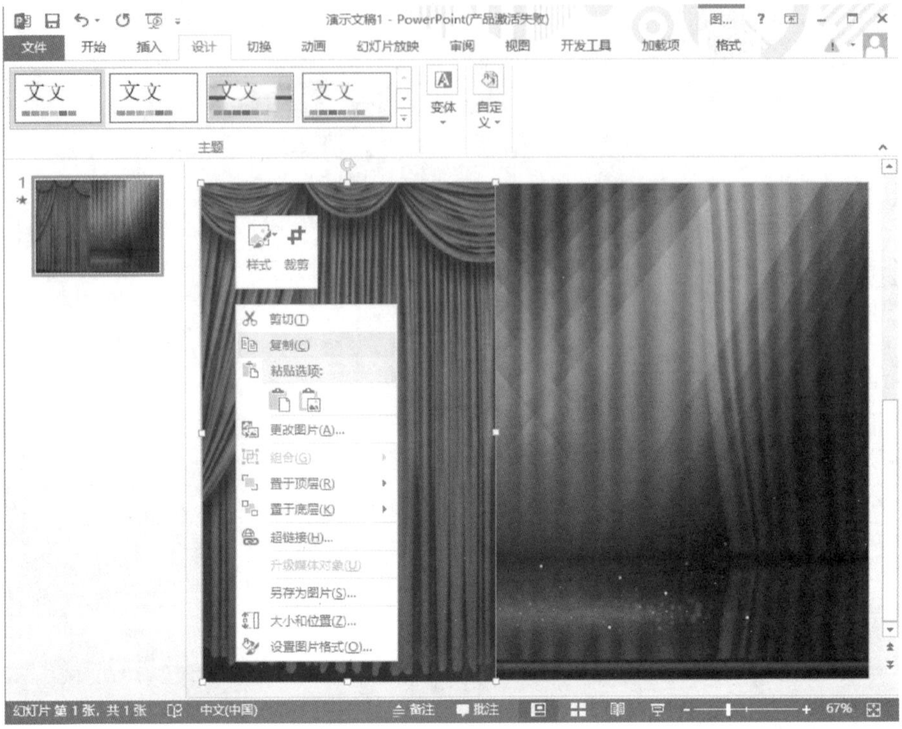

(a)

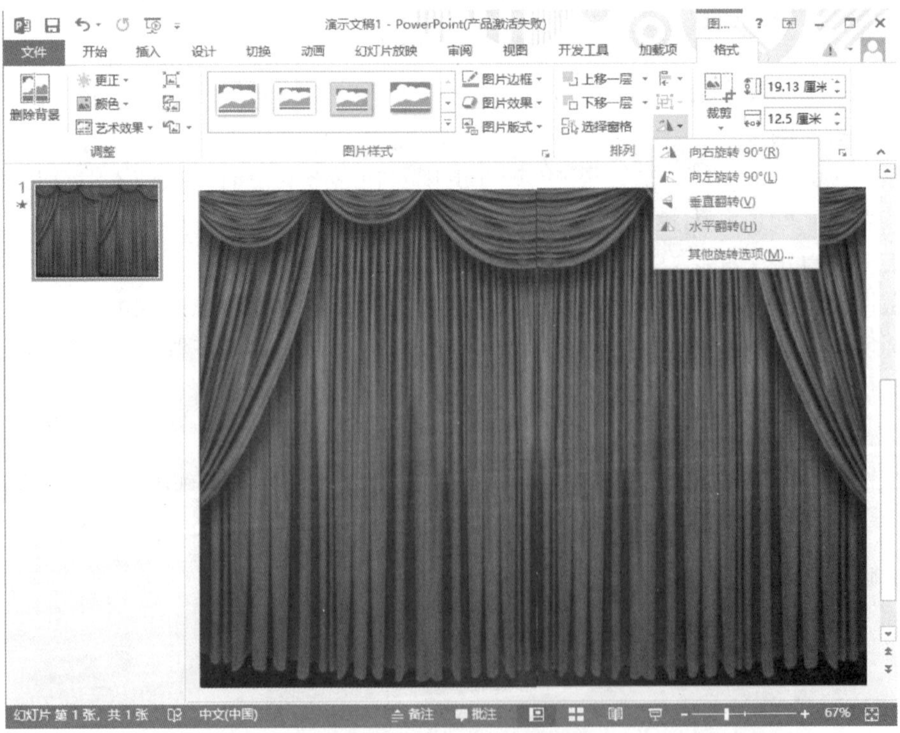

(b)

图4-24　幕布基本素材制作

然后选择独立幕布对象，在动画工具中找到路径动画，按下拉列表选择绘制线条，最后在幕布对象上画出相应的距离便能实现幕布缓慢拉开的效果（见图4–25）。

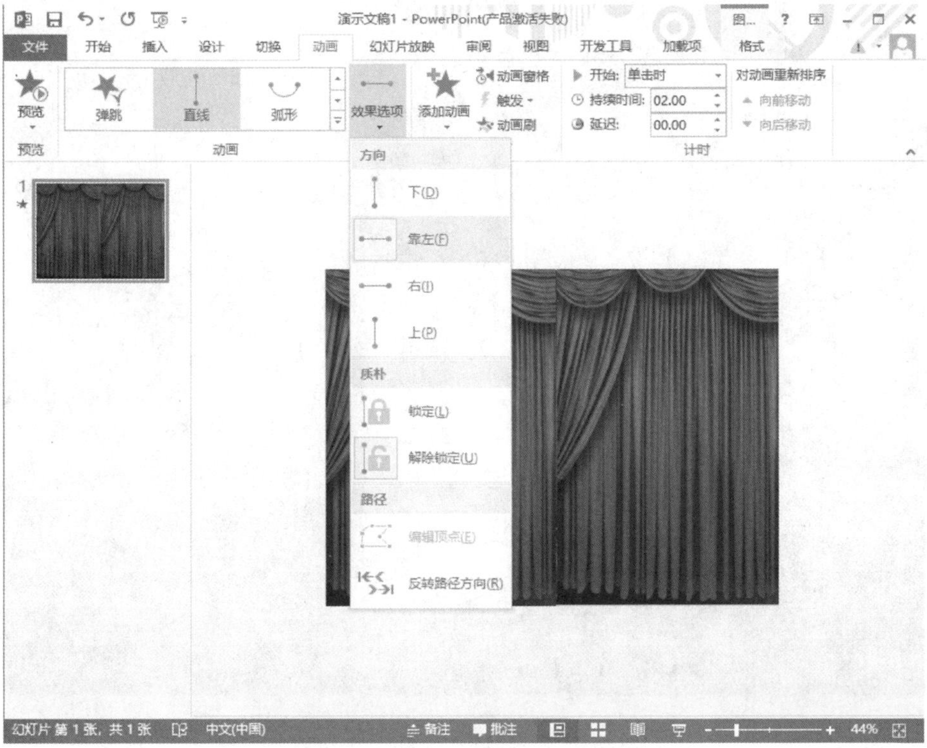

（a）

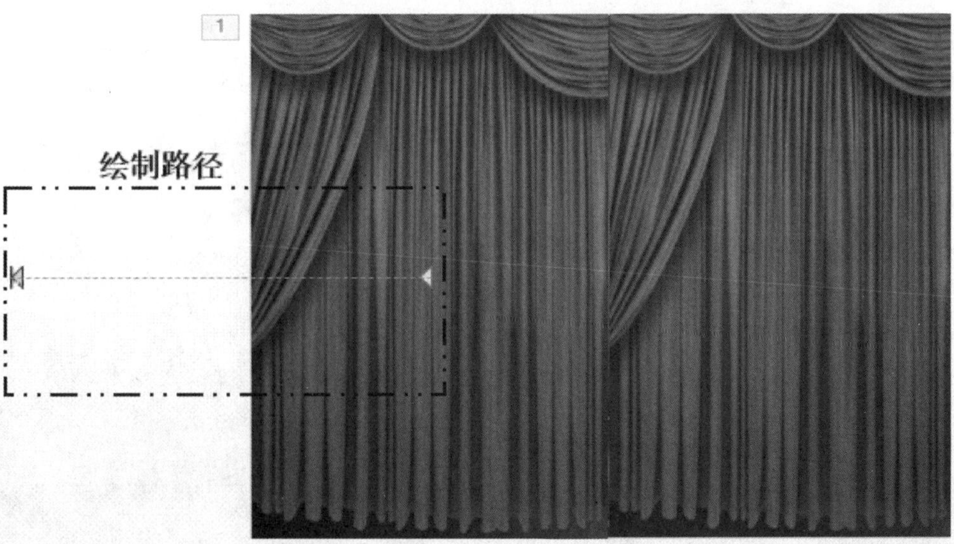

（b）

图4–25　幕布运动路径绘制

（2）人物说话的动画效果：要使案例中的老王父子能够形象生动地进行对话，我们可以给老王父子的卡通形象加上会运动的嘴巴。具体操作如图 4–26、图 4–27 所示。

图4–26　人物嘴巴素材的处理

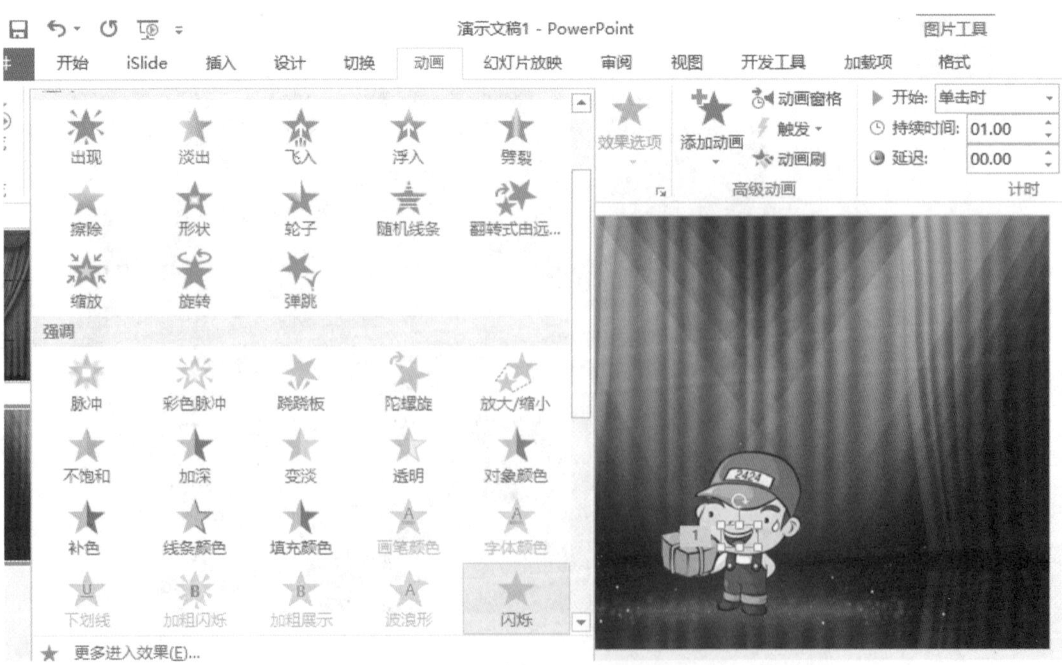

图4–27　嘴巴运动效果的选择

首先，在网络上查找与情景人物相匹配的嘴巴素材图片并按照上述操作智能删除背景。其次，将嘴巴素材叠加在情景人物的恰当位置。

选中嘴巴素材，点击动画工具中加强型动画中的闪烁效果（见图 4–28）。最后调节该动画的计时效果：开始方式选择之前，持续时间选择 0.5 秒，重复次数按照说话的长短来决定（见图 4–29）。

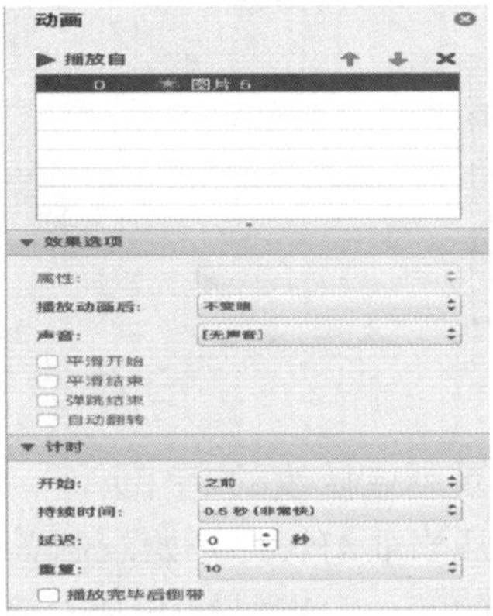

图4–28　嘴巴运动效果的计时编辑

图4–29　点击重新排列对象

步骤二：录制旁白。

课件制作完成后，即可开始录制微课，请按照以下步骤进行。

（1）前期准备。

声音清晰是微课质量的保障，准备好一个高质量的耳麦或话筒，连接电脑并调试好；若想要讲解过程更加流畅，则需要准备一份微课旁白，并结合课件多演练几次。

（2）开始录制。

打开 PPT课件后，在上方菜单栏中点击“幻灯片放映”，在下拉菜单中点击“录制幻灯片演示”按钮即可。此时，PowerPoint会弹出“录制幻灯片演示”对话框，可以选择是否使用“幻灯片和动画计时”与“旁白和激光笔”，然后直接点击“开始录制”按钮即可开始录制（见图 4–30）。

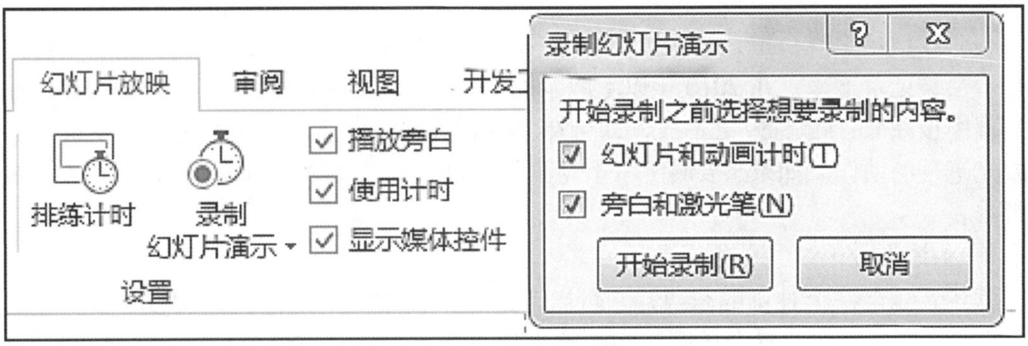

图4–30　幻灯片录制窗口

此时，你可以通过鼠标或者键盘上的方向键放映 PPT课件，并根据动画演示进程同步讲解，声音就会录制在对应的页面上，要确保讲解与 PPT动画、页面切换保持一致。开始录制后 PPT左上方会出现“录制”控制窗口，如果在录制过程中临时需要处理别的事，如接电话，则可以点击数字①暂停键，暂时停止录制旁白；点击数字②右向箭头可以继续录制；数字③表示当前这张幻灯片已经录制的时长；数字④则表示这个 PPT文件总共已经录制的时长（见图 4–31）。

图4–31　幻灯片录制控制窗口

如果要分次录制或者单独录制其中一页，只需要选中需要录制或修改的 PPT页面，然后点击“录制幻灯片演示”按钮旁边的下拉箭头，并选择“从当前幻灯片开始录制”选项即可。但录制结束后不要切换到下一页，以免冲掉下一页的旁白，直接按下 ESC键退出，即可保存旁白（见图 4–32）。

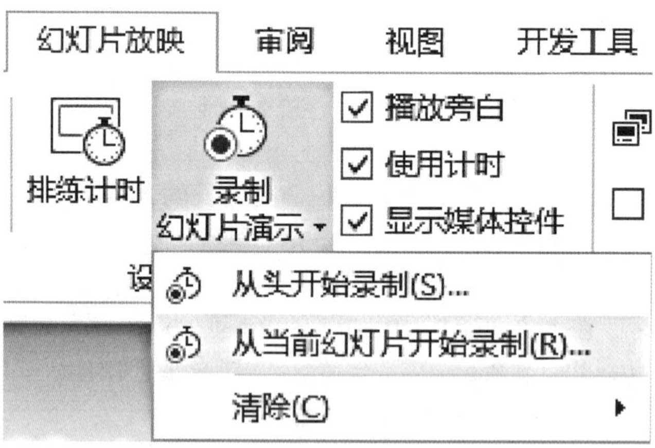

图4–32　录制幻灯片演示窗口

有时在演示 PPT讲解过程中，可用鼠标对 PPT页面中的内容进行演示，但鼠标的动作并不会被记录下来，在 2010 年以上版本的 PPT中都可以用“激光笔”代替。在录制讲解过程中按住 Ctrl+鼠标左键不放，即可在 PPT播放状态中显示出激光笔来，从而记录下“激光笔”的动作。如果想要将 PPT上写画的笔迹也记录下来，则需要用到 2016 年或以上版本。

（3）添加音乐。

背景音乐是一个神奇的东西，它可以营造氛围，增强听觉体验，使教学情境化。纯 PPT录制法如何添加背景音乐呢？主要遵循以下步骤：第一步，在结束旁白录制后，找到 PPT上方菜单栏中的“插入”，点击里面的“音频”子菜单，在弹出的对话框中选择

“PC上的音频”，将背景音乐插入到相应的PPT页面中；第二步，在PPT页面中选中背景音乐小喇叭，然后点击“播放”菜单，选择“在后台播放”即可，这样整个微课就有了背景音乐（见图4–33）。

图4–33　PPT音频插入窗口

（4）结束录制。

当所有幻灯片页面都已经讲解完毕后如何退出呢？方法与平时上课方法一致，通过按键盘左上角的ESC键即可。退出录制后，检查页面上是否会出现一个喇叭符号，要是有则代表这一页已经录制了旁白。此时播放PPT，就会按照录制的节奏，同时播放页面内容与语音旁白。一定要确保所有页面都已经录制旁白，如果不打算作为微课内容的PPT页面则需要在导出视频前删除。

步骤三：导出视频。

录制结束后PPT并不是常见的视频格式，还需要将其导出为视频格式，以便分享和传播。具体办法是，点击“文件”菜单，选择“另存为”子菜单项，选择文件要保存的位置，在“文件名”后面的窗口中修改保存名称，在“保存类型”后面的下拉菜单中选择MPEG–4视频或Windows Media视频，即常见的MP4和WMV视频格式，最后点击“保存”按钮，软件就会自动将PPT转为视频文件，在PPT下方会出现视频保存的进度条（见图4–34）。保存视频需要消耗相当长时间，要等到进度条完全消失视频才算导出成功。导出后打开微课视频，检查是否有错漏，若有错漏则需要在PPT中修改后再次导出，若没有即完成了微课视频的制作。

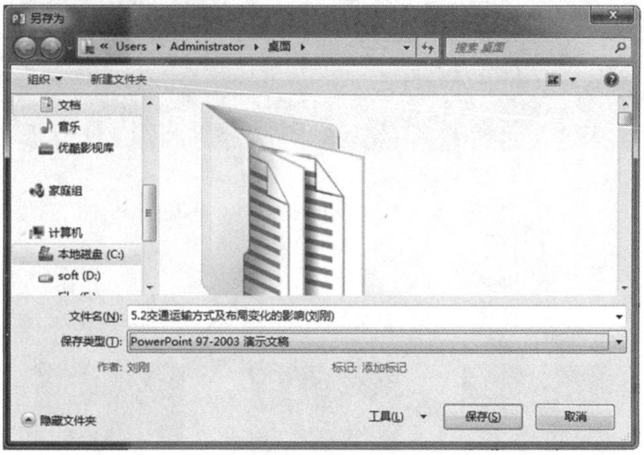

图4–34　PPT导出视频保存窗口

纯 PPT微课录制操作较为简单，易于上手，但由于它并非专业的视频编辑软件，其不足也显而易见。如视频导出的时间较长，对录制的视频和音频不能再编辑或添加元素，修改困难；PPT中内置的视频、音频、操作过程难以记录等。若想要利用 PPT录制更好的微课，推荐借助其他专业软件配合完成，如专业录屏类软件 Camtasia Studio。

（二）录屏类软件制作微课——以 Camtasia Studio为例

Camtasia Studio是一款专门捕捉屏幕影音的工具软件，它能在任何颜色模式下轻松地记录屏幕动作，包括音响、音效、鼠标移动的痕迹，解说声音等。另外，它还是一款视频剪辑软件，可对多种格式的图像、视频剪辑进行剪接、制作片头、字幕、配乐/旁白、变焦缩放、视觉过场特效等，具有即时预览和编辑压缩的功能。Camtasia Studio输出的文件格式丰富，支持 GIF动画、AVI、WMV、FLASH、RM、MOV、MP4 等多种格式，而且操作简单，适合初学者使用。

1. 界面介绍

下载安装软件后，打开软件，进入到主界面，主要包括菜单栏、工具栏、任务显示区、任务栏、时间轴和演示窗口（见图 4-35）。

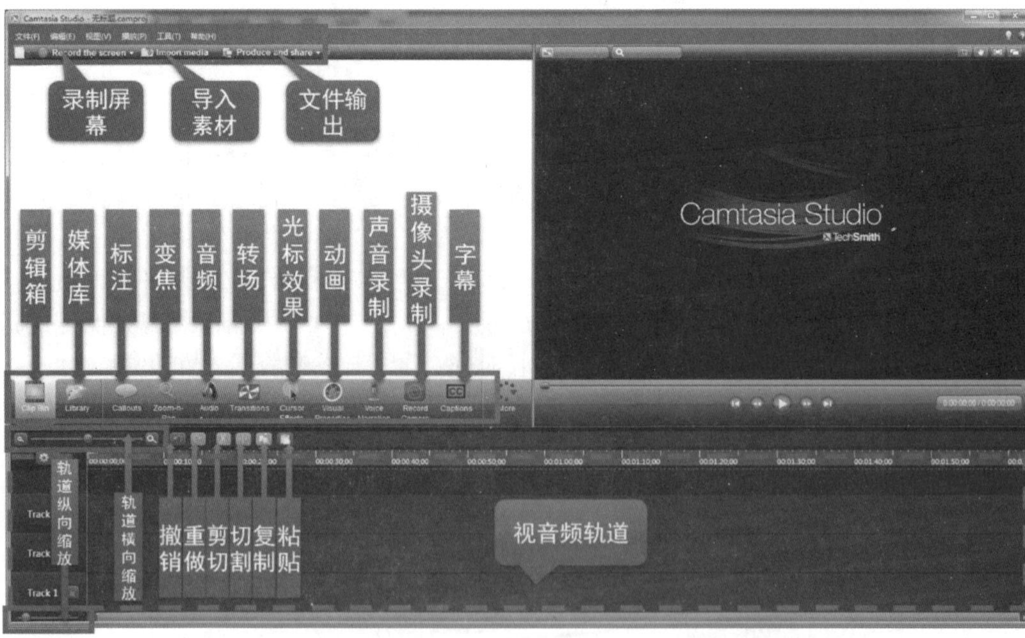

图4-35　Camtasia Studio 8工具

2. 微课制作

Camtasia Studio 8 的录制微课一般分为三个步骤（见图 4-36）。

图4-36　Camtasia Studio工作流程

步骤一：视频录制。

首先准备好需要录制的素材，如PPT课件，然后点击左上角菜单栏中录制屏幕按钮 Record the screen 打开录像器，录制界面分为三个区域：Select area、Recorded inputs和Rec。

“Select area”可做全屏的视频录像，也可做自定义的视频录像。在“Custom”右侧的下拉三角处提供了常见的尺寸，可直接选用（见图4–37）。

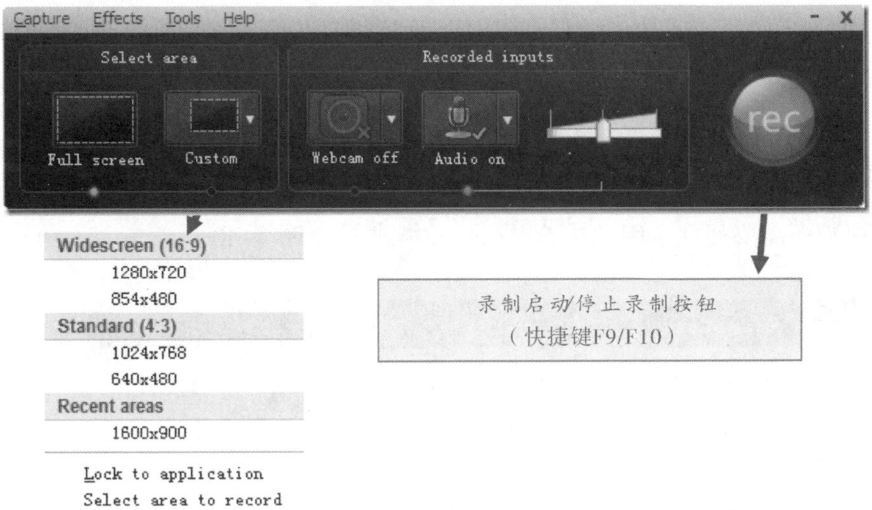

图4–37 Camtasia Studio 屏幕录制窗口

在打开软件后，屏幕中会有一个高亮的虚线框，可以使用鼠标移动到要录像的位置。

“Recorded inputs”指音频控制。在音频控制之下可以选择声音的收音方式，可以是麦克风收音也可以是电脑直接收音，当然也可以通过音量控制条来控制音量的大小。

“Rec”具有录像启动、停止和保存功能。在录屏窗口和音量都调整完毕后可以按下红色“Rec”键开始录制，之后屏幕会出现3秒倒计时提示准备开始录制，之后出现控制条，可看到录制时间、音量大小，右方“Delete”“Pause”和“Stop”三个按钮可以随时控制录制删除、暂停和结束（见图4–38）。

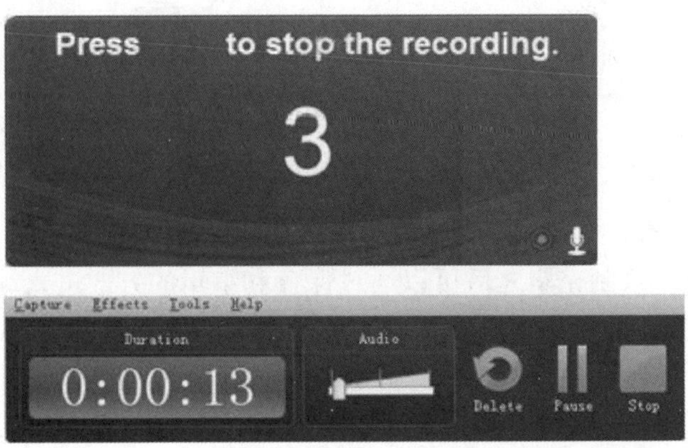

图4–38 Camtasia Studio 屏幕录制窗口

录制结束时按下 F10 键即可停止录像，同时弹出如下对话框，此时可以完成三个操作，分别为“Save and Edit”用以保存和随后直接进入编辑状态，“Produce”直接生成视频，“Delete”删除录屏。一般而言使用“Save and Edit”操作（见图 4-39）。

图4-39　Camtasia Studio 录屏结束窗口

选择保存，软件提供两种格式，一种是 *.camrec，另一种是 *.avi。*.camrec只有在 Camtasia Studio 8 软件中才能打开。*.avi格式属于通用格式，基本上所有的播放器都支持。但是不推荐 AVI格式，因为采用 AVI格式保存较长视频时会死机，此外 AVI文件很大；通常视频还需要处理，因此推荐 *.camrec格式（见图 4-40）。

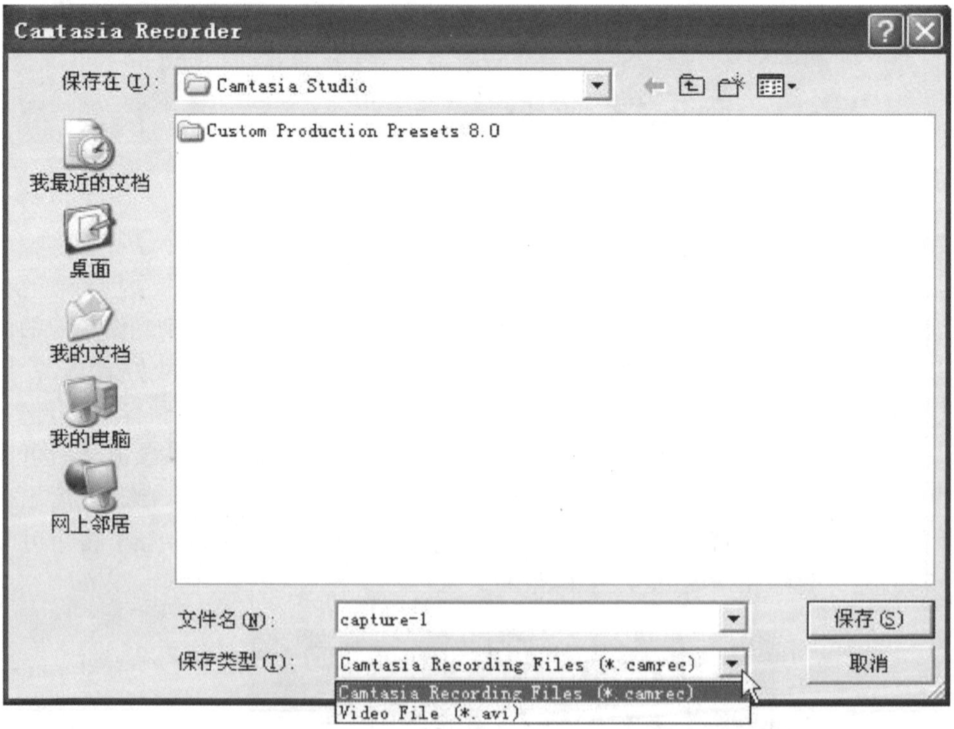

图4-40　Camtasia Studio 录屏保存窗口

步骤二：素材编辑。

（1）素材导入。录制完毕之后可以通过保存和编辑的方式进入编辑页面，也可以直接导入经保存的视频文件。具体操作可通过工具栏中的黄色按钮“Import media”直接导入视频或者在空白区域点击右键也可以出现 Import media命令。添加之后将视频素材拖拽到下方时间轴的任意一条轨道上即可开始对素材进行编辑。可添加的素材包括视频、音频、图片等（见图 4-41）。

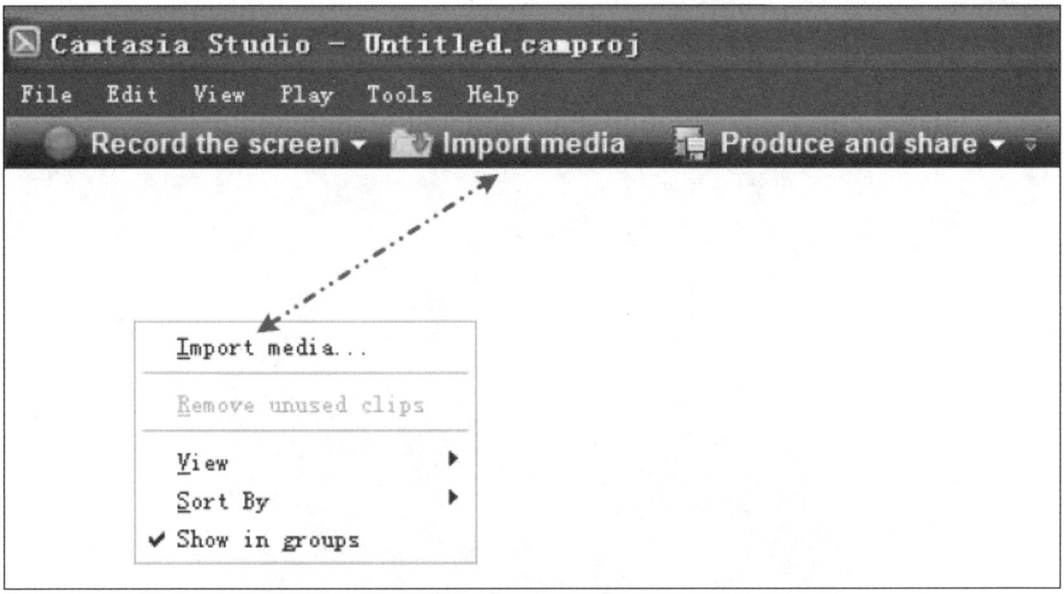

图4-41　Camtasia Studio 素材导入

（2）视频裁剪。视频加载之后在时间轴的轨道 1 上可以看到刚刚完成的录屏文件，在视频录制过程中常常会有停顿或者错误的地方，此时可以通过两种方式来删除不满意的部分。方法一：拖动时间轴两端的红色或绿色边界可以选中任意小段，如图 4-42 所示，点击时间轴上方的剪切按钮，即可分割视频，将光标移动到需删除部分右击选择"删除"即可。方法二：将时间轴放置在需要裁剪部分的前端或者后端，点击上方的分割按钮，两次分割之后，在分割部分右击"删除"也可以达到同样的效果。此外，如果想编辑分割之后的视频，可以将其拖到到其他轨道单独进行编辑。

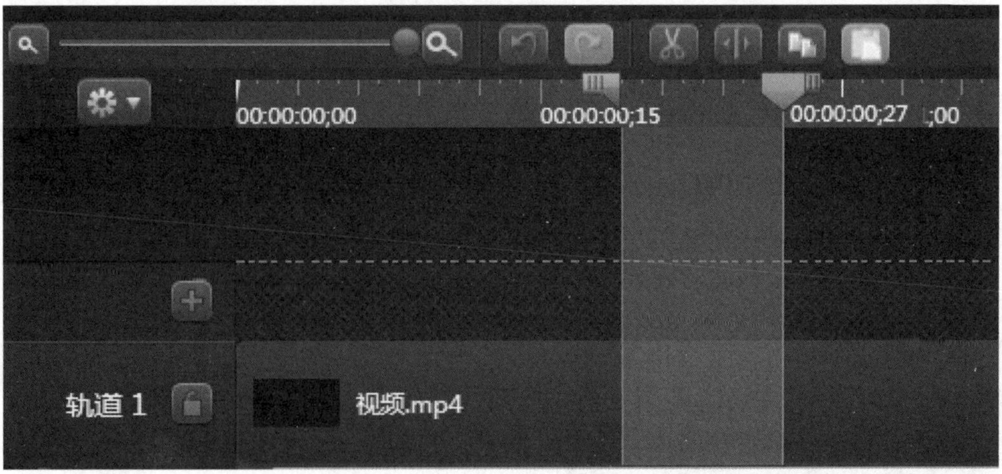

图4-42　Camtasia Studio 视频剪切

（3）添加转场。点击任务栏中的“Transitions”，可以在视频之间添加一种转场效果，效果默认出现在所选择视频的前端（见图 4–43）。

图4–43　Camtasia Studio 添加转场

（4）音频处理。当需要添加背景音乐时，可以导入一个音频素材，将其拖拽到另一个轨道上，点击任务栏中的音频按钮可对音频进行处理，包括音量大小、降噪处理以及淡入淡出效果等（见图 4–44）。

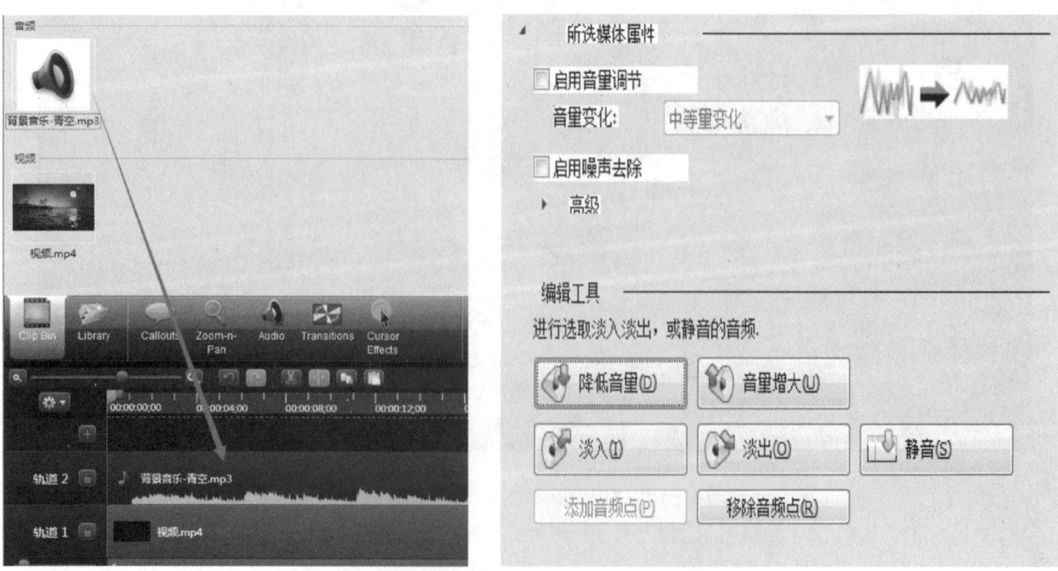

图4–44　Camtasia Studio 音频处理

（5）视频缩放。将时间轴移动到所需位置，点击任务栏中按钮，并在素材栏中选取需要放大的范围，可在时间轴位置完成视频的缩放（见图 4–45）。

图4−45　Camtasia Studio 视频缩放

（6）添加标注。单击任务栏中按钮可以添加标注，通过拖动轨道上标注的位置可以调整标注出现的时间（见图 4–46）。

图4−46　Camtasia Studio 添加标注

（7）添加动画。单击任务栏中 视觉特效 按钮，可以对转场添加动画（见图 4–47）。

图4–47　Camtasia Studio 添加动画

（8）光标效果。在录制习题讲解微课的时候可以通过添加光标的方式来引起注意。单击任务栏上 光标效果 按钮，可以在时间轴所在位置添加光标。如果任务栏上没有出现此命令可以通过单击任务栏上的“More” 更多 按钮调出（见图 4–48）。

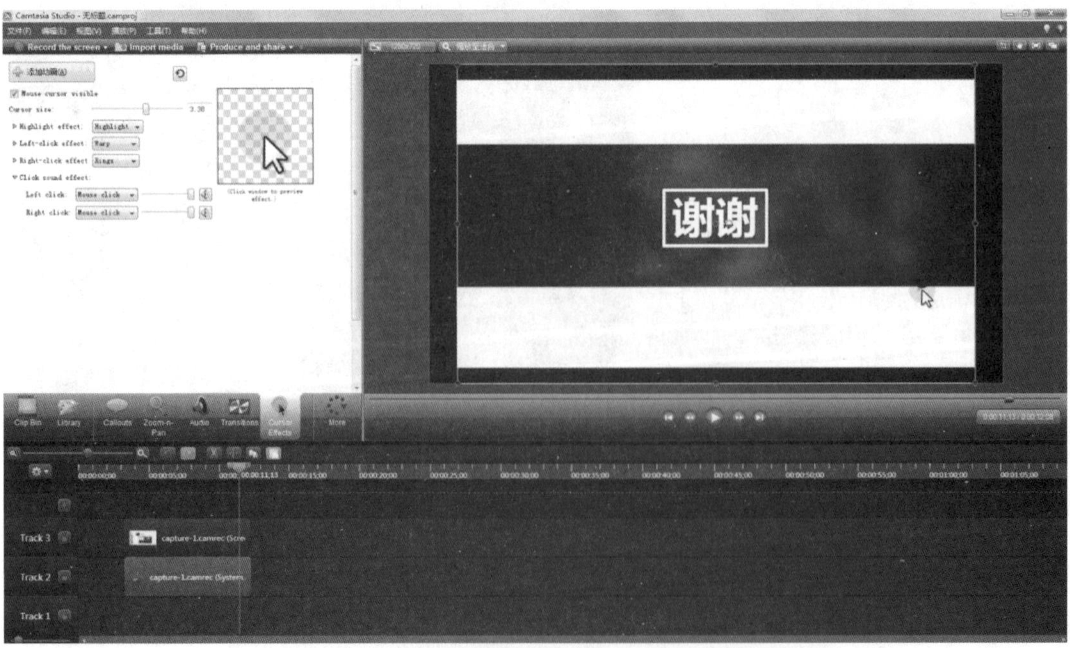

图4–48　Camtasia Studio 添加光标

（9）添加字幕。字幕是微课中必须要配备的部分，单击任务栏中“Captions” CC 按钮可以进入添加字幕页面。在轨道上拉伸或压缩字幕可以调整字幕存在的时间（见图4–49）。

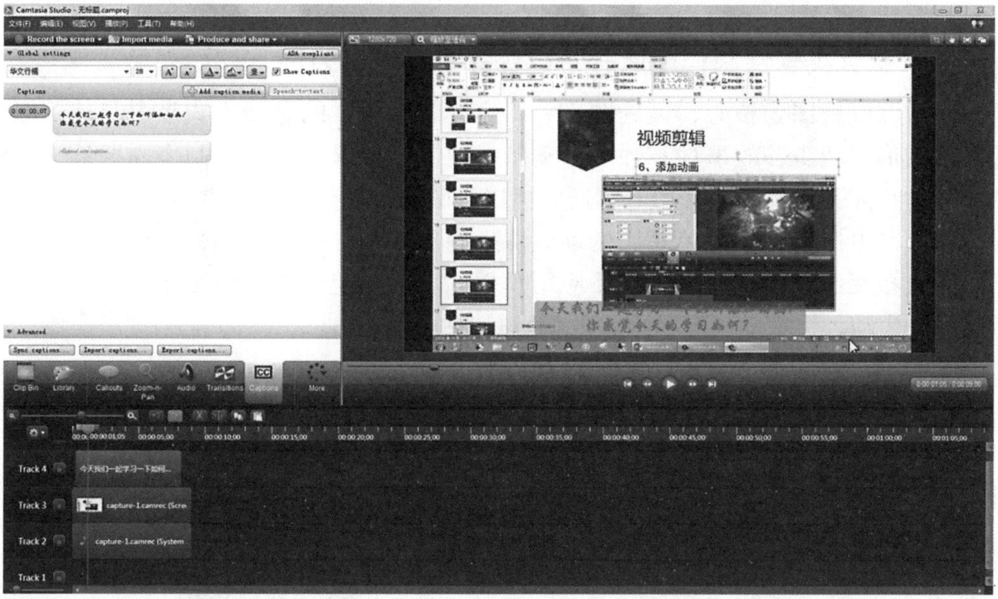

图4–49 Camtasia Studio 添加字幕

步骤三：输出视频。

视频编辑完成之后通过下列步骤将视频转换为通用播放器可以播放的格式，如*.mp4。

点击工具栏上生成和共享“Produce and share”按钮，在出现的对话框中根据需要找到下拉菜单中对应的视频格式，通常输出为MP4，单击“下一步”，选择输出位置后即可完成视频输出（见图4–50）。

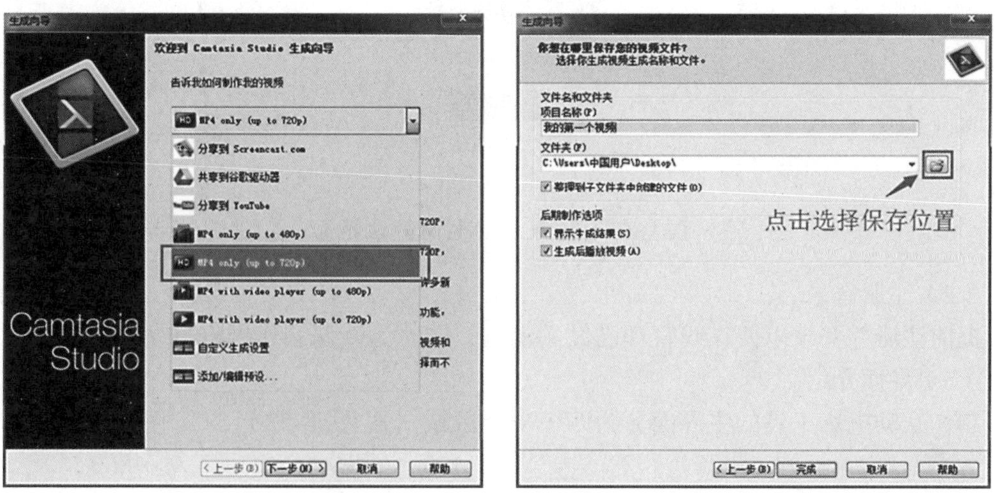

图4–50 Camtasia Studio 视频输出

以上介绍的是 Camtasia Studio在地理微课录制中常见的操作，作为一款专业的视频录制软件，它有很多丰富的功能如子视频的合并、音频和视频的综合应用等，但对于地理微课制作这几个步骤已经足够，其他复杂功能将结合其他软件一并介绍，在此就不一一赘述。

（三）交互类软件制作微课——以优芽互动电影为例

地理微课以地图为核心，运用图文、影音等综合多样的呈现方式吸引眼球，但多帧画面动态的形式较少，故事性不强。而动画专业制作要求难度高，制作周期长，一线教师技术和时间都受限。优芽互动电影正好可以打破此种困局，符合教师的需求。

优芽互动电影是一款简单易用的动画课件制作工具，搭载了丰富的场景、角色、道具素材以及多元的人物动作、多媒体应用模板，可轻松定义生动的交互情境动画。除了易做、形象生动，优芽动画产品最大的特点是在线交互性。

1. 前期准备

（1）下载安装。

打开优芽网（www.yoya.com），在右上角的弹窗中点击“互动电影客户端”进行下载并安装。安装成功后会在电脑桌面生成优芽互动电影图标，点击后打开客户端（见图 4–51）。

图4–51　优芽互动电影登录界面

（2）注册登录。

提前注册并登录以便在线管理已做的动画，同时为微课制作做好准备。

（3）界面介绍。

制作互动电影工具的主界面分为四个功能区域（见图 4–52）。

图4-52　优芽互动电影使用界面

①菜单区：包含了六大核心菜单及右上角的帮助、设置、发布播放等按钮。

②场景管理区：在这里可以快速地实现场景的新增、删除及切换场景的编辑，同时还可以快速地为影片添加片头和片尾。

③编辑舞台区：舞台是整个影片的内容编辑及呈现区域，当前场景都会在这里进行操作。

④动作管理区：在该区域可以对所有对象的动作进行编辑、管理或删除。

2. 制作微课

（1）初始创建（见图 4-53）。

图4-53　优芽互动电影新建影片

①空白创建：直接创建一个空白的影片进行制作。

②由剧本创建：可以将影片剧本按格式要求写到 Word中，一键导入后创建的影片会自动根据剧本内容产生相应场景动作。

③由 PPT创建：可以直接将现有的 PPT文件导入到影片中，再进行编辑调整。

④由模板创建：也可直接选择系统内置的模板新建后再进行编辑调整。

（2）新建场景及选择。

系统有丰富的场景素材，同时支持用户自定义上传本地的场景素材。点击菜单区“场景”切换到场景菜单，左侧提供了三种场景查找操作，右侧是场景缩略展示区（见图 4–54）。

图4–54　优芽互动电影新建影片

①单击“+ 新建场景”新建一个空白场景，可以通过菜单工具为场景添加内容，如选择一个合适的场景图，添加角色道具等。

②调整场景顺序：鼠标移到想要调整的场景上，并通过上下拖拽场景调整顺序。

③场景切换效果设置：可以设置切换到当前场景时的效果。选中场景缩略图时，图下方会出现场景切换“”按钮，点击后弹出“切换控制”及“切换效果”设置面板（见图 4–55）。

图4–55　场景切换效果设置

切换效果：支持缩放、镜头、展开、滑动、梦境、擦除、随机七种切换方式。

（3）场景预览。

支持从某个场景开始预览效果。选中场景缩略图时，下方会出现场景切换“”按钮，点击后弹出预览播放界面，从当前场景开始播放。

（4）复制、删除场景等操作。

鼠标移到场景上，右键弹出操作菜单。

①新建场景：除了通过如图 4–56 所示方式新建场景外，还可通过点击“新建场景”进行新建。

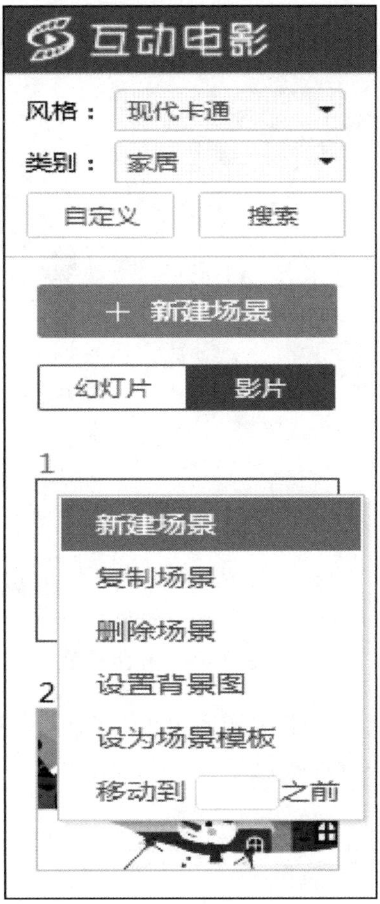

图4–56　新建场景

②复制场景：单击“复制场景”自动在下方新建一个内容完全一样的场景。

③删除场景：单击“删除场景”即可完成对当前场景的删除操作。

（5）角色选用。

编辑平台有各种角色人物素材，同时还支持自定义角色人物。点击菜单区“角色”，切换到角色菜单，菜单中包含了旁白设置、新增角色、自定义角色、已增角色管理四块（见图 4–57）。

图4–57　角色菜单栏

①旁白设置。旁白角色以各式各样的精灵形象呈现，能够让场景中插入的旁白更加形象生动。用户选中合适的“精灵”，在右侧的“精灵名称”框中输入名称，并通过“语言声音”下拉框中选择合适的语种及声音类型，还可点击“[试听]”进行试听，点击“确定”完成旁白角色添加（见图 4–58）。

图4–58　旁白角色设置

②新增系统内置人物角色。点击“新增角色”图标，进入新增角色界面，可根据类型来查找合适的人物，选中并设置角色名称、岗位名称、语音声音，点击“确认”完成角色的添加（见图 4–59）。

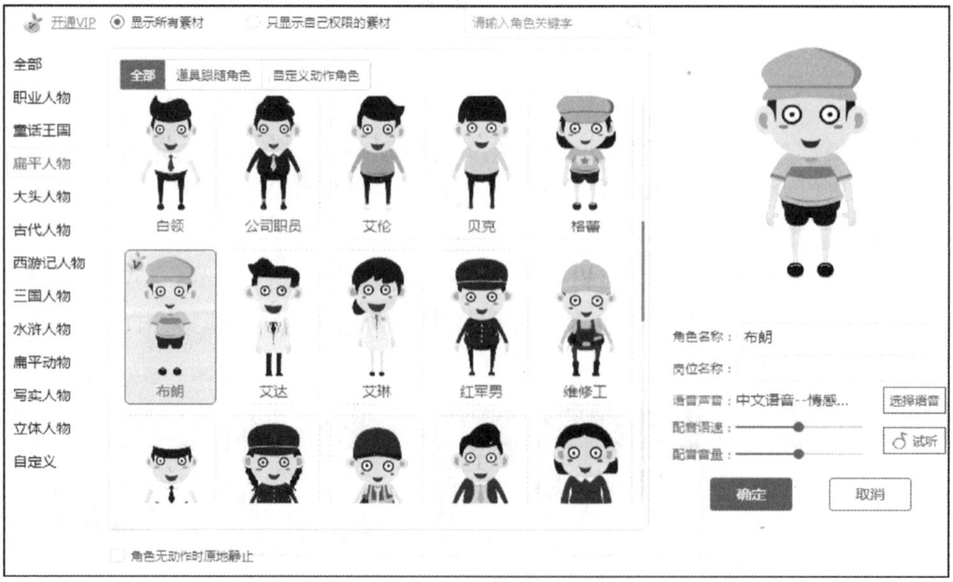

图4–59　新增人物角色设置

③自定义人物角色。系统支持自定义个性化人物，通过“自定义角色”菜单进入自定义人物界面（见图 4–60）。

图4–60　自定义个性化人物

④人物设置。对当前人物设置角色名称、岗位名称及为语音声音选择合适的语种及声音类型，还可通过“试听”试听，点击“确定”后保存角色设置并插入到舞台中（见图 4–61）。

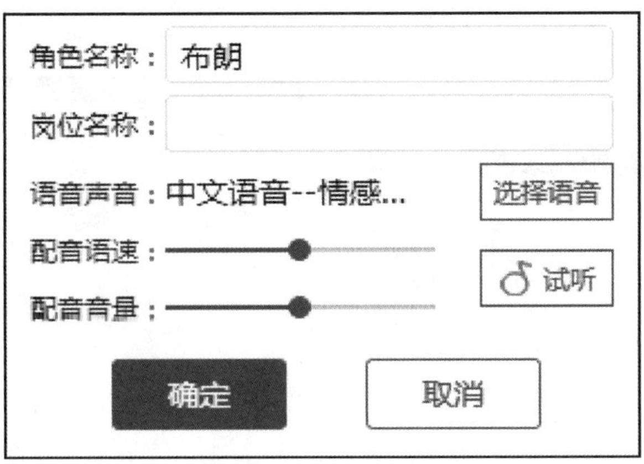

图4–61　人物设置

（6）动作设置。

选中人物或道具出现“动作”按钮，可以完成对场景中的角色或图片等对象的动作设置，动作包括角色动作和动画效果两种（见图 4–62）。

图4–62　动作设置

①角色动作：角色动作只支持对角色对象进行设置，新增的动作会在动作管理区域列出。

②“对话”：选中场景中的人物角色，点击“动作”按钮，在选择动作弹窗中选择“对话类”动作，再选择特定的对话场景如“走路说话”，进入设置界面。首先在“说话内容”框输入说话内容，并选择配音方式、语音声音、字幕位置及字体，还可设置对话时动作的方向、速度等。有需要时可单独设置字幕内容，勾选“另设字幕内容”并输入即可。

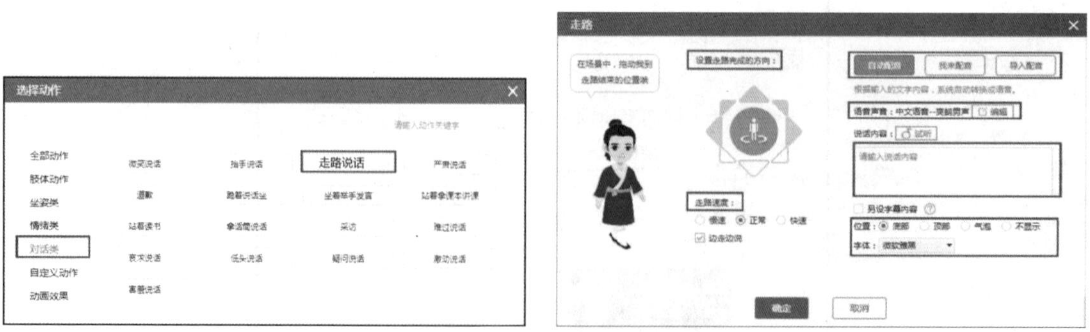

图4–63　对话设置

③动画效果：选择动作弹窗的动画效果支持对所有的对象进行设置，新增的动作会在动作管理区域列出。比如移动：选中场景中的对象，先拖动到起点，点击“移动”进入设置界面（见图 4–64）。设置移动时间，确定后回到场景，再拖动到终点即可。

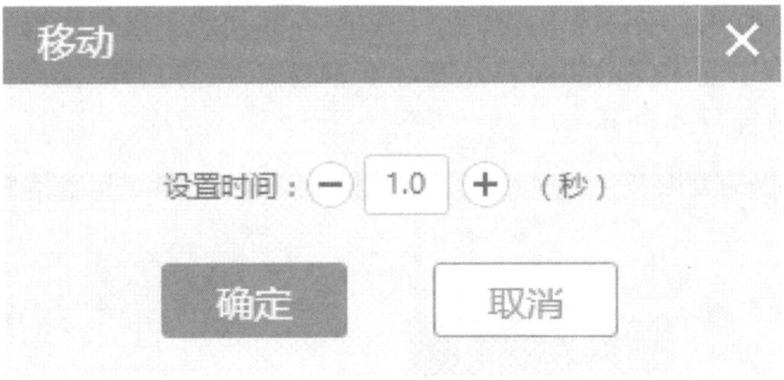

图4-64　移动设置

（7）插入素材、道具等。

点击“插入”切换到插入菜单（见图 4-65），支持特写、提示、旁白、音效、视频、形状等十多类的应用插入到影片中，让影片更加生动。

图4-65　插入菜单

①插入特写：当需要切换到场景某一部分特写时，可以用到插入镜头特写功能。点击“插入镜头”，编辑界面出现镜头四角框（见图 4-66），只有在框内的内容才会展示。可对场景进行放大、缩小等操作。镜头切换的速度则分为闪现、极速等 7 个挡位。

图4-66　插入镜头

②插入提示：提示板主要运用于章节的起始、总结以及相应知识点的阐述，操作界

面提供提示板类型选择、内容编辑以及音效配音等功能。用户根据制作场景选择提示板类型，在提示板中输入提示的内容并进行字体编辑，通过右侧操作界面添加角色并进行配音或不配音设置（见图4-67）。

图4-67　插入提示

③插入旁白：旁白的制作包含字幕编辑及音效配音两部分。用户通过输入字幕内容、设置字幕显示位置完成字幕编辑，并通过选择自动配音、我来配音、导入配音当中任意一种配音方式，完成配音设置（见图4-68）。

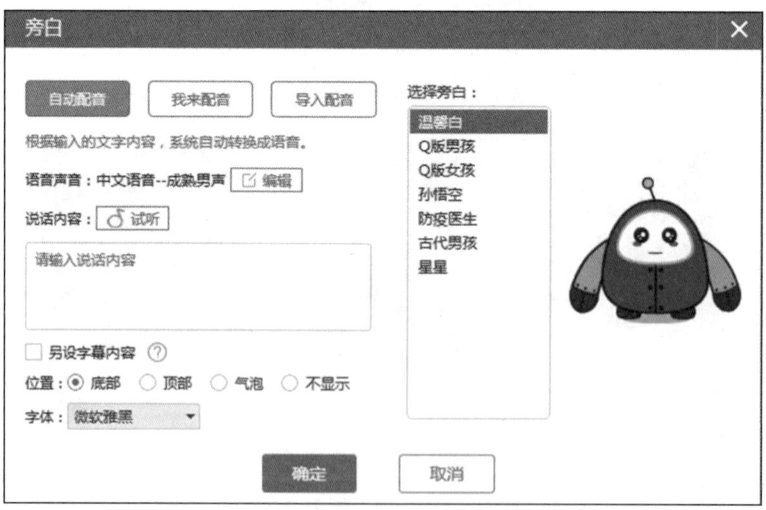

图4-68　旁白界面

④插入音效及剪辑：通过插入音效并通过动作设置的“与上一个动作同步”来完成一个动作的音效效果。点击插入菜单的“音效”进入到音效界面，系统为满足不同情景提供了丰富多样的音效素材支持，同时支持用户自定义上传MP3、WAV等格式音效。不只可对音效进行音量、播放次数的设置，还可通过开始编辑进入编辑界面，通过拖动两个到开始及结束位置对音效进行剪辑，保存并确定后完成音效的插入（见图4-69）。

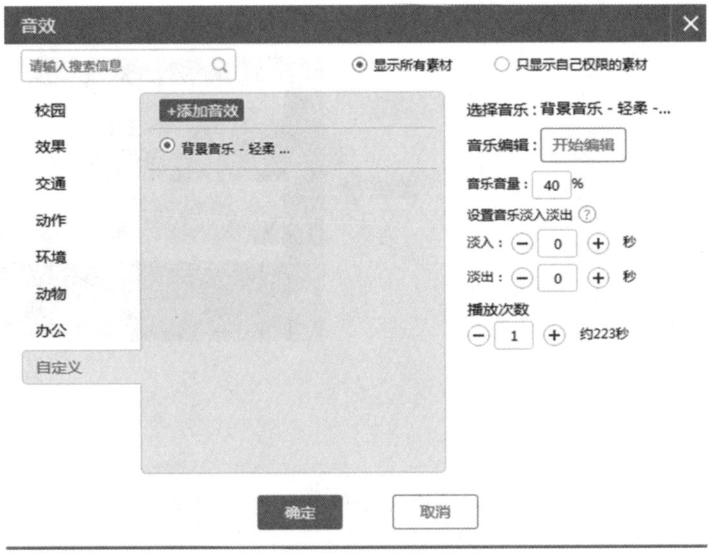

图4–69　音效设置界面

⑤插入视频（见图 4–70）。

图4–70　插入视频设置

A．插入自定义上传视频：点击“视频”菜单进入“我的视频”页面（见图 4–70），可以管理所有上传的视频，点击 +开始编辑 完成 MP4 格式视频上传。点击视频上的播放按钮进行播放预览，还可在播放预览界面中点击 开始编辑 对当前视频进行编辑，在视频编辑界面中通过拖动两个到开始及结束位置对视频进行剪辑。

B．插入外部视频播放代码：如果自己存有的视频不够丰富，可点击“插入”下的“视频”菜单进入视频的外部代码页面，将视频通用播放代码粘贴进编辑框，点击右侧“预览”查看并“插入”视频，点击“确定”完成视频添加。系统目前主要支持爱奇艺、土豆、优酷、腾讯等视频站点（见图 4–71）。

图4−71　插入外部视频播放代码

⑥插入图片及编辑：系统支持图片素材插入及分类管理。通过自定义界面上传PNG、JPG、GIF等格式图片，并通过创建文件夹进行图片素材归类管理，编辑道具名称，添加图片标签，点击“上传”完成图片插入。上传过程中，若图片超过500 K，则可选择将上传图片压缩为高清、中清、低清版本（见图4–72）。

图4−72　插入图片

⑦插入背景音乐及剪辑：系统有安静、动感、轻快、震撼四类背景音乐素材，并支持自定义添加音乐（建议为MP3、WAV格式，且不超过10 M），且以往上传过的背景音乐都将保存至自定义栏目。不仅可对音乐进行音量、次数、播放场景进行设置，还可通过 开始编辑 进入编辑界面，通过拖动两个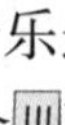到开始及结束位置对音乐进行剪辑，确定后完成背景音乐插入（见图4–73）。

图4-73　插入音乐

（8）学科特色道具。

系统自带丰富的素材道具，同时支持用户自定义上传道具素材。点击“道具”切换到道具菜单，左侧区域提供了三种素材查找方式，右侧为素材缩略展示区（见图 4-74）。

图4-74　道具菜单

（9）添加试题。

及时反馈能巩固学校效果，查缺补漏。优芽系统内置丰富的试题素材，包含普通试题及游戏试题两大类（见图 4-75）。根据需要对题目及选项进行简单的编辑保存即可完成添加。

图4-75　试题菜单

①插入普通试题：普通试题包括单选题、多选题以及判断题。用户可对题目、选项、解析进行字体等设置，完成题目及选项编辑后，还可对普通试题进行详细设置及解

析，比如只在答题正确以后才显示答案，答题错误后可以选择返回相应的场景进行知识点的回顾等（见图 4–76）。

图4–76　试题编辑菜单

②插入游戏试题：让学生在游戏问答中获得学习的成就感，可以通过优芽搭载的趣味游戏试题，点击添加某个游戏试题，并进行标题、选项、答案解析等设置，点击“确定”插入试题（见图 4–77）。

图4–77　游戏试题编辑

（10）场景管理。

①添加片头：点击“+ 新建场景”完成影片片头的添加，并对片头内容进行调整。若已经添加了片头，点击后也可快速定位到片头场景（见图 4–78）。

图4–78　片头场景编辑

②添加片尾：同样点击“+ 新建场景”快速完成影片片尾的添加，再对片尾内容进行调整即可。若已经添加了片尾，点击后也可快速定位到片尾场景进行操作（见图 4–79）。

图4–79　片尾场景编辑

③调整图层顺序：首先可以通过动作管理区域中的“图层列表”了解当前场景中的图层排列，可以直接选中拖拽来调整图层顺序，也可通过选中舞台中需要调整的对象，还可以通过舞台右侧的上移一层“”和下移一层“”两个按钮调整顺序，或直接选中图层右键菜单进行移动（见图 4–80）。

图4-80　图层编辑

④删除图层/删除素材对象：选中要删除的素材图层，右键弹出菜单，选择“删除”即可删除图层，也就是删除舞台中的此素材对象。

⑤场景大小比例设置：通过舞台右侧设置场景大小“ ”按钮设置整个影片的场景比例，提供标清场景和高清场景两种比例（见图 4-81）。

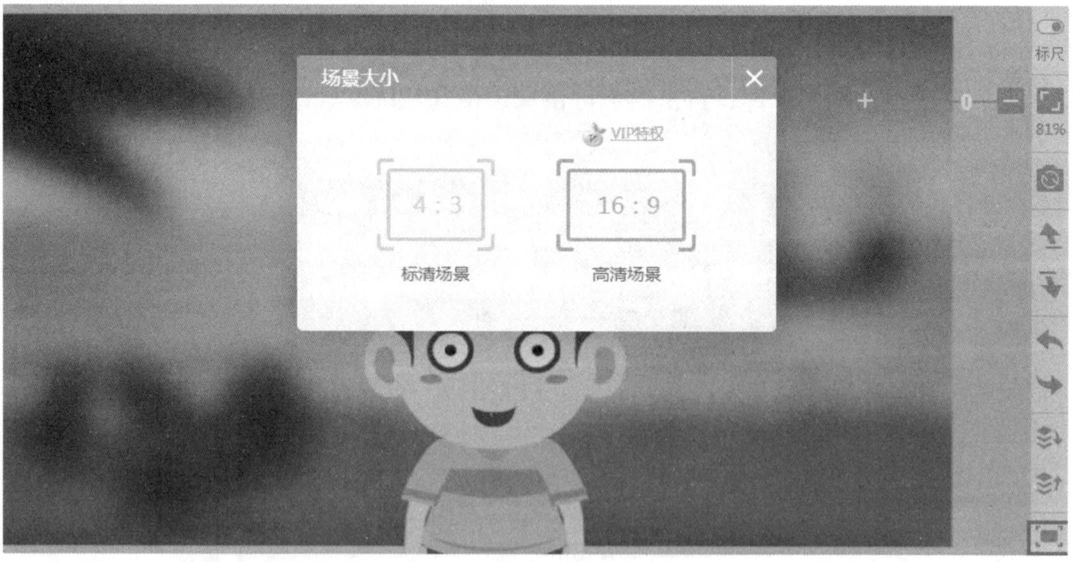

图4-81　场景大小设置

（11）动作调整修改。

①动作播放顺序：动作就是整个影片的剧本，每个场景设置的动作都会在动作列表区列出，选中一个场景来查看右侧动作列表区，从上到下为动作播放顺序（见图 4-82）。

图4-82　动作播放设置

②调整动作顺序：通过上下拖拽，或使用鼠标右键弹出菜单选择“上移”或“下移”进行动作顺序调整。

③再次编辑动作：点击动作项上的“ ”编辑按钮或点击右键弹出菜单中的“修改动作”进入动作编辑界面（见图4–83）。

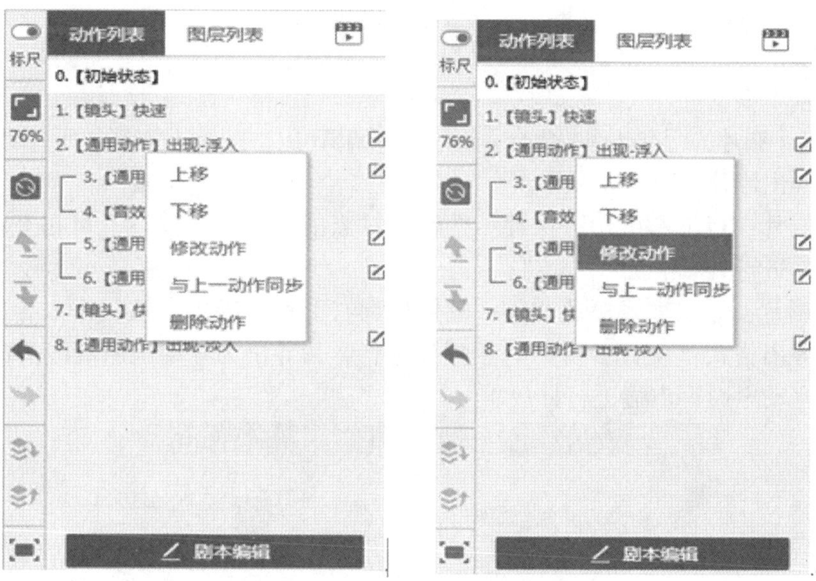

图4–83　动作编辑界面

④动作播放设置。

单击某个动作项时，动作列表区域下方会出现动作设置面板（见图4–84）。

A.“上一个动作后”：即播放完上一个动作，再播放当前动作，可设置延迟开始及结束播放的秒数。

B.“上一个动作时”：即和上一个动作同步播放，也可通过动作项右键“与上一动作同步”设置，可设置延迟开始及结束播放的秒数。

C．“鼠标单击开始”：即影片会暂停在当前动作前，需单击场景任意位置才可播放动作，可设置延迟开始及结束播放的秒数。

图4-84　动作播放设置界面

（12）剧本编辑。

剧本是整个影片的所有动作的集合，通过剧本编辑可以快速完成对影片所有动作的调整。

（13）导出影片。

①保存影片：点击右上角“保存”按钮，对当前影片进行保存，可在互动电影客户端的在线影片进行查看。

②导出影片：导出离线播放文件：鼠标移到右上角“导出”按钮进入导出菜单，提供了四种的导出格式（见图4-85），根据设置将影片导出为互动电影离线播放文件（需先下载安装互动电影客户端进行播放）。

图4-85　导出文件界面

③生成影片并播放：点击右上角“播放”按钮生成影片并播放，自动对当前影片保存并进行播放查看。

④影片发布：点击右上角“发布按钮”生成影片并发布按钮，弹出作品发布设置，形成链接公开或私密分享。

（四）专业手绘类软件制作微课——以 Explaindio为例

在地理学科中，各种图片的运用与考察是一大特色，因此，图片众多可以说是地理微课视频不同于其他学科微课的关键所在。运用 Explaindio软件可以帮助你利用动画生动形象地在微课中展示各类图片、文字、视频、音频等文件，并且可以灵活地导出视频和添加水印。目前，该软件已经更新至 3.0 及以上的版本，其功能更加优化，有需要的老师可以下载软件并以该图文教程为基础进行自学。

1. 界面介绍

下载安装软件后，打开软件，进入到主界面，主要包括工具栏、场景界面（包括场景预览、时间轴、动画轨道、音频轨道）和画布界面（画布属性、画布预览）(见图 4–86）。

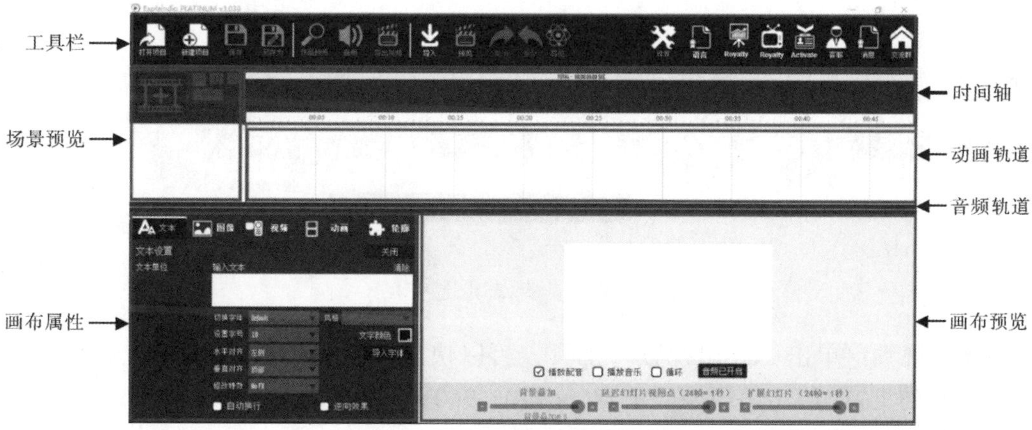

图4–86　Explaindio 3.03主界面

（1）认识工具栏。

Explaindio 3.03 的工具栏较多，但常用的工具栏主要包括左侧的 12 个工具（见图 4–87）。

图4–87　Explaindio 3.03主要工具

①打开项目：单击打开项目工具，选择并打开已经保存好的项目。

②新建项目：单击新建项目工具，能够快速地新建项目。

③保存项目：单击保存项目工具，可以对修改后的项目进行保存，默认保存位置在软件安装 Explaindio\projects文件夹中。

④另存为：单击另存为项目工具，可以新命名项目名称，并保存。

⑤作品预览：单击作品预览工具，将弹出新视窗，并自动播放项目中所有场景的动画、声音。

⑥音频：单击“音频”工具，可以添加、修改项目中的音频项目。但需注意在相应的配音（Voice）和背景音乐（Music）前打钩（见图 4–88）。

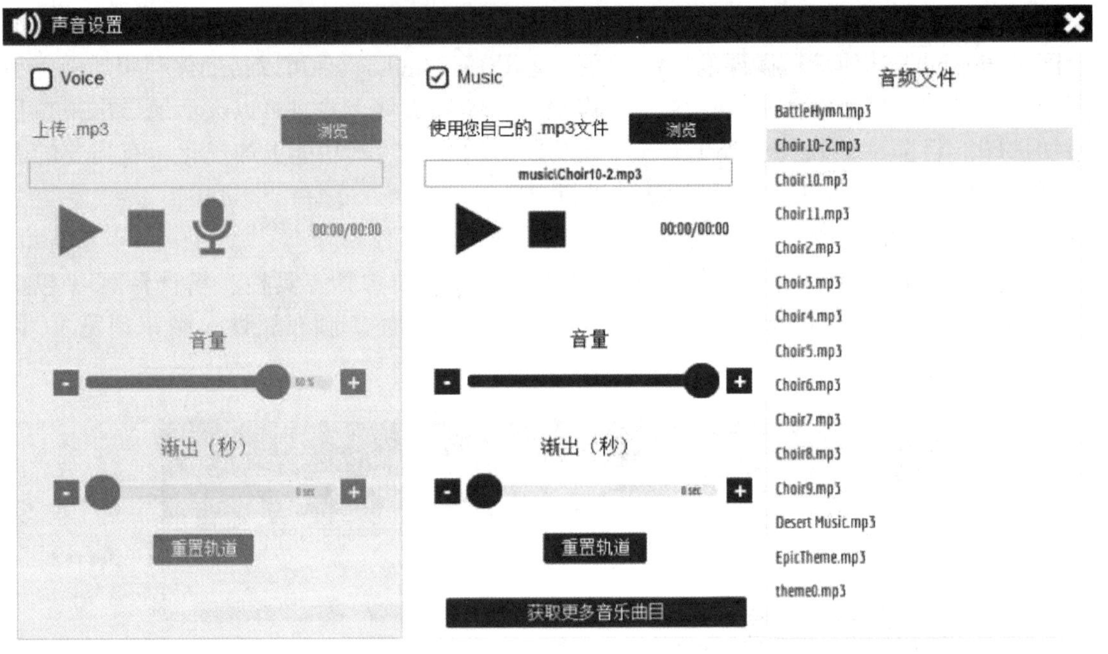

图4–88　声音工具选项栏

⑦导出视频：单击“导出视频”工具，可以快速选择视频导出路径和文件夹、视频大小（目前支持 1 920 × 1 080、1 280 × 720、960 × 540、640 × 360、320 × 180 五种大小）、视频质量、导出速度及添加水印（见图 4–89）。

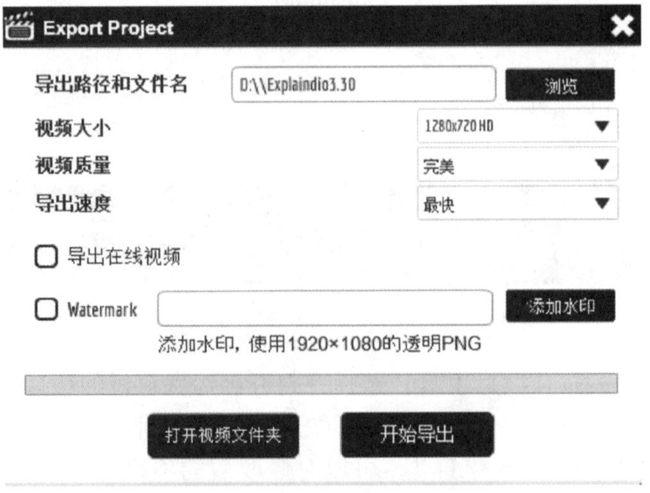

图4–89　导出视频工具选项栏

⑧导入：单击“导入”素材工具，可以添加自身的素材库文件，包括幻灯片模板、MP3 音乐、普通图像、SVG图案、Flash动画、TTF格式的字体文件等，需要注意的是，这里导入的默认格式都是压缩包文件，导入的默认位置也位于软件的文件包中（如导入 SVG图案，将自动存储在 Explaindio\svgs文件夹中，其他素材同理），将实现自动解压缩，导入后用户可以任意调用所导入的资源（见图 4-90）。

图4-90　导入工具选项栏

⑨预览：单击“预览”工具，可以全屏预览单一场景的动画、声音，默认按 Space空格键后可以预览下一个场景，按 Backspace退格键后可以预览前一个场景，按 S键可以暂停当前的预览。

⑩撤销与重做：单击“撤销”工具，可以撤销上一步操作，恢复操作之前的状态。单击“重做”工具，取消上一步的撤销状态，恢复上一步操作后的状态。另外，默认使用 Ctrl+Z和 Ctrl+Y可以快速实现撤销与重做的功能。

⑪导览：单击“导览”工具，可以预览所有场景的动画、音频，并在一个场景播放完所有项目后，快速更改场景中的素材，并实现快速导出视频（见图 4-91）。需要注意的是，在此处进行素材的更改，不能实现撤销与重做的功能，因此，需要慎重操作。

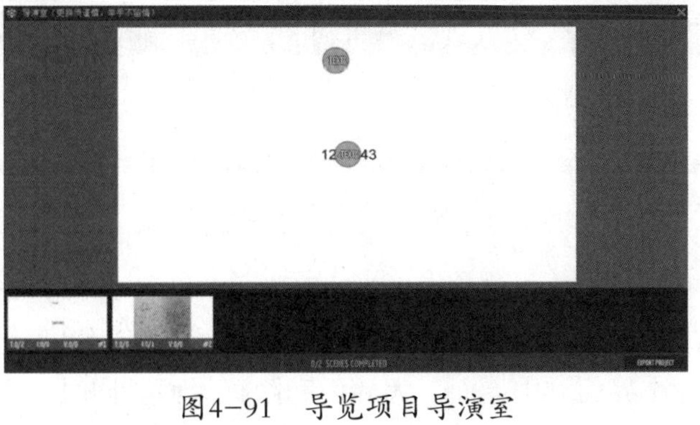

图4-91　导览项目导演室

⑫设置：单击“设置”工具，可以对快捷键进行设置，目前的快捷键设置包括在预览状态下预览下一个场景、预览前一个场景、暂停、撤销与重做快捷键的设置。需要更改的只需点击Change按钮，并输入新的操作按钮即可（见图4–92）。

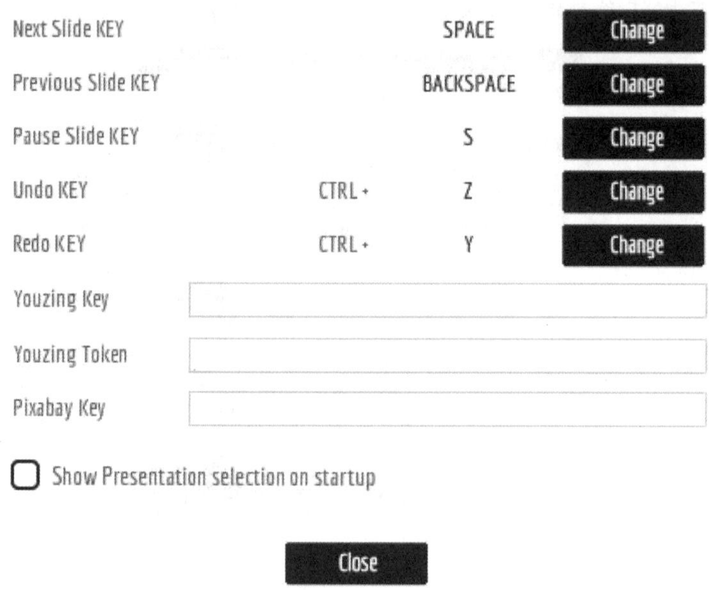

图4–92　设置工具项目

⑬语言：单击“语言”设置工具，可以更改软件的语言，目前软件已经支持部分的汉化功能。由于软件默认登录语言是英语，因此，需要在打开软件后，点击Language，选中Chinese并确认即可更改软件系统语言。

⑭其他工具：其他工具需要链接国外网站进行访问，如Pixabay图片网站等，对于软件操作没有实质帮助，此处不做过多介绍。

（2）认识场景界面。

Explaindio 3.03的场景界面与前版本改动很大，但都便于编辑、预览与使用。其主要包括场景预览、时间轴、动画轨道、音频轨道（见图4–93）。

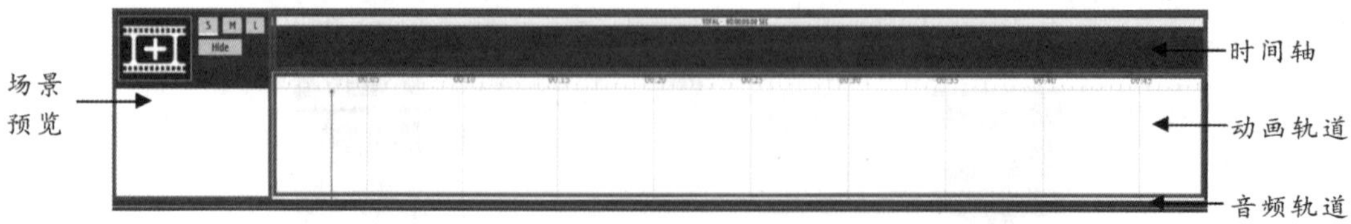

图4–93　Explaindio 3.03场景界面

①场景预览：主要功能包括添加场景、更改场景预览。在新建项目后，点击“场景预览”的，即可添加新的场景（见图4–94）。在其右侧，按键S、M、L、Hide可以分别更改场景界面为小界面、中界面、大界面和隐藏界面。同时，场景预览界面也可以

对该场景内的文字、动画、音乐等素材进行快速设置。要注意的是，场景中的素材位置决定了视图的优先级，位于上面的素材能够覆盖位于下面的素材，可以通过在画布中调整素材的叠层位置做出修改。

②时间轴：主要包括快速选择不同场景、计时等功能。在顶部所显示的是项目中所有场景的计时，便于进行音频的匹配和调整。

③动画轨道：主要功能包括快速调整同一场景中素材的先后顺序。图中的动画轨道的阴影部分就是对应动画出现的时间段。

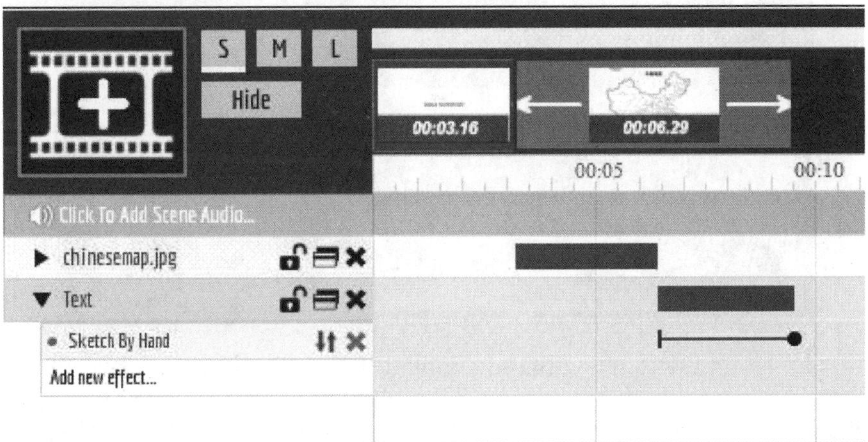

图4－94　场景界面对动画素材进行调整

④音频轨道：插入音频后，可以预览音乐播放时的音频状态。同时，在动画轨道中也会出现音频的长度示意图。

（3）认识画布界面。

画布界面是 Explaindio 3.03 的核心动画编辑界面，功能非常全面，是做好优质动画必须了解的内容，主要包括画布属性和画布预览模块。其中画布属性是核心，包括场景编辑、素材（包括文本、视频、图像等）编辑、幻灯片编辑、特效编辑（见图 4–95）。

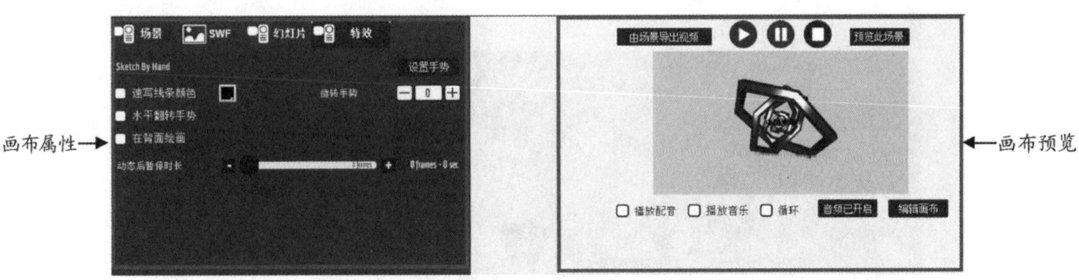

图4－95　Explaindio 3.03画布界面

①场景编辑（见图 4–96）：主要是对场景的编辑，包括场景面板的导出（便于保存当前场景，默认保存在 Explaindio\scenes文件夹中）、编辑画布、场景背景图像（即底

图）添加、添加视频（默认 MP4 或 FLV格式）或音频、添加 GIF动图为背景、导入解说语音（默认 MP3 格式）。

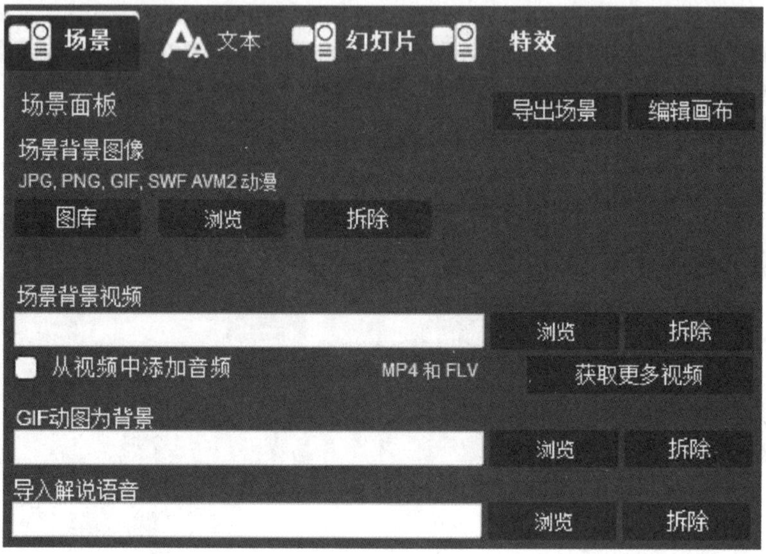

图4–96　场景编辑界面

②素材编辑：这里的素材包括了文本、视频、图像、SWF动画（包括软件自带的幻灯片动画）、3D对象等，因此在第二框会根据不同的素材变化编辑选项。

③文本编辑：包括输入文本、导入字体、切换字体、设置字号、修改风格、修改特效、修改文字颜色、绘制填充文本等功能（见图 4–97）。

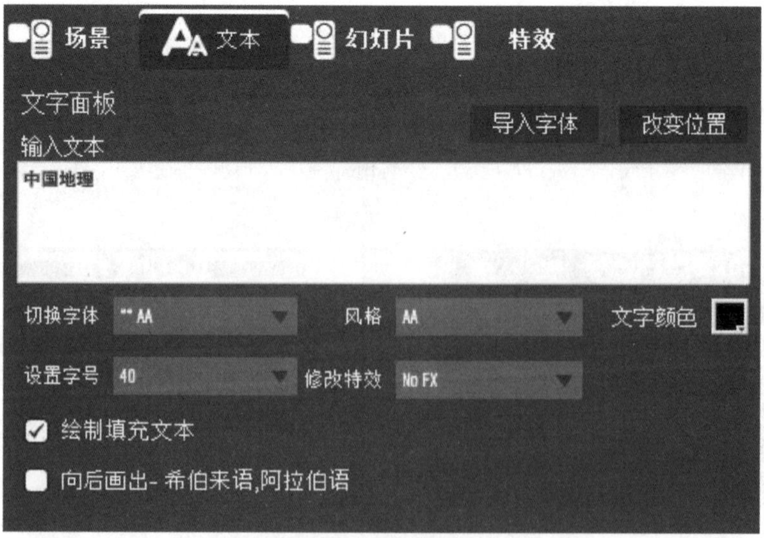

图4–97　文本编辑

④视频编辑：包括对视频的垂直翻转、水平翻转、改变位置、确定播放时间（24 帧 =1 秒）、是否保留视频中的音频（见图 4–98）。

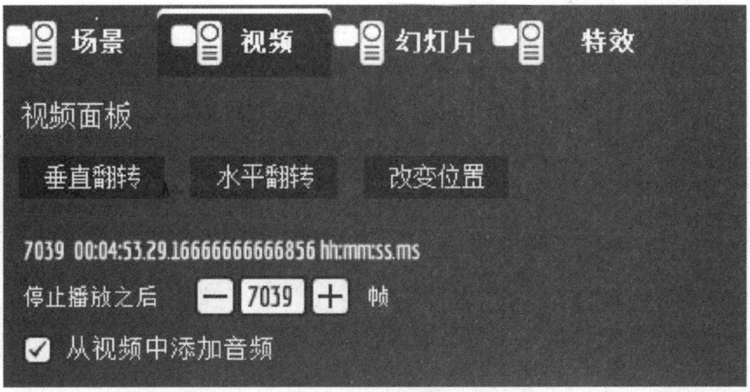

图4-98　视频编辑

⑤图像编辑：包括垂直翻转、水平翻转、改变位置及用彩色填充SVG图案功能（见图4-99）。

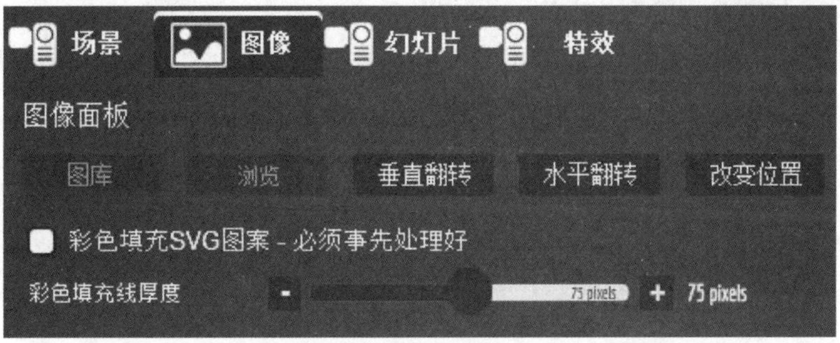

图4-99　图像编辑

⑥SWF编辑：主要包括垂直翻转、水平翻转和改变位置功能，以及通过暂停播放实现对SWF动画的精准控制，同时，可以嵌套播放动画（见图4-100）。

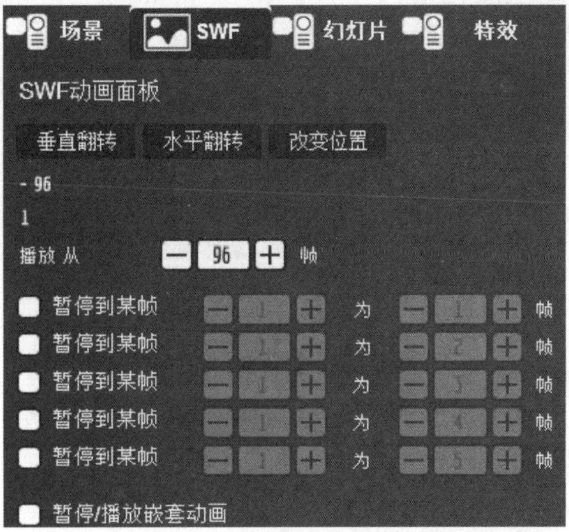

图4-100　SWF编辑

⑦ 3D对象编辑：Explaindio 3.03 提供了部分 3D模型，可以实现较为酷炫的动画效果。该面板主要实现对 3D动画的简单编辑功能，如控制 3D动画的开始与结束时间，以及是否循环播放（见图 4–101）。

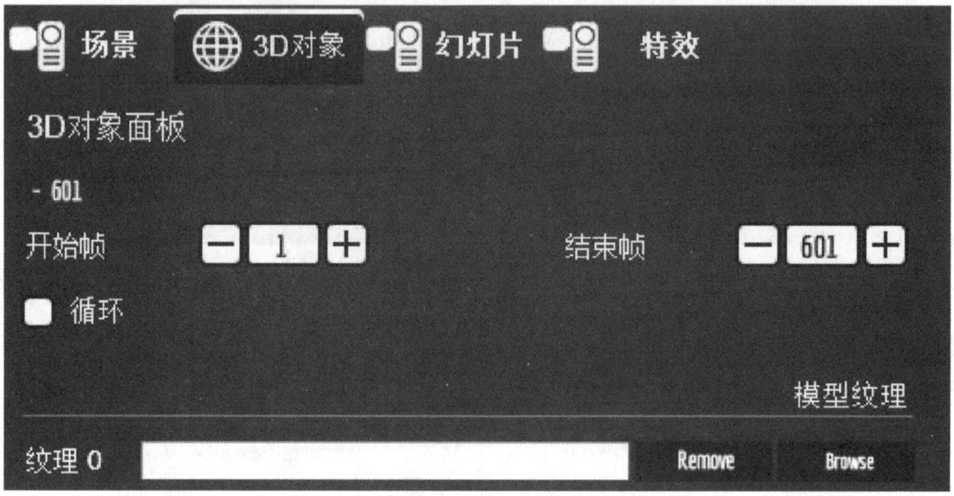

图4–101　3D对象编辑

⑧幻灯片编辑：可实现对当前幻灯片（背景）的编辑，替换或选择是否沿用上一张幻灯片进行绘制。若选择对象是 SWF动画（幻灯片模板），点击“自定义动态效果”，可以实现对当前幻灯片模板的编辑，包括文本、图像、视频、动画及轮廓的编辑（见图 4–102）。

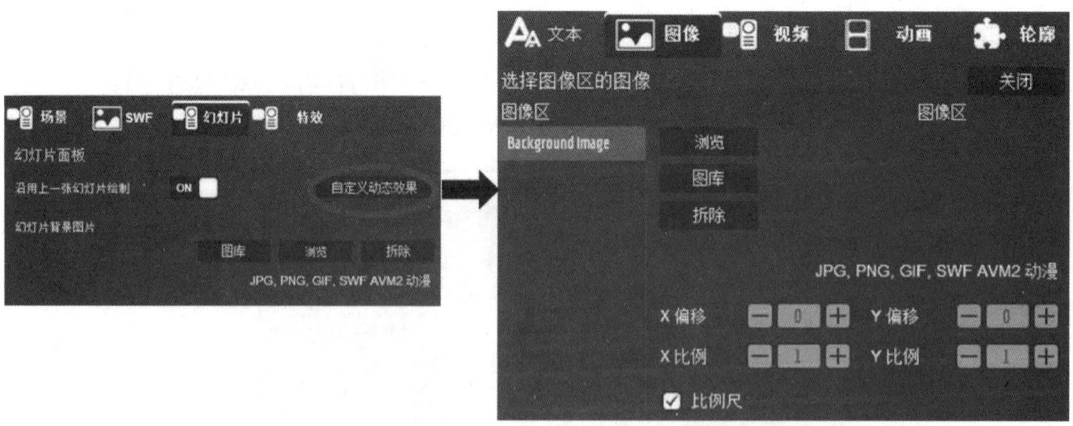

图4–102　幻灯片编辑

⑨特效编辑：除了 3D素材没有该选项外，其余素材都可以进行特效编辑，包括设置绘图手势（系统提供了 32 种手势图）、速写线条颜色、手势旋转角度和控制动态暂停时长以便更好和解说词匹配（见图 4–103）。

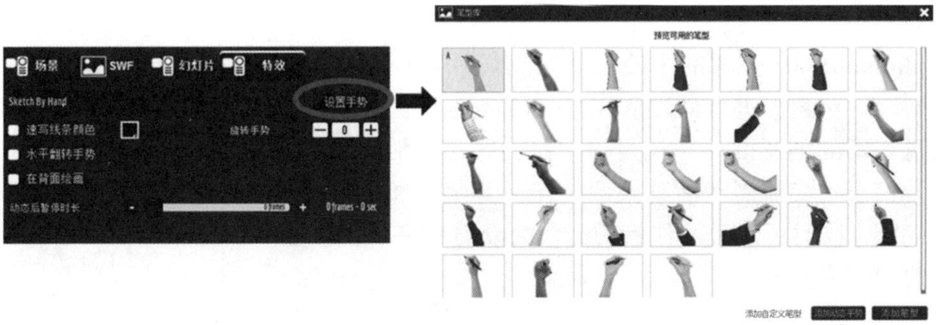

图4-103　在特效编辑中打开系统手势库

⑩画布预览：可以在此界面预览某一场景的动画，并且包括导出该场景动画视频、控制预览播放、是否播放配音、是否播放音乐、是否循环播放等功能（见图 4-104）。

图4-104　画布预览界面

⑪画布编辑：在画布预览界面点击编辑画布后，进入到此界面，该界面也是手绘动画功能的主要界面。主要功能包括添加各类素材（包括幻灯片 /动画、视频、GIF动图、位图图像、SVG图案、文本）、改变手绘颜色、调整素材优先级、调整素材大小及位置、调整素材动画等（见图 4-105）。

图4-105　画布编辑界面

2. 微课制作

Explaindio 3.03 强大的手绘功能与幻灯片切换相结合，能够创造出生动形象的动画效果，同时，对素材进行处理后，微课作品能够变得“与众不同”。“荒漠化的危害与治理”通过丰富的创意设计、扎实的学科功底，灵活运用各种软件，获得了第二十届全国教育教学信息化交流展示活动微课制作一等奖，通过扫描二维码（见图 4–106）即可观看该课视频，同时可以关注作者的微信公众号——“画说地理”（见图 4–107），及时接收最新的地理微课资讯。

图4–106 “荒漠化的危害与治理”微课　　图4–107 “画说地理”微信公众号

下面就以“荒漠化的危害与治理”这一微课所涉及的操作做简要介绍，而更多的 Explaindio 3.03 软件功能请读者深入挖掘、灵活运用。

（1）新建项目与新建场景。

打开“Explaindio Video Creator.exe”软件进入到主界面，在左上角点击“新建项目”，会弹出新建项目的“输入名称”对话框（见图 4–108），在进行命名时，尽量使用英文或数字命名。点击“确认”后，即完成项目的新建。

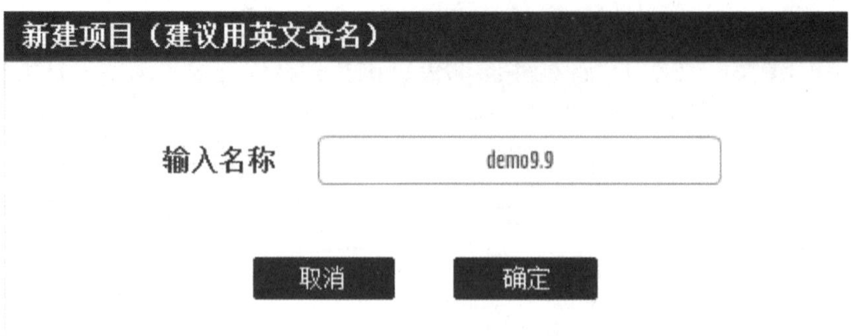

图4–108 “新建项目”名称输入

随后，点击左上角的“选择添加模板”，弹出对话框（见图 4–109），点击“创建新场景”，即完成场景的新建。

图4-109　创建新场景

（2）添加素材。

在新的场景创建后，会进入画布，底部有各种素材的添加，点击“添加位图图像”，选择“从本地电脑添加”，在选择图像素材（格式为JPG、JPEG、PNG、GIF）后，即可进入图像导入预览（见图4-110），阈值默认32（范围0～256，如需要将图中细节尽量画出，可以调高），细节默认96（范围0～256，数值越小，图像中的线条绘画越详细），默认不勾选“不要画出”（如勾选，图片将不会出现手绘效果）。

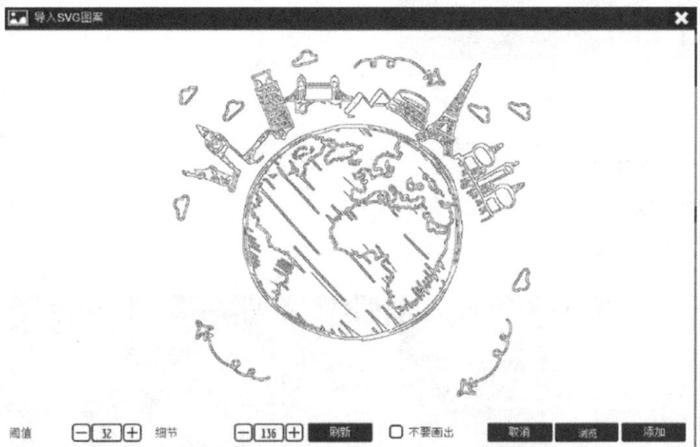

图4-110　图像导入预览

（3）编辑图像与文本特效。

确认添加后，点选“关闭画布”，在场景编辑界面进入“特效”面板（见图4-111），设置合适的手势后，将“动态后暂停时长”设置为12帧（即0.5秒）。

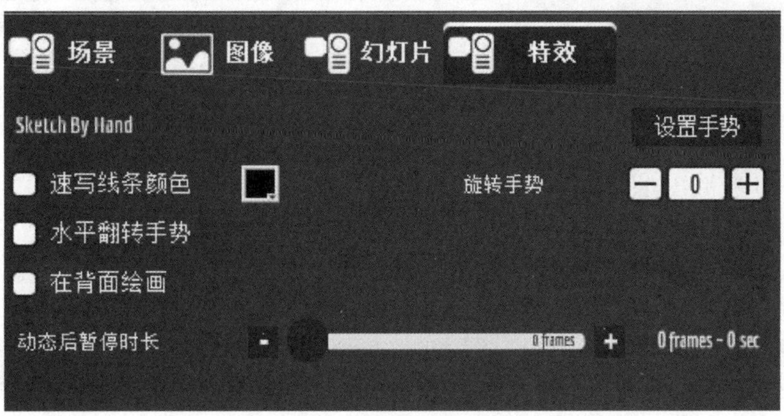

图4-111　图像特效编辑面板

再次“编辑画布”，点击“添加文本”，输入“画说地理”，调整字体为“静蕾手写体”。随后在场景预览视图中，点击Text前的小三角，下拉出文本效果选项（见图4-112），选定“Fly”中的“Fly In By Hand”，输入的字体就可以呈现飞入效果，在其下方的效果选项板可以设置拖入手势（见图4-113）。同时，需要注意的是，文本需要在图片的上方，否则会被图片覆盖，将Text拖向最顶层即可。

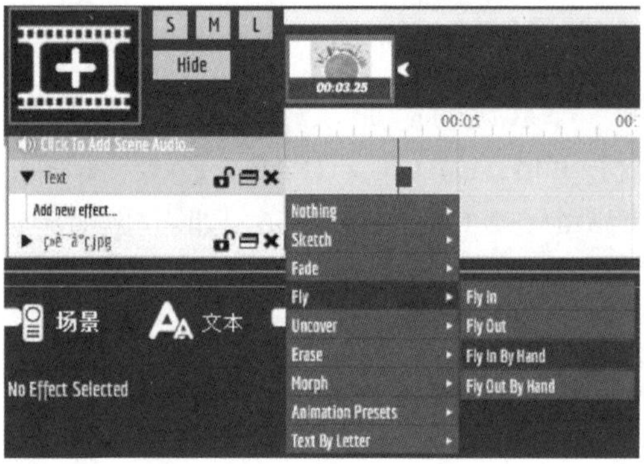

图4-112　字体效果选项板

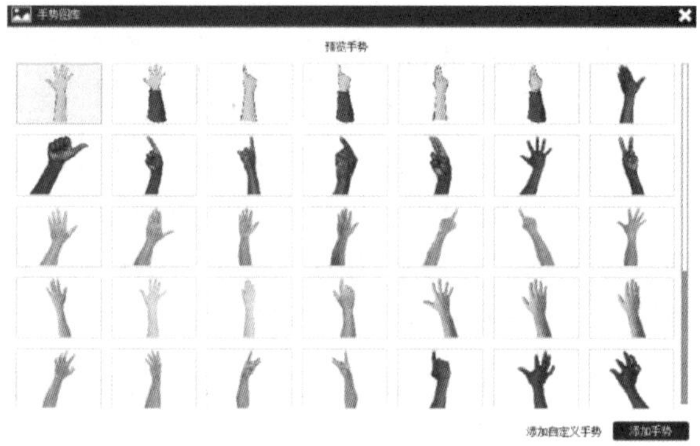

图4-113　拖入手势图库

（4）添加背景音乐。

在场景预览界面点击“Click To Add Scene Audio”，会自动跳出添加的文件夹，将准备好的背景音乐打开即可（见图4-114）。

图4-114　添加背景音乐

（5）调整时间轴。

为了让手绘动画动作和背景音乐相匹配，可以用鼠标拖动动画效果对应的线轴黑点，向左或向右调整时间长短（见图 4–115）。

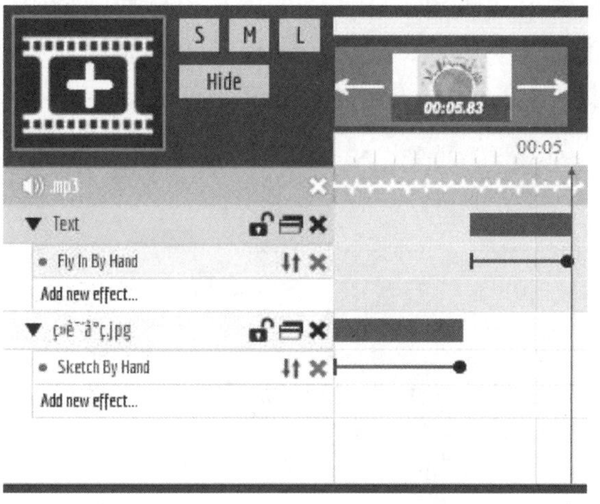

图4−115　鼠标拖动调整时间轴

（6）场景转换。

片头动画基本完成，需要将该场景与后期场景间隔开来，可以设置场景转换效果。在时间轴上点击第一个场景，出现场景编辑框，选择“场景转换效果选”（见图 4–116）中的“画面淡出”，即可实现场景转换效果。目前软件自带的场景转换效果包括常见的几种：画面淡出、向上移出、向下移出、向左移出、向右移出、圆形扩大、圆形收缩、圆孔网络、百叶交叉、梯形擦除。

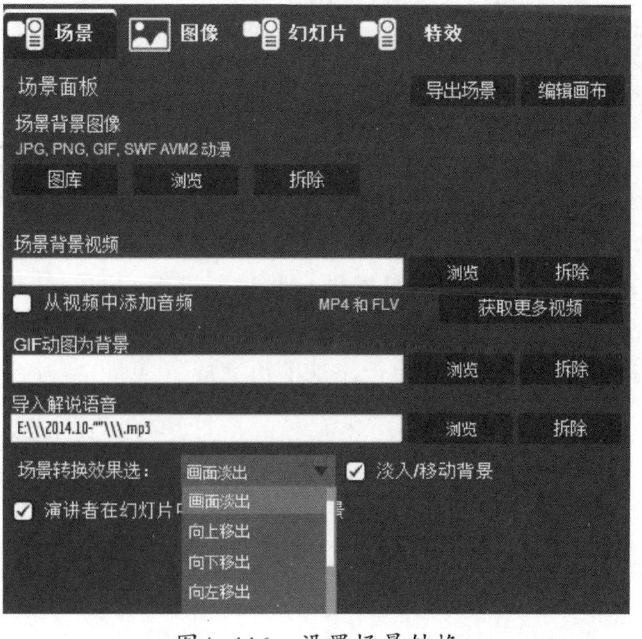

图4−116　设置场景转换

（7）关键帧动画。

成片头动画后，继续创建新场景。添加相应的图片素材，在画布中选中图片，点击Add Animation，出现新的图片，移动图片即完成第一次的动画，在左侧的Frames中点击Add Point增加新的关键帧，出现第三张相同的图片，移动到相应位置，并调整Frames下的时间控制，礼物盒便完成“一次跳跃”。同样地，在添加完新的一帧动画，将图片放大，即可实现图片由小到大的变化（见图4–117）。

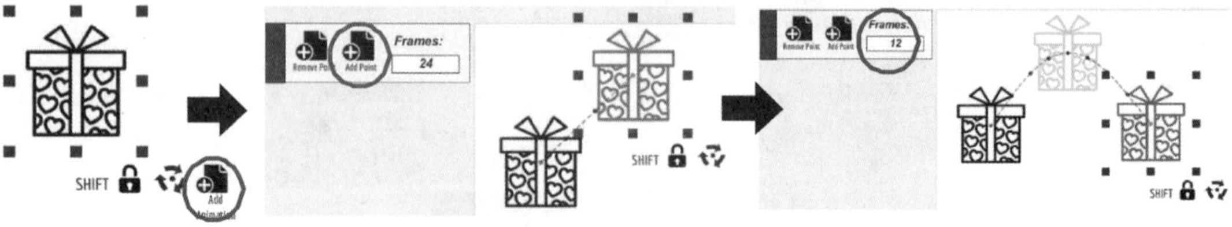

图4–117　关键帧动画的操作流程

（8）画出视频。

在画布编辑界面“添加视频”，将准备好的视频导入后，点击“缩放到全屏”，即可将视频全部覆盖到画布上。此时视频中的第一帧画面便可以通过手绘的方式画出，之后视频将正常播放（见图4–118）。

图4–118　视频缩放到全屏并画出

（9）插入幻灯片（模板）。

Explaindio 3.03的一大重要功能是提供一些动画模板，即幻灯片模板，借助这一功能，可以快速实现动画效果。其具体操作是，在画布中单击“添加幻灯片”，点击添加“幻灯片包”，选择其中一种幻灯片模板添加即可完成（见图4–119）。

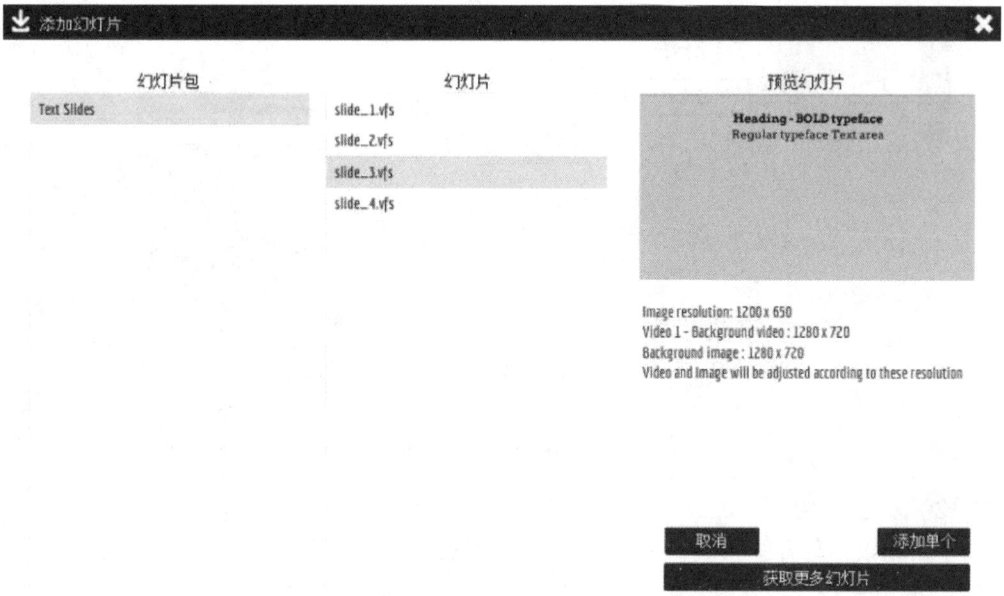

图4–119　插入幻灯片（模板）

（10）修改幻灯片（模板）。

在插入幻灯片后，因里面的文字、图片等都是自带的，不能在画布中直接修改。若需要修改，则要关闭画布，选中该场景，在画布属性中选择“幻灯片—幻灯片自定义动态效果”，进入到幻灯片界面中。修改幻灯片的功能主要包括修改模板中的文字、图像、轮廓，还可以控制动画等（见图4–120）。

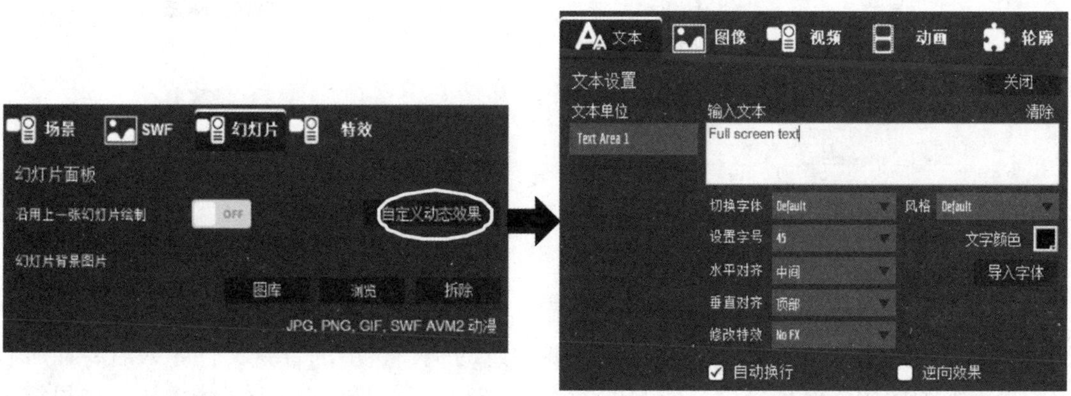

图4–120　修改幻灯片（模板）

（11）形状控制。

通过改变图片形状的大小，结合关键帧动画效果，可以制作出图片的动态效果。将图片导入画布后，添加关键帧动画，从而产生一张新的大小相同的图片。若将图片放大（注意：SHIFT解锁的情况下图片不按比例放大），可以在SHIFT锁定的情况下将图片等比例放大，最后就可实现图片放大的动画效果，图片缩小及消失的功能实现与此操作类似（见图4–121）。

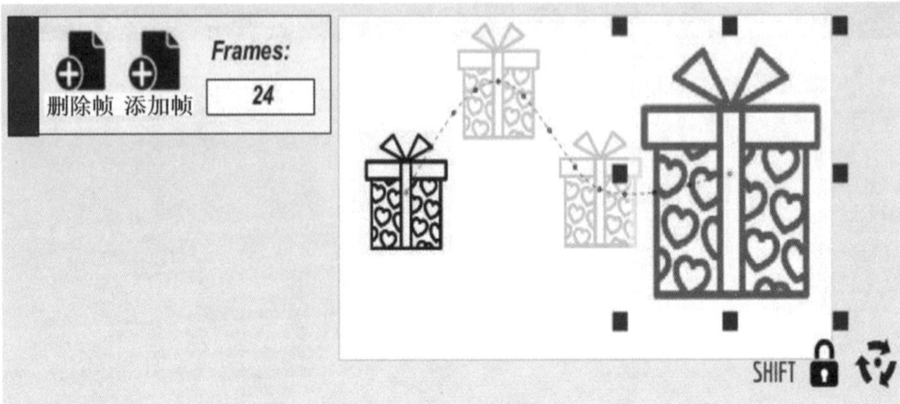

图4-121　图片等比例放大动画

（12）双手手绘。

创建新场景，打开画布编辑后，插入图片素材，在设置当前图片手绘后，在场景预览窗口点击按钮“”后，将出现与原素材和动画同样的素材及效果。更改第二张素材的手势动作，将右手画出变为左手画出，便可以出现两手同时绘制一张图片的效果。当然，若想两手不同时绘制，可以拖动时间轴的动画控制，改变手绘的不同时间段（见图 4-122）。

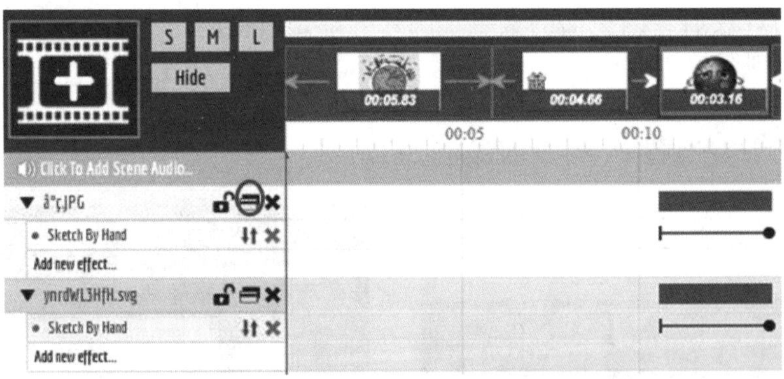

图4-122　运用复制素材实现双手手绘

（13）声音导入。

在工具栏中点击音频，进入“声音设置”界面，在 Voice前打钩，选择已经录制好的音频文件（配音），导入即可。在这里需要注意的是，这里的音频文件导入后将在所有的场景中连续播放，而场景预览的 MP3 格式的音频文件只能在单个场景播放。如果需要添加背景音乐，则需在旁边的 Music前打钩并添加音乐文件。这里需要提醒的是，请尽量提前完成配音并导入，以便在动画编辑时能够合理匹配动画（见图 4-123）。

图4-123　声音导入

（14）项目保存。

项目在进行一段时间后需要临时保存，可以点击工具栏的“保存”或者点击右上角的“关闭视窗”，此时会弹出项目保存的对话框。需要注意的是，一定要点击“确定”才能退出并保存项目，如果在点击“确认”前，勾选“另存为‘explaindio_zip’存档”，则会在保存的文件夹生成压缩包文件，将项目中的所有素材打包，更便于保存（见图4–124）。

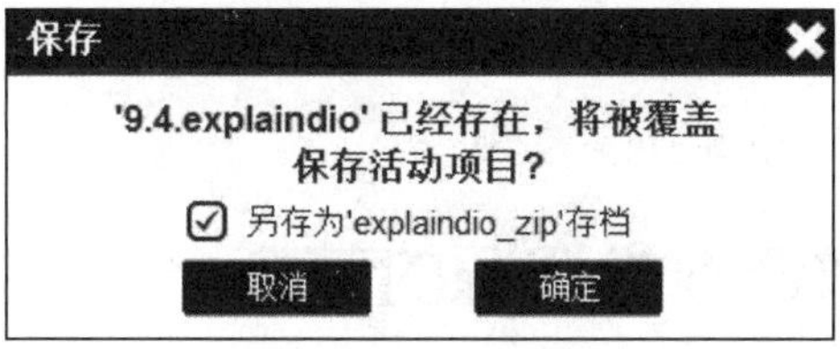

图4–124　项目保存

（15）视频导出。

在完成所有动画的编辑后，即可着手视频导出的工作，在工具栏中点击Export Prioject，选择导出路径、视频大小、视频质量，便可完成视频导出工作。此外，如果需要添加水印，则在Watermark前勾选并上传格式为PNG的图片（需要事先在1 920×1 080的透明图片上处理好）。完成视频导出后，点击“打开视频文件夹”，就可以在视频保存的文件夹观看视频了（见图4–125）。

图4–125　视频导出

◎ 深度思考

1. 你认为一节优质地理微课的标准是什么？
2. 如何利用本书介绍的软件制作优质地理微课？请把你的经验方法与其他同伴分享。
3. 如何制作一节优质地理微课参与省里的展示交流活动？

第五章　地理微课教学资源的开发

第一节　地理微课教学资源的范畴

◎ 问题导入

什么是微课教学资源？地理微课教学资源的范畴是什么？

《义务教育地理课程标准（2011 年版）》在“实施建议”中提出要“重视地理信息载体的运用”，《普通高中地理课程标准（实验）》在地理课程理念中提出“强调信息技术在学习地理中的应用”。现今是互联网的时代，信息技术在中学地理教学中的作用越来越大，教师需要积极利用地理信息资源和信息技术手段，优化和丰富地理教学活动，而地理微课是地理教学中非常重要的利用信息技术转变教学方式的手段。我们开发的地理微课是根据课标要求，以视频为载体，以解决教学中的重点、难点或学生易错点，培养学生地理思维、地理学习方法和正确人地观为目标，并利用有关技术和软件，整合素材资源，精心设计制作短小精辟的课程。

《基础教育课程改革纲要（试行）》中明确规定：课程资源是指有利于实现课程目标的各种因素。其中包括教科书以及教学所需的挂图、模型、设备、教具等素材性资源以及人力、场所、媒介、设施设备、环境等条件性资源。课程资源的范畴会随着资源不断开发、进步而变化，微课便是课程资源开发的产物。微课辅助地理教学，是地理课程资源的一个组成部分。微课的课程开发和利用既需要制作微课的素材性资源如设计微课的教科书、参考书、图片、音频等，也需要条件性资源如设备（电脑、手机等）、媒介等。课程资源包含的对象众多、性质复杂，划分标准较多，鉴于我们开发微课的目标是解决教学中的重点、难点或学生易错点，培养学生地理思维、地理学习方法和正确人地观，我们将重点介绍在开发微课程中重点使用的教学资源。

微课资源作为微课设计与制作的素材资料，是必不可少的。它以微视频为核心，同时包含其他多种资源，使很多人误认为它仅仅就是微视频的单一资源。其资源构成主要包含以下几个部分：核心资源——微视频，也称微课视频或者微课教学视频片段；与教学环节配套的教学设计，即微教案；辅助教学的素材课件，即微课件；练习测试题，即微练习；教学反思，即微反思；教学点评，即微点评；教学反馈，即微反馈。在这些构成资源中，微教案、微课件、微练习是固定的、静态的、提前设计生成的；而微反思、微点评、微反馈则是动态的，后续生成的，可扩充修改。[①] 胡铁生老师将这些资源总结为“非常 6+1”微课资源（见图 5–1）。

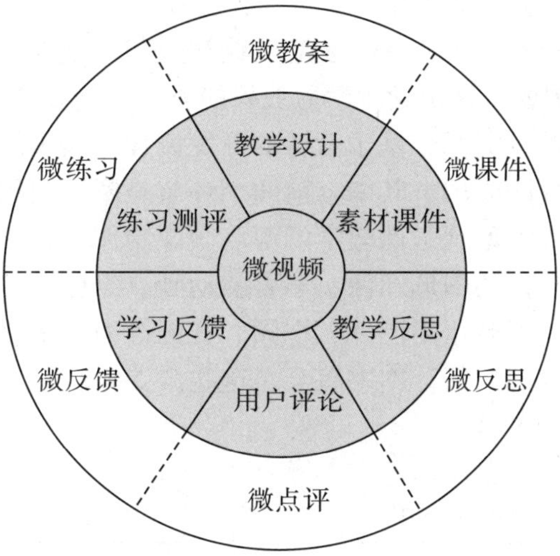

图5−1　胡铁生老师的“非常6+1”微课资源构成

胡小勇教授认为，微课不仅仅是微视频，还包括了一系列资源，他把这些资源总结为“非常 4+1”的微课资源包，即微教案、微课件、学习任务单、微反思（见图 5–2）。[②]

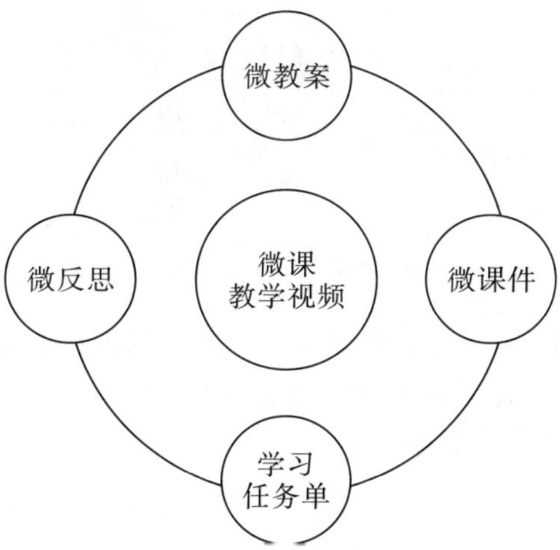

图5−2　胡小勇教授的“非常4+1”微课资源构成

综合两者对微课的定义和分类，无论是胡铁生老师的“非常 6+1”分类，还是胡小勇教授的“非常 4+1”分类，我们都可以看出微课内容的核心载体是微课教学视频。无论是选题、设计还是录制，这些都是服务于微视频制作过程的，是微课制作的资源。

① 张露．高中地理微课资源开发与应用研究［D］．武汉：华中师范大学，2016：44.
② 胡小勇．设计好微课［M］．北京：机械工业出版社，2017：6–7.

在进行微课资源开发的过程中，微视频的制作是重中之重，能否制作优质的微视频，关键在于微课件和微教案的设计。微视频包含丰富的画面、文字、动画和声音等视听信息，视频影像又具有时序性与丰富的信息内涵，能有声有色地传递信息，不仅能提供更多的学习内容，而且能形象有效地帮助学生记忆、理解和思考。[①]微课教学的目标不仅是让学生掌握基本知识和基本原理，还应该让学生获得基本技能，发展思维能力。因此我们在微课设计过程中要有评价学生学习效果的方法，例如“微练习”等。

本章节阐述的地理教学资源，基于微课的开发流程（参见本章第三节），即选题—微课设计—微课制作—微课应用。其中，前两个环节是属于应用前环节，微课设计环节涉及微教案、微课件、微练习等微课教学资源。微课制作是以制作微视频为核心，微视频尤为关键，而适当且丰富的图形图像、多姿的动画、声色俱佳的视频呈现，会使微课的效果和目标高效达成。因此运用图片、视频、音频等微课素材资源对微课的设计和应用起到重要作用，需要合理选择，本书将会对这些微课素材资源的使用以及获取进行阐述，具体范围如下（见图 5–3）。

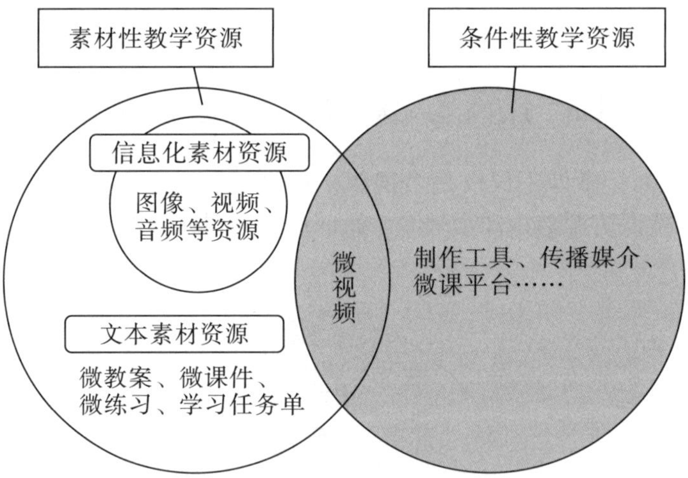

图5–3　微课教学资源的范畴

需要说明的是，使用微课教学资源的目标和使用课程资源的目标是一致的，也就是“知识与技能”“过程与方法”以及“情感态度与价值观”三个目标在达到课标要求的基础上我们再选取最优化的微课教学资源。

◎ 深度思考

1. 微课资源范畴对开发微课资源有什么意义？
2. 你认为微课资源还可以包含哪些内容？

---

① 冯智慧，郑晓丹. 微课新界定：从技术开发迈向有效设计：访华南师范大学胡小勇教授和佛山教育局胡铁生老师［J］. 数字教育，2015（4）：56–60.

第二节　地理微课教学资源的来源

◎ 问题导入

有什么方法和途径获取微课教学资源？如何在实际教学中应用教学资源呢？

微课资源是一种新型的资源类型，它的设计、开发以及应用等都与传统的课程资源有所不同。胡铁生认为，区域性优质微课资源的开发需要经过“前期需求的调研、微课平台的开发、微课内容的规划、微课技术的培训、组织微课建设和微课的共享、交流应用”这几个环节。虽然这可能代表了区域性的微课资源开发，但仍具有一定的借鉴意义。①

一节好的微课在于设计。微教案、微练习、学习任务单等是微课开发者设计微课的关键，它最终会在微课件以及微视频中体现出来，从而促进微课质量的提升。

微教案、微练习、学习任务单等教学资源如何开发？这和教师选取的主题密切相关，确定了主题之后，教师才能有针对性地设计微教案、微练习、学习任务单等文本资源。

微课的教学资源需要教师用心搜索和设计。现在网络资源非常丰富，但是如何在资源海洋中寻找并利用适合自己使用的微课资源呢？本节内容就是给地理教师介绍不同微课资源的特点以及开发微课资源的方法。

一、文本资源来源

微课设计与常规的地理课设计的方法相似，不同的是，微教案、微练习应该是常规地理教案的提炼和浓缩。所以我们的微教案可以在常规地理教案基础上提炼，微练习也可以在对应的练习题库中提炼出和主题信息相关，能让学生巩固微课内容的练习题。另外，教案设计的环节需要有非常清晰的知识点剖析以及时间分配。微教案尽可能详细地列明微课的基本信息和相关设计要点。基本信息可以包括：微课名称、开课单位、微课总时长、学科名称、教学知能点、微课类型、适用对象等；与教学相关的信息可以包括：教学目标、教学重难点、学习者特征分析、聚焦解决问题、教学策略、教学设计过程、微课总结反思、作品简介等。这里需要说明的是，微课是精简的教与学活动全过程，微教案的设计可以细化，但微课件、微视频等展示给学生观看的信息不必过于繁杂，只需要给学生展示必要的信息即可。

① 胡铁生．“微课”：区域教育信息资源发展的新趋势［J］．电化教育研究，2011（10）：61-65.

微教案的设计是教师开发微课的指引，这部分我们可以作为微课编写的脚本，其内容基于大纲，形式应该更加细致具体，如具体到场景一、场景二、场景三等，每个场景包含的内容（如环境、任务、文字、旁白等）要非常详细和清楚。清晰详细的微教案（脚本）有助于微课制作的顺利开展。微教案的模板可以自己设计，也可以在已有的模板上修改，做到简约明了。

微教案可以参考普通教案的设计思路，微教案的设计同样需要考虑“教什么”“怎么教”，需要考虑目标的设定、教学活动的开展、教学效果的检测等教学要素。微教案的设计一般可以集合微课主体设置以下主要环节。

（1）“导入”环节可以创设微课教学的相关情境，如问题情境、故事情境、案例情境、动画情境等，情境要与教学主题相关。

（2）“正文讲授”指对微课教学内容知识点的各个环节进行讲授、分析、演示，正文讲授部分是微课知识点呈现的主要部分，也是解决教学目标的主要环节，教师要依据教学目标的要求设置教学情境、提出问题、启发诱导、调动思维，提升学生的学习参与性与主动性，达到“三维目标”的要求。

（3）“应用或检测”主要为及时检测学生学习效果而设计思考题或者练习题，可以作为检验学习效果的方法。选取的思考题、练习题要与学习目标紧密相关，应注重考查考生的地理学习能力和学科素养，锻炼学生能用所学相关知识、基本技能和综合运用所学知识分析问题、解决问题的能力。

（4）“小结”是对本微课的概括总结，布置几道不同层次的思考题或练习题，让学生课后自主选择继续深入学习探究，教师可以在最后推荐相关的知识链接、书籍、网址或二维码链接、自己的邮箱、电话等拓展及联系信息，以方便学生后续深入学习。

现展示“地转偏向力”一节的微教案设计，见表 5-1。

表 5-1　微教案模板

微课名称	地转偏向力
知识点描述	沿地表水平运动物体的偏移
知识点来源	学科：地理　年级：高一　教材：人教版　章节：第一章第三节第 4 小节 页码：第 18 页
背景知识	区分南北半球、左右手
教学类型	□讲授型　□展示型　□活动型　□解题型　□探究型　□答疑型 □实验型　□技能型　□自主学习型　□支持翻转型　□其他
适用对象	高一学生
设计思路	现象特点（为什么南北半球河流出海口偏向不同）—原理（理解地转偏向力）—解释现象—总结规律（南左北右）—应用（用地转偏向力解释河流的侵蚀、堆积作用）
教学目标	

续上表

微课教学过程					
过程	**教学环节**	**内容**	**画面**	**教学时间**	**备注**
一、片头信息（5秒左右）		课程或课题名称，主讲教师姓名、专业技术职务、单位等信息	第1张PPT	5秒	使用的方法、工具等
二、正文讲授（3~6分钟）	微课教学导入	【展示南北半球河流出海口图片】问：此河流出海口是偏向流向的左还是右？【思考停留5秒】	第2张PPT	10秒	
	第1环节：原理解释	由于受到地球自转的影响，水平运动的物体偏离了原先的运动方向，这种力称为地转偏向力。【强调】改变的是水平运动物体的方向	第3张PPT	40秒	
	第2环节：原理解释（实验）	 播放拍摄实验： 自转地球仪上：北半球（逆时针）运动，墨水的偏转方向偏右。 南半球（逆时针）运动，墨水的偏转方向偏左。 没有自转情况下：墨水沿经线流下	第4~7张PPT	2分0秒	PPT插入视频
	第3环节：解释现象	【展示南北半球河流出海口图片】 北半球：河流自西往东流，出海口受到向右地转偏向力影响，出海口偏南。 南半球：河流自西往东流，出海口受到向左地转偏向力影响，出海口偏北	第8张PPT	2分0秒	

续上表

过程	教学环节	内容	画面	教学时间	备注
	第 4 环节：总结规律和方法	南偏左，北偏右，赤道不偏转。 方法：巧用左右手定则。 注意：手心朝向自己，四指方向表示物体运动方向，大拇指表示偏转后的方向 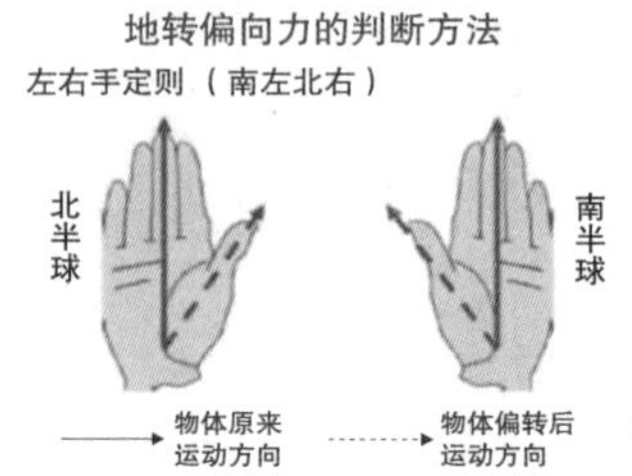	第 9 张 PPT	1 分 10 秒	
三、效果检测（30 ~ 60 秒）	练习与思考	练习：判断水平运动物体方向	第 10 张 PPT	1 分 0 秒	
四、小结提升（10 ~ 30 秒）	小结与延伸	展示河流侵蚀岸、堆积岸照片。 思考：地转偏向力如何作用于河流的两岸呢?	第 11 张 PPT	1 分 0 秒	

学习任务单是学习者使用微视频过程中借助的指引资料，由教师设计，用于为学生自主学习微课程提供“学什么”和“怎样学”建议的学习指导，包括学习任务、学习思路、学习方法建议以及配套学习资源推荐（包括教材相关内容阅读及其他学习资源学习）。学习任务单强调任务驱动和问题导向，把学习任务转化为激发学生思考的问题，让学生在问题解决过程中达成学习目标。不同内容的微课，学习方式不同，因此学习任务单可以设置基本的信息如学习方向（学习目标）、学习方法（用什么方法学习微课）等。例如“地转偏向力”一节，属于基本知识点和基本观点，是学生容易理解的，但落实到知识和能力的运用中却较困难，因此在学习任务单上教师应该对内容有清晰的引导，如学习思路以及学习目标，在较为难理解的地方，可以提出适当的方法或建议，指引学生更好地理解学习。

“地转偏向力”的学习任务单如表 5-2 所示。

表 5-2　学习任务单模板

知识点	地转偏向力				
学生姓名		班级		学科教师	
微课简介：本微课讲授的主要内容、教学活动的主要环节、采用的主要教学方法、教学特色等					

续上表

本节课的学习思路：现象特点（南北半球河流出海口偏向不同）—原理（理解地转偏向力）—解释现象—总结规律（南左北右）—应用（用地转偏向力解释河流的侵蚀、堆积作用）
学习目标（清晰、准确描述学习本微课要达到的学习目标）： 1. 理解地转偏向力的原理。 2. 在示意图中区分南北半球的地转偏向力。 3. 利用地转偏向力解释河流的侵蚀、堆积作用
学习方法建议（为学生学习本微课提供可行的多样化的学习方法，并指出微课学习中的注意事项等）： 1. 地转偏向力作用于水平运动的物体方向。 2. 注意地转偏向力在南北半球以及赤道上偏转的特点。 3. 对于思考题，可以“暂停”思考

二、图像资源的来源

图像素材最直接的来源有两种方式：一种来自网络，一种自己拍摄。前者资源庞大，质量参差不齐，需要自己甄别，并注意是否涉及版权，在公开发表时需要注明出处，必要时要向作者说明用途和交付相应版权费用。后者则需要教师在日常生活中多关注、多积累，并且做好拍摄保存工作，在使用素材的过程中需要对图像进行处理，好的摄像技术则会锦上添花。

方法一：引擎搜索。

对于网络图像素材的选取，最快捷的方法是利用搜索引擎。现在搜索引擎非常多，如百度、360、有道、必应等，功能也有所不同，基本的方法是：确定选取的素材的用途—确定关键词—输入关键词—图片搜索—确定图片—右击鼠标“另存为”。若还是无法找到满意的图像，可以更换关键词或者搜索引擎，又或者可以尝试使用英文关键词进行搜索。如果遇到商业图片无法保存，可以采取购买或者是QQ截图的方式保存下来，当然截取的图片质量会下降。

（1）方法分析1：联想关键词。

举一个简单的例子，我们在“太阳对地球的影响”一课中讲到“太阳为地球提供能量”这一知识点时，需要找到太阳为地球提供的能量类型，例如矿物燃料。这时我们可以在搜索引擎中输入“矿物燃料”“化石燃料”“燃料”，范围越小越精准，还可以把概念进行关联转换，例如换成“煤炭”等，此时搜索引擎还可以看到有“相关搜索”（见图5-4），点击相应链接，这样便可以找到更多更全面的相关资源。

图5-4　联想关键词“煤炭”搜索图片结果

如果把关键词改为英文“coal（煤炭）”或者“black gold（石油或煤）”（见图5-5），在谷歌等国际性搜索引擎中可以找到更加丰富的资源，这可以更好利用国外的图片资源，关键词越多越精细，找到的资源越广越精。我们有很多方式可以找到好的图片，只要善于发散思维，就会找到更多资源。

图5-5　联想关键词“coal”搜索图片结果

（2）方法分析2：组合关键词。

另外，当我们想要获得的图片资源中不仅仅包含一种地理要素，而是多种要素的时候，可以使用组合关键词的方法进行搜索。例如，如果我们需要的素材包括煤炭、铁路等，就可以在搜索引擎中输入“煤炭铁路”，出现的结果便是两者结合的图片资源（见图5-6），也可以用结合联想关键词的方法搜索，输入“运煤专线”，出现的图片资源也会不同（见图5-7）。

图5-6 组合关键词“煤炭铁路”搜索图片结果

图5-7 组合关键词“运煤专线”搜索图片结果

（3）方法分析3：以图搜图。

现在很多搜索引擎都支持图搜图功能，例如百度和谷歌，“百度以图搜图”主要搜索国内的图，点“相机图标”上传即可，上传图片越高清精细，搜索出来的结果相似度越高（见图5-8）。“谷歌以图搜图”（见图5-9）主要搜索国外的图，推荐谷歌以图搜图，识别相似图更精准。

图5-8 百度以图搜图

图5-9 谷歌以图搜图

方法二：图库搜图。

此外，还有很多可以下载相关高清图像的专业网站。下面推荐几个有地理专业图片的网站（见表5–3）和图片库（见表5–4）。

表5–3　地理专业图片网站

网站名	特点	网址
中国国家地理 CHINESE NATIONAL GEOGRAPHY	高清，地理专业性强，配有图片介绍，分类明细，有自然地理、人文地理类资源，内容以中国地理为主，是质高量少的专业性网站	www.dili360.com
NATIONAL GEOGRAPHIC 国家地理中文网	由《华夏地理》杂志与美国国家地理版权合作的科技人文线上平台，传播全球地理知识，内容涉及地理、历史、考古、探险、自然、科技、文化等众多极具特色的图片与视频等资源	www.ngchina.com.cn
地图窝 www.onegreen.net	网站拥有世界各国以及各大洲，中国各省级、市级行政单位的行政地图、交通地图、地形图等高清地图	www.onegreen.net

表5–4　图片库

网站名	特点	网址
PEXELS	免版权图库，质量高，可以根据颜色来搜图片，而且图片还支持商业使用。其为英文网站，搜索需要输入英文关键词	www.pexels.com
pixabay	可在任何地方使用的免费图片和视频的英文网站，支持中文搜索，想要获得更好的搜索结果，用英语效果更好	pixabay.com
天空之城™	全球各地航拍爱好者和专业摄影师的社交平台，拥有众多航拍高清图片，有VR全景图，可观看各城市鸟瞰景观	www.skypixel.com
網易新闻图片	网易新闻中心图片频道，24小时热图实时推送	news.163.com/photo/#Current

续上表

网站名	特点	网址
DATA BLOG 数读	网易数据新闻，有大量信息图、图表及数据分析，包括国际、经济、政治、民生、社会、环境等各方面的统计数据以及分析的信息图表	data.163.com/special

网络上的图库数量非常多，质量参差不齐，这需要地理教师平时多留意和积累，有选择地使用，遇到有用的图片及时保存。

方法三：谷歌地球位置搜索。

谷歌地球（Google Earth）软件具有街景视图导航、搜索地点、游览、查看历史图像等功能，可以为地理教学提供较专业的图片素材（见图 5-10）。

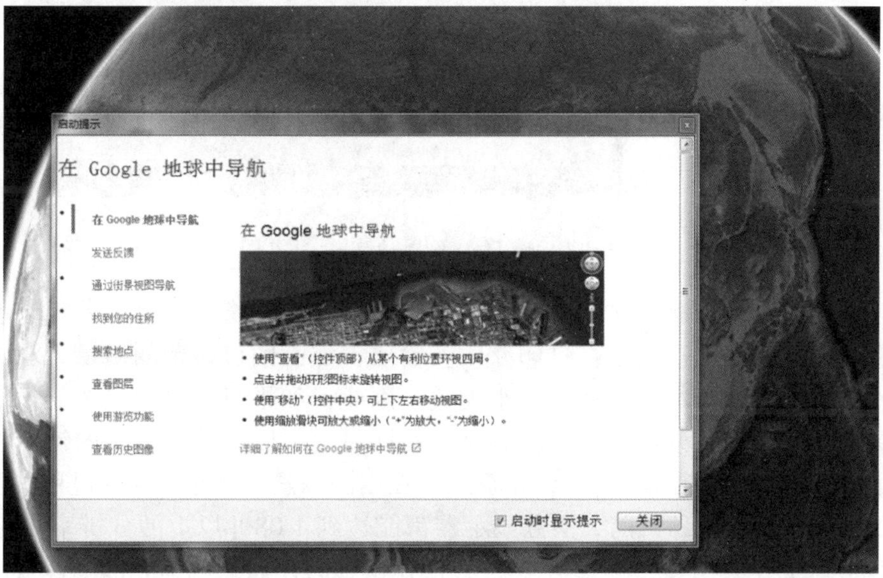

图5-10　谷歌地球中的导航窗口

定位搜索，可以利用“搜索”功能搜索出相关地点的实景图片。例如，我们想搜索峨眉山的实景图片，可在“搜索”对话框中输入“四川峨眉山”，谷歌地球会自动切换到相应地点的位置，低端“导览”部分会出现该地区的相关实景影像图（见图 5-11）。点击有地名的地点还可以进入维基百科查看相关资料和图片，对有需要的图片单击鼠标右键选择“另存为图片”即可。

图5-11　峨眉山及周边实景影像图

需要注意的是，通常情况下，图像的分辨率越高，图像就越清晰。我们创建的图像只是用于多媒体显示，而不在打印介质上输出，那么图像显示的质量只与图像总体像素的多少有关，与图像分辨率的大小无关。因此，如果只是要求显像的显示质量，就没必要设置一个较高分辨率，只要满足显示即可，否则将造成无端的计算机资源浪费。① 而我们制作的微课通过媒介设备显示，在用图像素材制作微课的过程中要考虑学习者学习工具的分辨率，目前大多数显示器都能达到1 080p以上的分辨率（表示的是1 920×1 080 的分辨率），这就要求教师在制作微课时注意选取适合的图像资源，图像像素过大会导致制作的微视频占用空间大，图像像素过小会导致制作的微视频不清晰。多大的像素才适合呢？这取决于我们制作的设备。假如我们的制作设备显示分辨率为1 920×1 080 或者以上，在我们设备上的图像、视频足够清晰，那么制作出来的微视频效果基本可以满足大部分学习者的清晰度需求。如果低于这个分辨率，学习者的学习工具又高于这个分辨率，则学习者看到的微视频则可能不够清晰。所以这就要求教师开发微课资源时，首先制作设备的分辨率要足够，最好满足 1 920×1 080 以上；其次，在我们的设备上看到的图像素材、视频素材要足够清晰。

如何确定我们的设备的分辨率呢？一般情况下，手机、平板电脑的分辨率是固定的，不能调整。

① 崔秀琼．像素、分辨率与图像显示［J］．吕梁教育学院学报，2009（1）：75-76.

1. 手机设备的分辨率

由于每部手机的配置不一样，所以查看的方法可能会略有差异，不过大体相同，这也是最简单的方法。

方法 1：打开手机上的“设置”—“关于手机”—“查看分辨率”。

方法 2：直接网络搜索自己设备对应的型号。

2. 电脑设备的分辨率

设置电脑的分辨率首先要打开电脑的“开始”菜单—控制面板，选择之后我们继续点击“外观和个性化”，找到选项功能中的“调整分辨率”。最后我们需要对自己的电脑进行识别和选择电脑分辨率，与此同时需要检测电脑的分辨率，检测成功之后选择所需要的分辨率参数，点击“确定”就可以成功设置。

如果我们使用的设备（如电脑、手机等）分辨率为 1 080p以上，那么我们在设备上能够清晰可见的图像可以使用。若显示器的分辨率为 800 × 600、1 024 × 768 等，制作的微视频如果在分辨率较高的电脑上就会出现清晰度下降的情况。因此，建议选用 1 024 × 768 以上的显示器制作。

三、视频资源来源

微课选取的教学内容一般要求主题突出、指向明确、相对完整。它以教学视频片段为主线“统整”教学设计（包括教案或学案）、课堂教学时使用到的多媒体素材和课件、教师课后的教学反思、学生的反馈意见及学科专家的文字点评等相关教学资源，构成了一个主题鲜明、类型多样、结构紧凑的“主题单元资源包”，营造了一个真实的“微教学资源环境”，这使得“微课”资源具有视频教学案例的特征。广大教师和学生在这种真实的、具体的、典型案例化的教与学情景中可易于实现“隐性知识”“默会知识”等高阶思维能力的学习并实现教学观念、技能、风格的模仿、迁移和提升，从而迅速提升教师的课堂教学水平，促进教师的专业成长，提高学生学业水平。①微课的核心是视频，我们在制作微视频的时候，也需要加入一些视频素材为微课增加活力，例如地理实验视频、记录视频等。那么这些视频如何获得呢？

和图像素材的获取方式相似，最直接的来源是网络和自己拍摄。但是视频的选取会比图片资源的选取程序复杂，因为视频需要在播放后进行甄选，甄选之后遇到合适的还需要下载。关于视频，搜索和下载都是个学问。

方法一：引擎搜索下载。

利用搜索引擎搜索视频方便快捷，基本的方法和搜图相似，只是把“图片搜索”改为“视频搜索”：确定选取的素材的用途—确定关键词—输入关键词—视频搜索—预览视频—选择视频。但是，现在很多浏览器并不能直接下载视频，平时大家在使用浏览器的过程中，想要下载视频，总会遇到以下几类情况。

---

① 周清华. 微课的主要特点与微课资源的开发［EB/OL］.（2014-04-10）［2017-01-12］. http://www.nj13z.cn/News/Details/2112.

（1）要安装客户端或者需要登录才能下载。

（2）微博、论坛的视频虽合适，但找不到方法下载。

（3）浏览器自带下载工具下载音视频速度非常慢。

实际上有很多能解决这些问题的工具，如硕鼠、维棠、资源嗅探等软件或者FVD插件。笔者推荐一款下载工具Internet Download Manager（简称IDM），除爱奇艺这类特殊视频格式网站以及各类网站会员视频不能下载以外，IDM基本上可以下载网页端的所有音视频，或者是代替浏览器下载文件，下载的网速会比其他快。

IDM软件一般是在客户端安装下载，双击“IDMan.exe”后直接安装，安装后关闭所有浏览器，重新打开浏览器便可使用（见图5-12）。

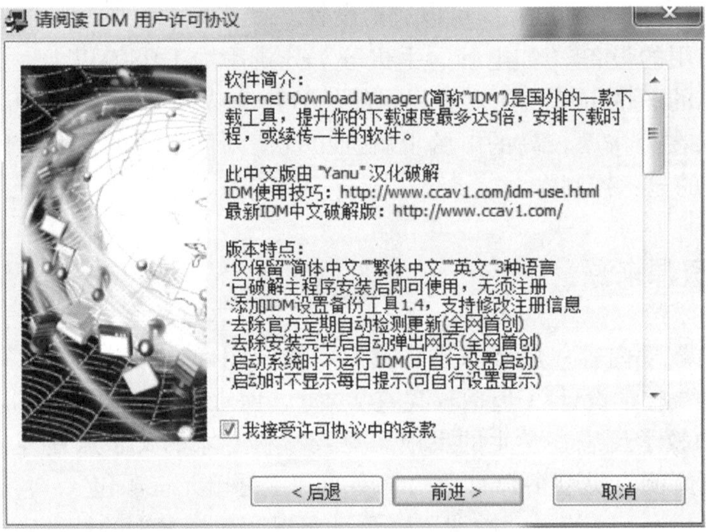

图5-12　IDM视频下载软件安装界面

打开浏览器，在视频播放画面的右上角会出现浮标，有“下载该视频”指示，点击即可下载，注意下载视频的文件夹的储存位置，以免找不到视频。下载完毕后也可以在“打开文件夹”选项中找到该视频（见图5-13）。

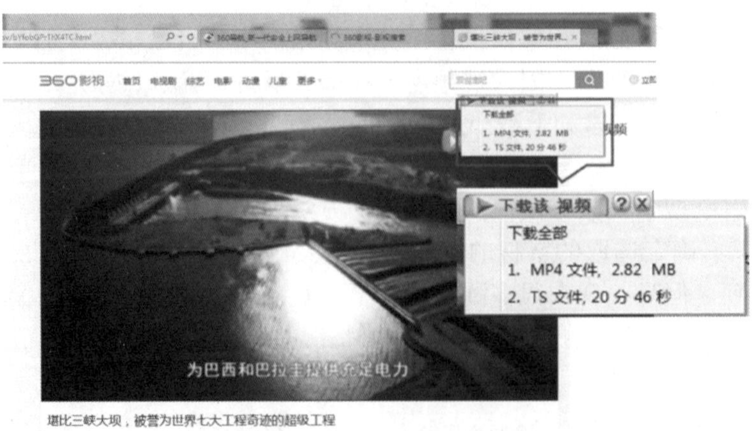

图5-13　IDM软件下载视频页面

并不是所有浏览器都可以使用，图 5-13 为软件默认的浏览器类型。常用的有 IE 浏览器以及谷歌浏览器，也可以通过“添加浏览器”添加自己常用的浏览器（见图 5-14）。

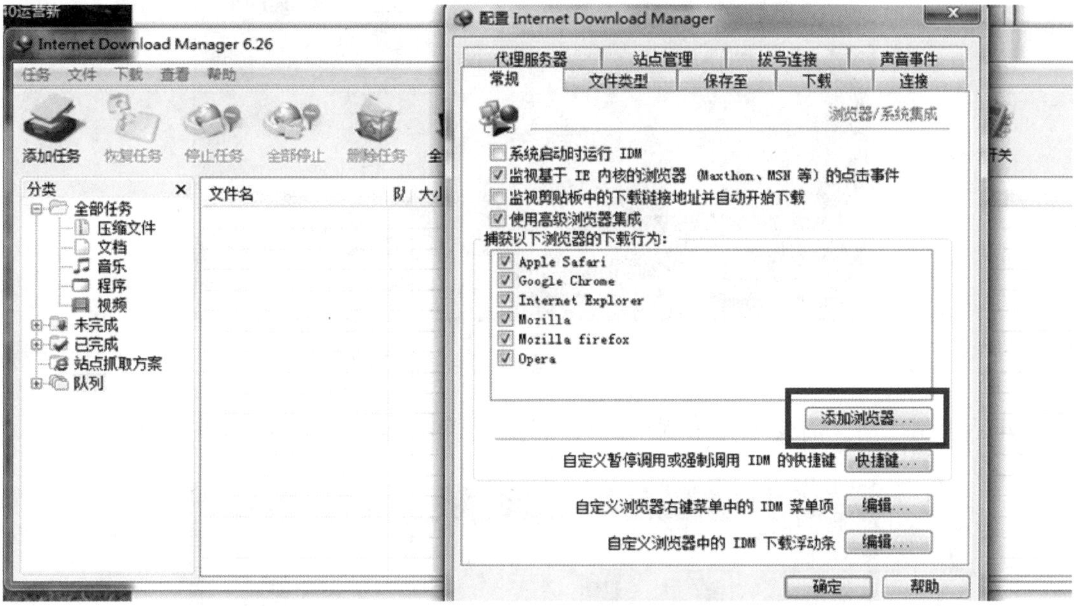

图5-14　IDM软件添加浏览器界面

方法二：录屏截取视频。

现在网页上的视频下载限制比较多，需要下载客户端才能下载，下载的格式也是特殊格式，只能在客户端播放，限制了视频作为教学功能的使用。而我们选取好的视频往往可能只需要片段或者片段的集合，又或者是除去广告部分的全部视频。鉴于微视频的长度较短，需要插入的视频也是较短的，因此最简便的就是采用录屏软件录制视频。教师只需要确认自己选取的视频内容，在选取视频内容前几秒点击播放视频，再使用录屏软件快捷方式点击录屏，结束之后按快捷键结束便可，教师所选取的视频内容包括声音便会保存下来。当然这种方式的弊端是视频需要一直播放，这样会占用教师时间以及导致电脑其他功能暂时不能使用，否则使用的过程也会被录制下来，录屏的视频的质量根据电脑分辨率而定，分辨率越高的电脑录制的效果也越好，录制的视频格式属于 MP4 格式，若需要其他格式则需转换格式。下面以操作方便的 Ocam录屏软件进行实例操作讲解。

打开需要录制的视频画面，把视频时间拖至需要录制的前 3 秒左右，例如：视频需要录制的内容为 01：30—02：30，只要把视频时间拖至 01：27 左右即可，否则会错过需要的内容。双击“Ocam.exe”打开软件，出现工具栏浮标以及绿色的捕捉画面框（见图 5-15）。

图5-15　Ocam录屏软件录屏界面

开始录制之前，需要把“录制”工具调为“录制屏幕和声音”(见图 5-16)。

图5-16　Ocam录屏软件操作窗口

把“声音”调为“录制系统音频”，否则会把电脑外界的声音也录进去，造成干扰。当然，假如只需要视频画面，不需要视频声音，把视频网页的声音关闭即可，若还需要教师的录音，插入录音耳机，把“录制系统音频”选项去掉“√”即可(见图 5-17)。

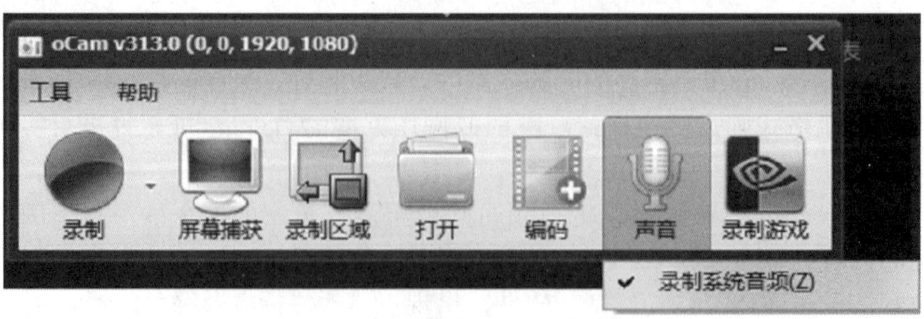

图5-17　Ocam录屏软件声音设置

点击“工具”选项，可以看到软件的快捷键，F2 键为“开始”和“结束”，点击“视频播放”，等视频播放至 01：29 时，按下 F2 键，即开始录屏，播放至 02：30 时，迅速按下 F2 键，录屏结束。视频已经保存，在“打开”处可以查看。若还想录制其他视频，并把多个视频合并在一起，此时需在 02：30 时按下“暂停”快捷键 Shift+ F2 键，再把录制框内的视频调至需要录制的画面，再次按下“开始”快捷键 Shift+ F2 键，结束之后，按下 F2 键，录制过程结束，视频已经合并保存，在“打开”处可以查看（见图 5–18）。

图5–18　Ocam录屏软件热键设置界面

目前国内外视频库非常多，视频资源庞大，对于视频库资源的获取，基本上在搜索引擎上搜索即可获得多方视频库的相关资源。

方法三：视频库搜索视频——以 YouTube视频库为例。

目前国内的视频库非常多，常见的除了搜索引擎视频库之外，还有专业的视频库，如优酷、土豆、爱奇艺、腾讯视频等。目前，优酷、土豆两大视频平台覆盖 5.8 亿多屏终端、日播放量 11.8 亿，支持 PC、电视、移动三大终端，兼具版权、合制、自制、自频道、直播、VR等多种内容形态。业务覆盖会员、游戏、支付、智能硬件和艺人经纪，从内容生产、宣发、营销、衍生商业到粉丝经济，贯通文化娱乐全链路。①所以，以上的视频库大多的视频源都是属于娱乐性质的，想要获得资源更加丰富、视野更加广阔的国内外视频素材，这里推荐 YouTube视频库。

YouTube是世界上最大的视频网站，早期公司位于加利福尼亚州的圣布鲁诺，注册于 2005 年 2 月 15 日，服务于用户下载、观看及分享影片或短片。虽然 YouTube视频库视频网站含有不合法的视频、图像、言论等内容，违反了中国互联网审查标准，但 YouTube视频库在国内使用权限之内，还是可以搜索到很多优质的地理教学视频资源。

① 大优酷与东方梦工厂达成顶级家庭娱乐内容版权授权合作协议［EB/OL］.（2016–12–15）［2017–01–12］. http://www.techweb.com.cn/news/2016–12–15/2451968.shtml.

YouTube的中间一栏是全新主页面，可以播放视频。用户点击不同的频道，这部分内容显示就会随之改变。右边一栏则是推荐视频列表，根据用户的点击和过去观看视频的历史推荐其他视频。改版后，在新版主页的左上角便能登录，而后，用户进入到YouTube的任意页面，右上角都有一个用户名，点开后就有“我的收藏、稍后观看、我的频道”等用户常用功能，用户可随时打开这些功能，省去了用户进入个人频道的操作（见图 5-19）。

图5-19　YouTube主页面

以“季风的形成”为例。

假设我们现在想要搜索关于“季风的形成”的相关实验，我们可以登录 YouTube视频库网站（www.youtube.com），在搜索对话框中输入“季风的形成”，就会有不同的视频素材出现，观看次数越多的视频越靠前（见图 5-20）。

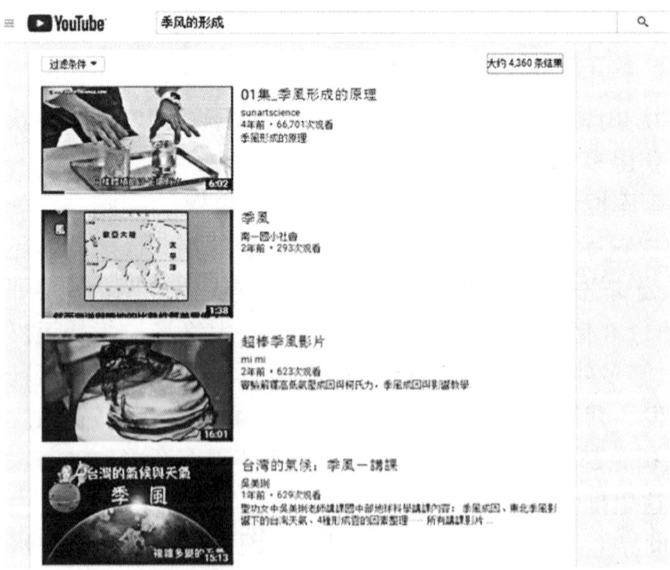

图5-20　中文“季风的形成”视频搜索结果

YouTube属于国际性网站，使用英文搜索，会有更多的视频资源，如我们把“季风的形成”通过翻译软件译成英文关键词“formation of monsoon”进行搜索，也能搜索出不同的结果，而且结果也更为全面（见图 5-21）。

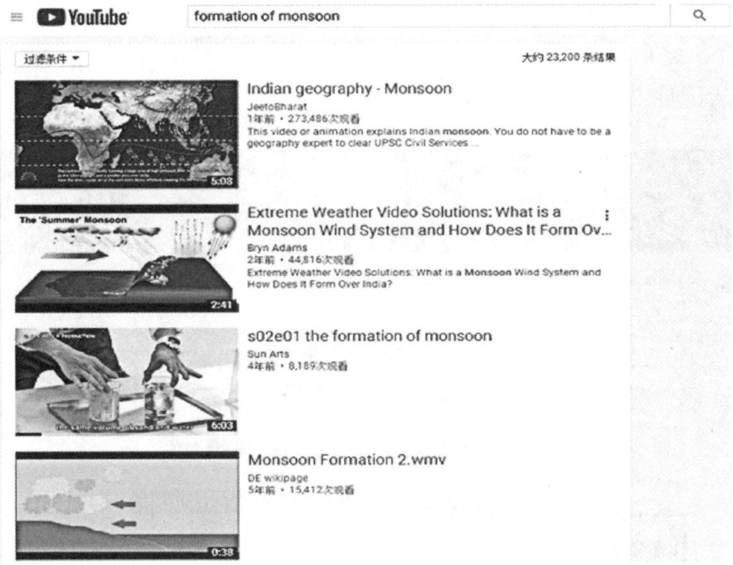

图5-21　英文“formation of monsoon”视频搜索结果

获取的视频库里的视频如何下载呢？下面推荐一个简单的办法。

第一步，找到我们所需的视频，将视频的url链接复制下来（见图 5-22）。

图5-22　复制YouTube视频网址

第二步，访问一个可以下载 YouTube视频的网站（www.clipconverter.cc），然后再将第一步复制下来的 url地址粘贴到“Video URL to Download”处（见图 5-23）。

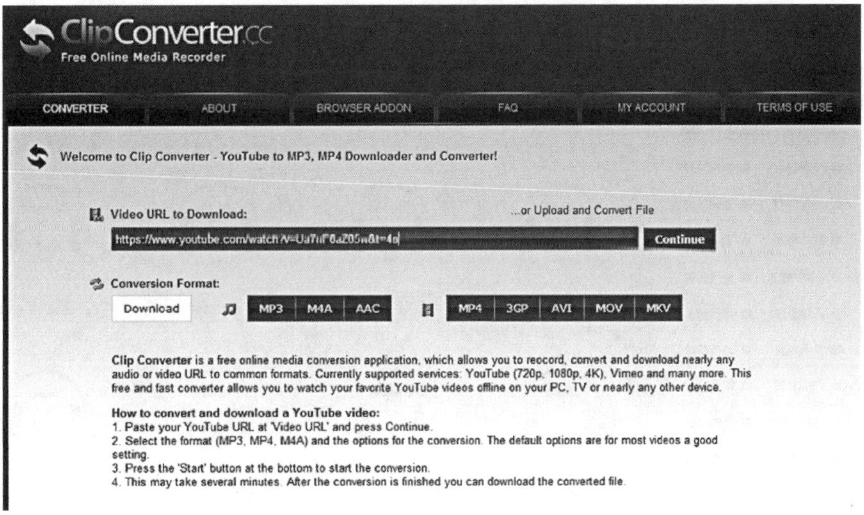

图5-23　YouTube视频下载界面

第三步，点击“continue”，出现选择文件大小版本的选项，还有选择文件类型（如MP4、MOV等），之后再点击最下面的“Start!”（见图5-24），点击“Download”便可等待下载结束，请记住文件下载保存的路径。

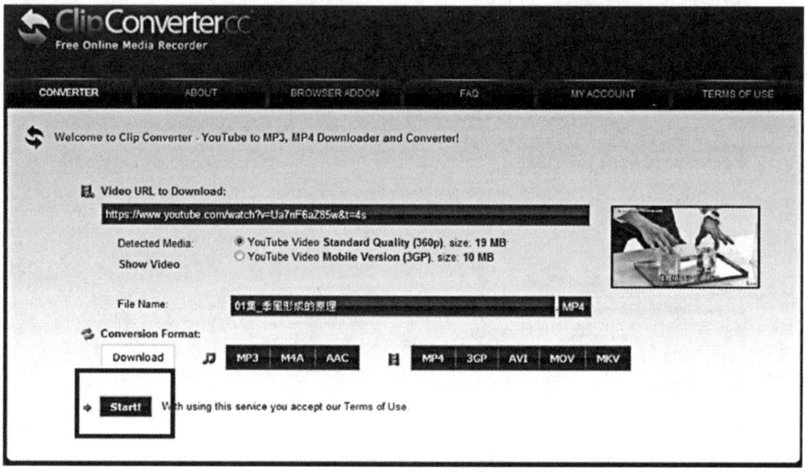

图5-24　YouTube视频下载操作界面

四、音频资源来源

在微课设计中，有些环节需要加入音效强化效果，又或者需要对微课配音。对于特效音频，可以在搜索引擎上输入音效的关键词搜索，也可以直接从专业的素材网站上免费下载，如站长素材网（sc.chinaz.com/yinxiao/）（见图5-25）和音效网（www.yinxiao.net）。

需要下载特殊音效，可以在站长素材网网站右上角输入关键词，点击“搜索”，点击“音效下载地址”，另存即可下载。

图5-25　站长音频素材网界面

若自制声音片段需要用到录音工具，最方便的便是手机自带的录音软件，录制完毕通过分享，发送到电脑即可。电脑也自带录音工具，如Windows系统点击电脑左下角“开始”键，找到“附件”，打开“录音机”，即可录音，需要插入录音耳机或者电脑自带录音器才能录制。

为了达到优质的微课录音效果，我们在录制音频时需要注意以下几方面。

（1）要选取合适的录音环境。良好的录音环境包括低噪音、声音放射率低的环境，可选择相对封闭的空间，门窗关闭。另外，较平滑墙面声音反射率高，可以使用棉织品如浴巾、被子进行覆盖以降低反射率。

（2）无关电子设备要关闭。空调、风扇、音响会增加噪声，手机信号等也会干扰。

（3）配置较好的电脑、麦克风（建议使用USB电容式麦克风），麦克风与口腔位置提前固定，调试好音效。为了降低喷音，可以在麦克风上套上海绵罩或者纸巾。

（4）录音时吐字清晰，语言流畅，声音洪亮，语速适中，可以根据题材情节变化，但前提是要让学生听清楚。所以录音前需要熟悉教学流程，可以结合微教案进行录制。录制需要反复试音和回听，选择录音效果较好的方式进行正式录音。

（5）声音要有表现力。微课对于声音的要求非常高，轻重音的表现、适当的停顿等富有表现力的声音更加吸引学生。

（6）录音的音量需要和微视频中其他音效、视频素材音量相当。声音过高或过低都会使得录音质量与其他音效不匹配。因此需要提前调试录音，把录音结果与其他音效、视频进行对比，选取合适的音量。

五、条件性微课资源的来源

微课的条件性资源主要指的是微课制作过程中使用的工具资源以及微课应用、使用的设备和平台资源。根据微课开发的技术手段，使用的工具可分为硬件类（如电脑、摄像机、手机等）和软件类（如录制软件）。硬件类工具是开发微课的前提条件，需要购买。软件类工具是开发微课的重要条件，大部分软件可以在网站获取，例如对应软件的官方网站、软件宝库等，部分软件需要付费，免费版本会存在功能的减少或者出现广告的情况。例如付费版 Camtasia Studio支持屏幕录像、视频的剪辑和编辑、视频菜单制作等功能，但是免费版会出现不稳定、广告、制作的视频有水印等情况。

微课应用的设备主要以手机、电脑为主，因此现有的微课教学平台可根据终端设备分为电脑平台和手机平台。其中电脑平台的微课主要以网页形式（如视频库网页）、视频软件等传播，而手机平台上的微课则可以通过已有的即时通信软件如QQ、微信等进行传播。随着微课的不断发展陆续出现了很多专门的微课 APP。制作过程的条件性资源主要是开发者（教师）使用的资源，而微课应用过程的条件性资源是学生使用的资源，教师则应该关注学生群体现有的条件性资源，再根据实际情况选择适合学生使用的平台发布（具体可参考第六章）。具体使用的条件性资源分类如表 5–5 所示。

表 5–5　微课的条件性资源

分类	微课制作过程的条件性资源	微课应用过程的条件性资源
硬件类	电脑、摄像机、手机、固定手机的支架、话筒、纸、笔等	电脑、手机
软件类	录制类：Camtasia Studio、PPT、Ocam、录屏大师、录屏专家等； 后期类：QQ影音、会声会影、格式工厂、premiere、After Effects等	电脑平台：视频库、视频软件等； 手机平台：即时通信软件（QQ、微信），手机 APP等

教师开发微课，硬件类资源是获取软件类资源以及制作微课的前提。硬件齐全，开发的微课类型也相对更加丰富。如果硬件条件有限，教师可以根据学校条件或者个人的硬件设备条件选择适合方法开发微课。而根据微课开发使用的方法来看，有以拍摄方法为主的拍摄式微课、以录屏方式为主的录屏式微课以及多种方法制作的混合式微课。在不同的条件资源下，开发微课的方法以及适合的地理微课应用形式如表 5–6 所示。

表 5–6　微课的条件性资源的特点和使用范围

开发方法	使用的资源	特点	适用范围
拍摄式微课	带摄像手机或者摄像机、固定式支架、笔、纸、图等教学材料	简单方便，技术含量低。但对拍摄的光线、录音条件要求高，情景化不强	（1）使用讲授法为主的内容，如概念性讲解、练习答疑为主的内容。 （2）地理实验的获取，如利用地球仪进行地转偏向力的实验、冲积地貌的模拟实验等
录屏式微课	录屏软件（如Camtasia Studio、Ocam等）+微课件（PPT、Word等），需要的硬件主要有电脑、话筒等	通过动静结合、图文并茂的方式展示更丰富的教学内容，利于提高学生的注意力及学习兴趣。此类型对课件制作和教学设计的要求较高，过多教学元素会使学生注意力分散。录屏式微课为边讲解边录音，对语言流畅度要求较高	适合需要用图、文、动画扩充的知识点，需要提供丰富情景化教学的重难点内容。如黄赤交角、太阳直射点的移动等需要空间思维较强的内容
混合式微课	可以结合拍摄方法、录屏方法、交互技术等多种方法结合制作，如Camtasia Studio	内容呈现方式丰富，可以加入教师讲解的表情动作，以及在讲解过程中加入互动环节，让学生的注意力更加集中，但对教师的技术要求较高，教学设计、后期处理投入较多	适用范围较广，需要用图、文、动画扩充的知识点，需要提供丰富情景化教学以及逻辑性较强的重难点内容。例如，某一种气候类型的形成

深度思考

1. 有哪些途径可搜集优质微课教学资源？
2. 如何对收集微课的教学资源进行分类、整理，高效利用？

第三节　地理微课教学资源的开发与利用

问题导入

如何更好地开发和利用微课教学资源？

一、地理微课教学资源的开发与利用的原则

目前地理微课资源的开发利用存在以下问题：（1）选题不恰当，缺乏针对性。微课是指针对某个知识点或技能点，并结合某个教学环节而进行设计的微型学习资源。选题过大会导致微课呈现的内容过于简单浅薄。选题的切入点要小、针对性要强，所要解决的问题也应相当明确。（2）微课资源使用单调。微课资源类型丰富，包括视频资源、图片资源、文字资源、音效资源、色彩资源等，在资源使用过程中，采用单一的资源制作微视频，整个微课会比较单调。（3）微课制作技术不足。①微课技术的分析，本书认为主要从以下几个方面来评断微课的技术：一是微课的画面要清晰，二是微课的声音要有和谐感，三是微课的承转要有协调性，四是微课的字幕要有同步性，五是微课的过程要流畅。②所以在整个微课资源整合制作的过程当中，以上的因素都需要考虑进去。

上海师范大学黎加厚教授在“2014（第二届）微课与网络课件开发专业会议”上对微课程做了解析：微课程和纸质教材之间，不是排斥的关系，而是互补的关系，各有各的用处，重点是选题、设计和制作。选题应该选重点、难点和易错点。设计是报告内容结构，还要强调创意，如果照本宣科念，学生不喜欢。制作主要是在技术上，重点是能让学生看清楚。③

胡小勇教授在关于微课开发的误区中提到，“微课不发威”第一个常见的误区是因为重技术、轻设计。有些微课开发者为了能实现很“炫”的效果，频繁使用各种技术、特效，然而忽视了微课制作的核心本质——设计。因此，一节微课能否设计好、教学效果佳，知能点的选择和分析处理非常重要。

---

①② 张露. 高中地理微课资源开发与应用研究［D］. 武汉：华中师范大学，2016：22.

③ 黎加厚. 多维解读微课［EB/OL］.（2014-05-22）［2017-01-12］. http://www.ict.edu.cn/news/n2/n20140522_13341.shtml.

第二个常见的误区是：重形式、轻加工。例如微课画面不简洁、精练和美观（构图、配色不当等），缺乏艺术性和吸引力。视频声音画质效果不佳，以及过分追求可视化、动态化和趣味性，将学习者的注意力从内容上转移到呈现形式上，不仅偏离了学习目标而且容易养成思维惰性，满足于短暂视觉快感和心理愉悦的不良学习习惯。

第三个常见的误区是：重视频、轻资源。微课学习的主旨是利用短小精悍的教学资源来使学生掌握一个或几个知识点。虽然微课是以微视频为主要载体，但是微课的教学资源包应该包含与该教学主题相关的学习任务单、课件素材、练习测试以及学生反馈、教师点评等辅助性的教学资源，它们通过适当的组织手法来呈现出一个半结构化的资源单元，这样可以让学生更清楚如何去使用微课，如何利用素材、测试来巩固学习效果。因此，好的微课应该重视对微课资源的设计。

第四个常见的误区是：重建设、轻应用。微课的制作主要是为了用，好微课只有被很好地利用起来，才会发挥其巨大威力。因此，微课资源的开发要考虑微课的实用性，不能为了做微课而做微课。①

为了增强微课对学校及学生的适应性，教师要具备开发地理微课资源的能力。加强优质教育资源开发与应用、引进国际优质数字化教学资源、建立开放灵活的教育资源公共服务平台、促进优质教育资源普及共享等是我国中长期教育改革和发展的重要规划。地理微课资源作为数字化教育资源的一种，加强对其开发有利于推动优质教育资源的发展，需要按照以下原则进行开发（见图 5–26）。②

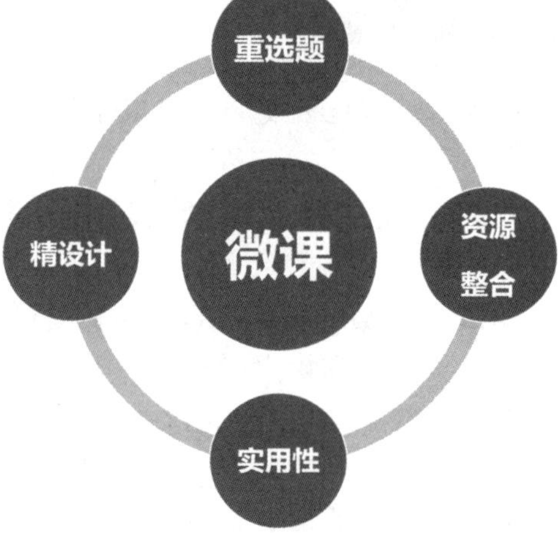

图5–26　微课教学资源开发原则

（一）重选题原则

微课自身有短小精悍的特点，不适用于完成整节教材内容，而应该是针对一个确定的知识点或是学生易错点、教学难点等进行设计，所以它的选题是围绕这个知识点来展开的，具有突出的主题内容和较强的逻辑性。并且，选题应该建立在学情分析、教材分析以及课标分析上，利用简短的时间解释核心问题。

（二）精设计原则

微课的时间限制，要求在短时间内解释清楚知识点、问题。这需要开发者立足于课程的目标与效果，精心设计微教案以及微课件等。微课技术含量固然重要，多样的形式也是锦上添花，但是作为中小学的学习资源，应该在精心设计微课内容的基础上服务于

① 信息化教学创新．微课不发威，原来是因为（1）：重技术，轻设计［EB/OL］．（2016–11–19）［2017–01–12］．http://blog.sina.com.cn/s/blog_1459fdfec0102z5yc.html.

② 张露．高中地理微课资源开发与应用研究［D］．武汉：华中师范大学，2016：22.

精心的教学设计，提高微课的效果。

（三）资源整合原则

微课属于课程开发，组成微课课程的资源要素不仅仅是微视频，还包括一系列其他资源要素，如微教学设计、微课件、微练习等，构成一系列类型多样、结构紧凑的课程系统。学生的反馈、教师的反思都应该是微课课程的一部分，而不是把单一的微视频作为整体。

（四）实用性原则

微课资源的开发会耗费教师的时间和精力，学生学习没效果也同样会浪费时间。微课资源的开发和利用不能盲目、脱离实际，更不应该为了展现微课而制作微课。制作微课要按需开发、精心设计，合理规划内容和设计系统后再逐步推进，注重微课的使用率以及实用性，做有用的微课。同时，因为微课一般以视频作为载体，视频的播放使用还需要适应多种环境以免造成资源的浪费。

二、地理微课教学资源的开发与利用的流程

要对微课资源进行合理的开发，首先要明确微课资源的构成有哪些，微课既然是在教育信息化的浪潮下催生的一种新型的教育资源，那么它与以往传统的教学视频资源就会有所区别。①

制作微课是一个由零到整的过程，而过程当中需要进行资源整合。胡小勇认为，微课资源的开发设计流程需要经过以下几个环节（见图 5-27）。②选题设计是微课资源开发的首要环节，并不是所有的教材内容都适合制作微课，因此需要在理解教材的基础上详细划分教材的知识点，选择微课的题目，然后设计微教学，再进行微课的制作，最后则是微课的应用和评价。

图 5-27　胡小勇教授的微课资源开发流程

在已有文献对微课资源开发的基础上，不同作者对微课开发流程的观点大同小异，基本流程是在胡小勇教授的开发流程的基础上进行细化。笔者认为，微课资源的开发需要牢牢结合开发微课的目标以及微课的特点。首先要确定目标，教师开发地理课程资源最终是服务于地理教学，帮助教学目标有效达成。开发地理课程资源在确定目标后，就要对本地区的条件进行分析，然后着手微课资源的搜集，例如前面提及的文本资源、视频资源、图片资源等，并对这些资源进行整合。

微课资源开发，关键在于微课件和微教案的设计，微视频的制作是核心。结合胡小勇的微课开发流程、胡铁生的微课资源构成要素以及课程开发的一般流程，主要分为选

① 张露．高中地理微课资源开发与应用研究［D］．武汉：华中师范大学，2016：37.
② 胡小勇．设计好微课［M］．北京：机械工业出版社，2017：7.

题—设计—制作—应用等主要环节。鉴于对微课资源的利用，结合地理课程资源的开发流程，我们对地理微课的开发流程设置如下（见图 5–28）。

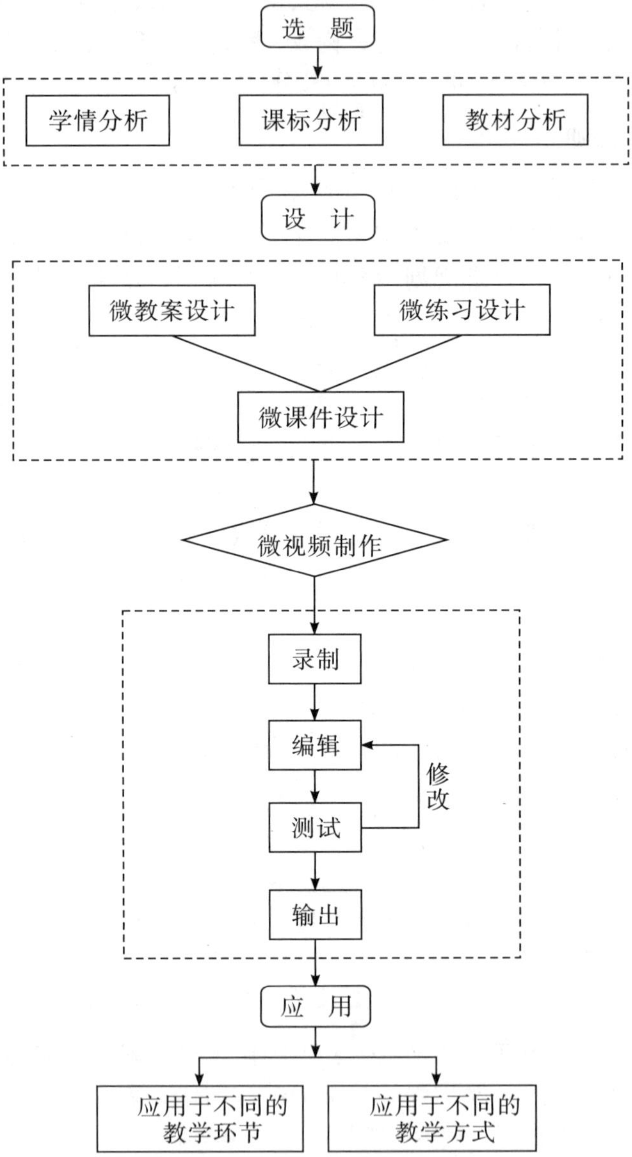

图5–28　地理微课的开发流程

（一）基于教学目标的选题

内容是微课之王，主题是微课之睛。在拥有好的制作技术之前，选好有价值的微课主题和内容，才有可能成就一节优秀的微课。①开发微课，我们首先要清楚开发微课

① 胡小勇. 设计好微课［M］. 北京：机械工业出版社，2017：25.

需要达成的目标，这也是微课设计的初衷。我们设计的微课因为时间的限制，不能包罗万象，只能选一个重点或者难点作为选题，才能把问题在短时间内以不同的形式表现出来。因此，选题需要结合学情、课标、教材、制作条件等各要素进行分析。微课的选题必须精练，应针对学科教学中有教学价值和研究意义的知识点或者教学环节，或者教学中的重点、难点进行选择。

重点是教材中最重要、最基本的中心内容，是知识网络中的连接点，是教师设计教学过程的主要线索。教学难点是指“学生学习过程中，学习上阻力较大或难度较高的某些关节点”，也就是“学生接受比较困难的知识点或问题不容易解决的地方”。①

如何确定重点或者难点选题呢？

1. 教学重点的选题

教学重点由教学内容决定，一般是一节课的知识点中的一个或几个，教学重点主要是根据课标以及教材进行分析。要想找到教学重点，必须学会把一节课的内容放到整个单元、整册教材，乃至整个课程中去分析它自身的知识结构与相关内容的逻辑关系，从知识逻辑的角度去理解它。②重点是处在学科知识系统各个有机部分的结合点上，它往往起着承上启下、沟通左右的作用，重点是教材中最主要的内容，在知识结构中起纽带作用的知识，它包括基本概念、基本理论、基本技能。

2. 教学难点的选题

由于学生认知水平的差异，对于A类学生的知识难点不一定是B类学生的知识难点。所以，第一，我们要根据学情确定难点，多数学生的学习难点才是课堂教学的难点。在实际操作中，可以取中等学生的学习难点作为课堂教学的难点。如何获取大部分学生学习难点呢？教材中一些综合性较强、时空跨越较大、变化较为复杂的内容，使学生一时难以接受和理解的知识可能是教学难点。第二，根据认知过程确定难点。对于地理知识的认知过程维度方面，一般是用行为动词的形式表示不同水平的知识。行为动词的分类较多，在《义务教育地理课程标准（2011年版）解读》中把对“知识方面”的学习水平由低到高分为“了解”“理解”和“应用”三个水平维度，不同水平对应不同的行为动词。③本书根据课程标准解读中的分类，罗列行为动词（见表5-7），并参照目标行为动词赋值法，把对教材知识的认知过程维度简化为“了解”“理解”和“应用”三个水平维度，一般情况下，认知水平在“理解水平”以及“应用水平”中学习难度更加大，也更加容易出现教学难点。

表5-7　知识的认知过程维度和对应的行为动词表

认知维度	指标	行为动词
了解水平	包括再认或者回忆知识；识别、辨认事实或者证据；举例；描述对象的基本特征	说出、指出、找出、描述、简述、举例、列举、识别、知道、记住、了解

① 焦玉明. 教学重难点的制定及其教学策略［EB/OL］.（2012-05-16）［2017-01-12］. http://www.jxteacher.com/lu/column20596/f387b8dd-bcfa-4ec0-a3c0-31020cfa0bd0.html.

② 高子林. 确定教学重难点的程序与方法［J］. 教学月刊（小学版），2013（4）：23-24.

③ 教育部基础教育课程教材专家工作委员会. 义务教育地理课程标准（2011年版）解读［M］. 北京：高等教育出版社，2012：75-76.

续上表

认知维度	指标	行为动词
理解水平	包括内在逻辑关系；与已有知识建立联系；进行解释、推断、区分、扩展；提出证据等	解释、说明、分析、比较、理解、归纳、概括、判断、判读、区分、懂得、认识、辨别、确定
应用水平	包括在新的情境中使用抽象的概念、原则；进行总结、推广；建立不同情况下的合理联系等	应用、运用、设计、编辑、撰写、总结、评价

例如，在人教版《地理》（必修一）第一章第三节“地球的运动”一节内容中，知识结构较为复杂，哪些属于教学重点呢？本节课对应的课标要求为“分析地球运动的地理意义”，对应的知识点分别是哪些呢？教材设置的小节对应为“地球运动的一般特点”“太阳直射点的移动”“昼夜交替和时差”“沿着水平运动物体的偏移”“昼夜长短变化”“正午太阳高度的变化”“四季更替和五带”。要分析地球运动的地理意义，需要认识地球的一般特点如方向、周期、速度等，这部分是作为基础知识了解。地球运动是自转和公转同时进行，产生的地理意义主要有“昼夜交替和时差”“沿着水平运动物体的偏移”“昼夜长短和正午太阳高度的变化”“四季更替和五带”，其中“沿着水平运动物体的偏移”是受地转偏向力影响的，“昼夜交替”需要区分晨线、昏线等知识，“时差”需要区分地方时、区时、时区等容易混淆的概念，据此我们可以尝试把教材内容以知识框架的形式罗列出来（见图5-29）。

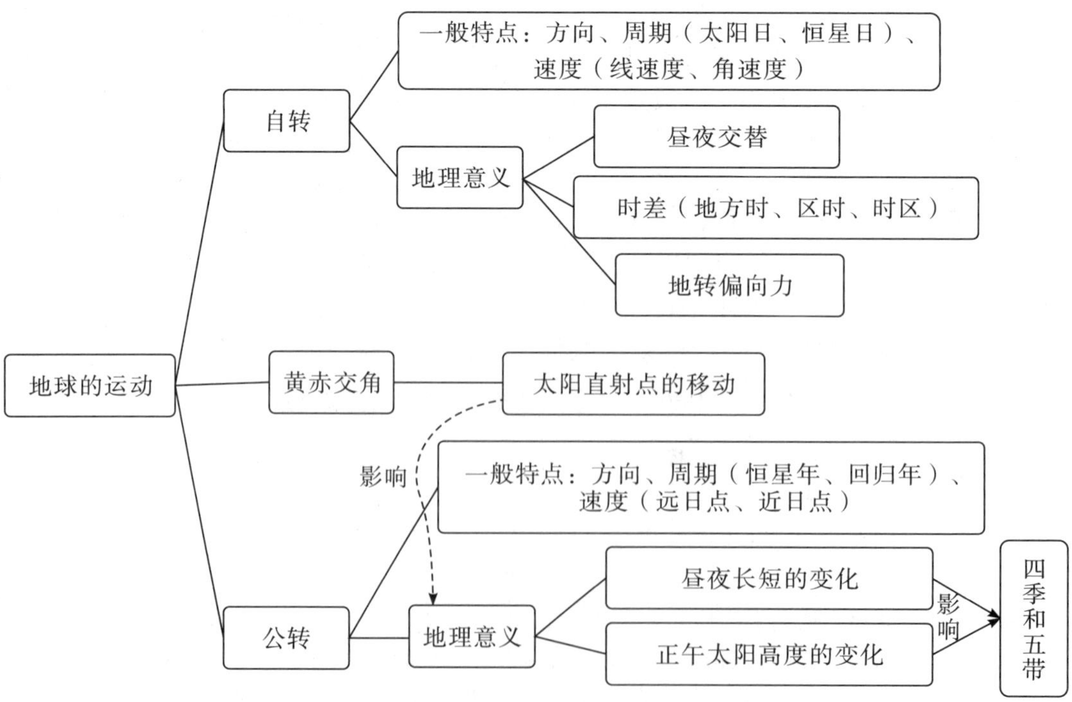

图5-29 “地球的运动”知识框架

根据课标要求，“地球运动的地理意义”是学生必须掌握的内容，是教学上的重点，如“昼夜交替”“昼夜长短变化”“正午太阳高度的变化”“四季更替和五带”。在理解地球公转过程中，“太阳直射点的移动”对理解地球公转的地理意义起着承上启下的作用，是本节课的连接点，至关重要，也是这节课的重点。

“地球运动的一般特点”是分析地球运动的地理意义的基础，里面涉及一些不常用、空间思维较强但不一定是处在网络状结合点的位置上的知识点，这些是学习的难点，例如“恒星日与太阳日”“线速度和角速度”。另外，有一些重点知识也是学生学习的难点，例如“地方时、时区和区时”“地转偏向力”等。课标要求“分析”地球运动的地理意义，在认知维度中是属于“理解水平”以及更高的水平，里面出现的“昼夜长短变化”“正午太阳高度的变化”等知识点需要分析和理解，而且空间思维、逻辑性较强，既是学习重点也是学习难点。

（二）基于资源要素整合的设计

鉴于微课时间长度的限制，微课设计需要在能获取资源的基础上对微课资源进行高效利用，微教案、微课件以及微练习的设计都需要紧紧围绕选题、微课资源以及达成的目标进行，目标要单一、明确、容易达成，方有可操作性，而高质量的微课资源能使得微课效果更高效。关于微课教学目标的确定与教学设计的编写在本书第二、三章有详细阐述。

（三）基于制作条件的微课录制

微课的录制方法主要分为以下几种形式：拍摄（摄像机、智能手机拍摄）；录屏软件录制（屏幕录制软件 +PPT、屏幕录制软件 +电脑屏）；混合式制作，即软件制作合成 +录音。选择什么方式录制应该基于微课开发者拥有的条件以及微课设计要求而定。而涉及的微课录制工具资源以及录制方法在第三章有所介绍。

这个步骤是对前期开发和资源分析的具体实现，也是微视频开发设计的最重要的一步。在录制时，音频和视频同步操作，也可在后期进行配音。在录制和制作时要求有一个相对安静的外部环境，保持画面清晰、美观。[①]视频录制完毕，可能还需要对视频进行后期处理，如编辑、测试预览，发现有误的地方要对其修改和完善。处理完毕后输出，才得到微视频最终的效果。

（四）微课的应用

应用的方式多种多样，根据不同的教学方式主要分为讲授类、演示类、实验类、探究类、练习类等；根据不同的教学环节主要有课前预习类、新课导入类、知识讲解类、习题巩固类等。微课可以用作课前预习，也可以应用于课堂中，或者用于课后供学生自主学习。

【微课制作案例分析】以“山谷风的形成”为例

① 黄贵明．高中地理微课的开发与设计研究［D］．桂林：广西师范大学，2016：32.

1. 选题（见表 5–8）

表 5–8 “山谷风的形式”案例分析

课标分析	关于本节课知识点对应的课标为：“运用示意图等，说明大气受热过程与热力环流原理，并解释相关现象。”而“山谷风”则是大气受热过程与热力环流原理的现象之一，因此应该结合热力环流的示意图，以此作为原理，解释“山谷风”现象。而“山谷风”现象则可以结合生活中的实例进行引入。例如：白天高山的风向对滑翔的影响
教材分析	热力环流是由于地面冷热不均而形成的空气环流，它是大气运动的一种最简单的形式，也是学生理解大气运动这部分内容的最基础的知识和最佳切入点。因此，学好这部分内容是学好大气运动的基础，是理解“山谷风的形成”的前提条件，为大气运动原理、大气环流和季风环流以及全球气候变化打下理论基础。高考中以结合等压线、城市风、海陆风、山谷风等为考查形式
学情分析	在地理的知识体系中，大气知识对学生来说还是比较难以掌握的。主要原因有三点：第一，学生的空间概念建立还不牢靠；第二，学生暂时还不能将大气知识与物理知识联系起来；第三，短时间内不能将大气运动与地理环境联系起来。故学生很难把握对整个大气知识的思维线索，感到这些知识与应用无关。在生活中，学生对许多自然地理现象并不陌生，但很少能将其与相关的大气知识联系起来。因此，利用生活中的大气现象解释原理，可以加深学生的理解

2. 设计

（1）微教案设计（见表 5–9）。

表 5–9

微课名称	山谷风的形成
知识点描述	山风、谷风
知识点来源	□学科：地理　年级：高一　教材：人教版　章节：第二章第一节　页码：第 30 页 □不是教学教材知识，请自定义
基础知识	听本微课之前需了解的知识：热力环流
教学类型	□讲授型　□展示型　□活动型　□解题型　□探究型　□答疑型 □实验型　□技能型　□自主学习型　□支持翻转型　□其他
适用对象	高一学生
设计思路	现象导入—复习原理—结合原理，分析现象形成过程—解释现象—迁移应用

续上表

微课教学过程					
过程	教学环节	内容	画面	教学时间	备注
1. 片头信息（5秒左右）	课程或课题名称、主讲教师姓名、专业技术职务、单位等信息	片头	第1张PPT	0～8秒	PPT
2. 正文讲授（3～6分钟）	微课教学导入	感受生活中的山风的应用——滑翔运动。问： 1. 此现象与何原理有关？ 2. 夜晚的风向会不同吗？	第2～3张PPT	9秒～1分28秒	插入视频于PPT
	复习原理	热力环流的形成过程 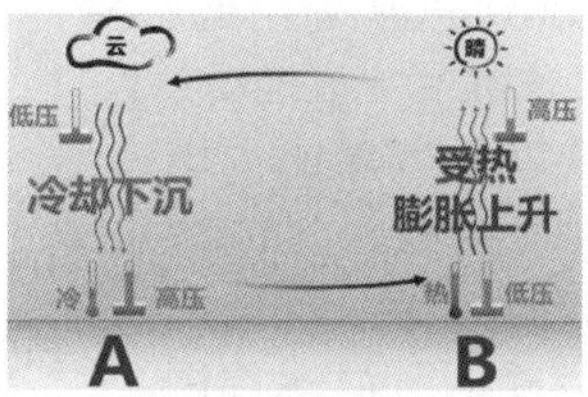	第4张PPT	1分29秒～2分45秒	
	谷风的形成	白天山坡升温快，大气上升，山谷升温慢，大气下沉，风由山谷吹向山坡 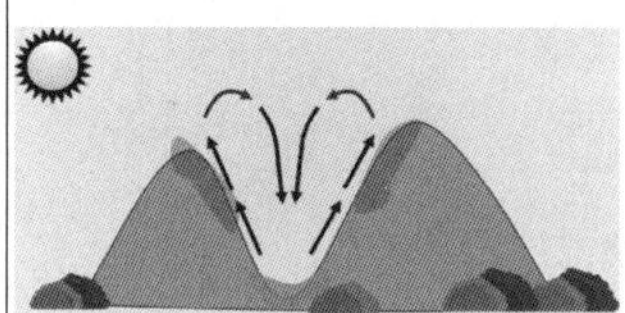	第5张PPT	2分46秒～3分31秒	
	山风的形成	夜晚山坡降温快，大气下沉，山谷降温慢，大气上升，风由山坡吹向山谷 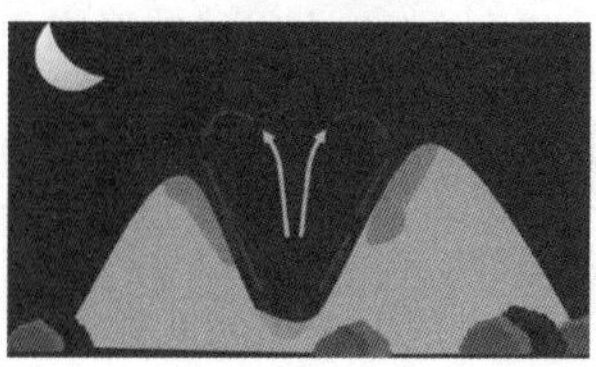	第6张PPT	3分32秒～4分46秒	

续上表

过程	教学环节	内容	画面	教学时间	备注
	迁移应用	《夜雨寄北》 唐·李商隐 君问归期未有期， 巴山夜雨涨秋池。 何当共剪西窗烛， 却话巴山夜雨时。 【思考】四川巴山为何多下夜雨？ 这与地形有什么关系呢？	第 7 张 PPT	4 分 47 秒～5 分 27 秒	
3. 效果检测（30～60 秒）	练习与思考	据实际调查，图中巴山地区的夜雨较多，主要原因是该地区 A. 夜晚的气温高于白天的气温，气流做上升运动 B. 夜晚的气温比周围地区的气温低，气流做下沉运动 C. 夜晚的气温比周围地区的气温高，气流做上升运动 D. 夜晚的气温比周围地区高，蒸发旺盛，空气中的水汽丰富	第 8 张 PPT	5 分 27 秒～6 分 27 秒	
4. 小结提升（10～30 秒）	小结与延伸	解释城市风现象		最后	

（2）微课程学习任务单（见表 5-10）。

表 5-10

知识点	山谷风的形成				
学生姓名		班级		学科教师	
微课简介： 本节课通过复习热力环流基本原理，解释生活中的山谷风现象，视频中有关于山谷风在生活中的应用——滑翔运动，需要你结合所学知识进行理解，最后迁移应用，解释“巴山夜雨”现象					

续上表

学习目标：

通过对大气热力环流——山谷风的基本原理的学习，利用其解释山谷风的形成原因与产生的地理影响

学习方法建议：

讲授型微课往往是针对学习的重点、难点而设计的，所以，微课所讲授的知识点一般也是高频考点。这告诉我们，在知识讲解的同时，不能忽视解题指导。教师应通过对同一类题目的归纳总结，提炼出答题规律，帮助学生形成解答同类题的基本思路，以不变应万变，从而提升解题能力。由于解题指导及时到位，学生在观看微视频时，牢固掌握了解题的基本方法，把握了答题的要领，在配套的“自我检测”中，每道难题均能迎刃而解，解题效率大大提高

练习：读“山谷风剖面示意图”，回答第 1~2 题。

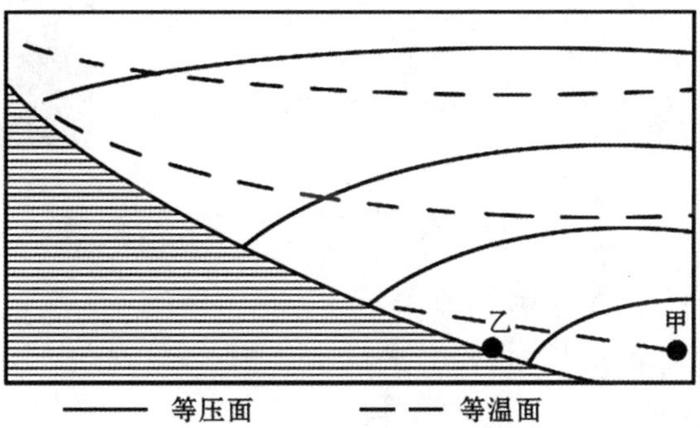

山谷风剖面示意图

1. 下列判断正确的是（　　）
   ①图示出现的时间是夜晚 ②图示出现的时间是白天 ③此时吹山风 ④此时吹谷风
   A. ①③　　B. ①④　　C. ②③　　D. ②④
2. 对于图中的气温、气压说法正确的是（　　）
   A. 图中的等压线的数值自下往上递增　　B. 图中的等温线的数值自上往下递减
   C. 甲地的气压较同一高度的乙地低　　D. 甲地的气压较同一高度的乙地高

学习反思：

（3）微课件制作（见图5-30）。

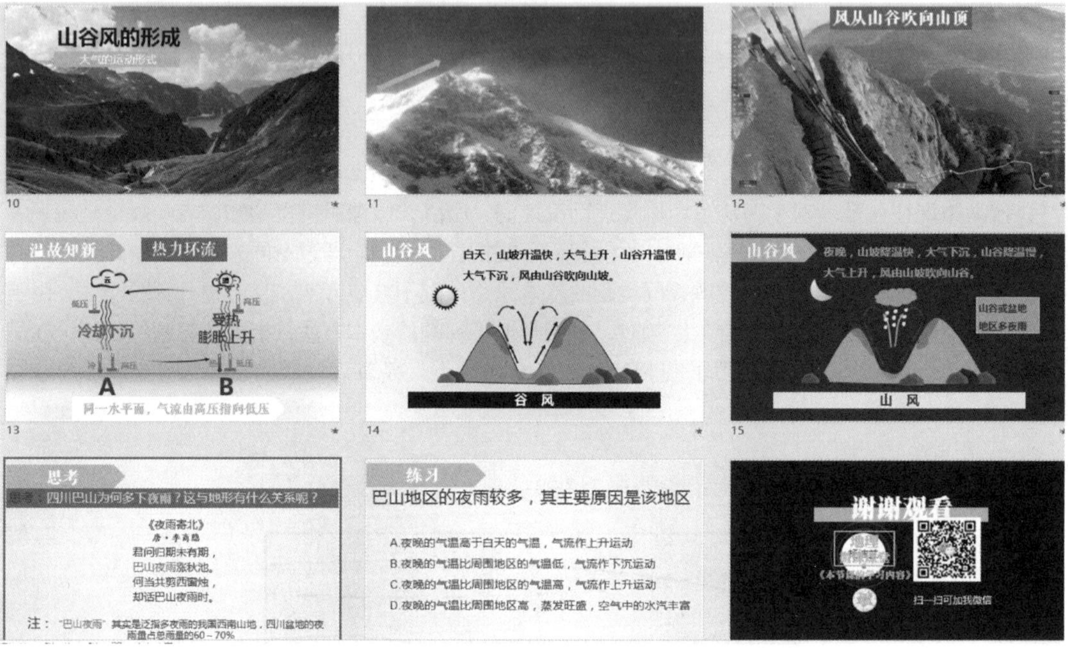

图5-30

3. 视频录制——以录屏式微课为例

（1）软件：Ocam录屏软件、课件。

（2）设备：电脑，录音麦（带话筒耳机）。

（3）环境要求：安静环境。

（4）流程：打开Ocam录屏软件、课件（全屏）—调试录音效果、录制画面—F2键开始录制—教师边讲解边操作—F2键结束录制—找出录制文件—编辑—输出。

4. 微课应用方式

地理的微课应用方式主要是根据教学目标以及学情进行安排，“山谷风”一节需要以“热力环流”的知识作为理解，逻辑性较强，适合安排在课堂中作为理解“热力环流”知识的应用，也可以用于对课堂知识理解不透彻的学生的课后自学和检测。当然，每一个知识点的难度、重要性以及在课堂中出现的层次不一样，具体的微课适用于什么环节，教师可以在“学习任务单”中进行说明和指导。

深度思考

1. 确立微课资源开发利用的原则和标准有何意义？

2. 如何统筹利用各种微课教学资源提高课堂教学有效性？

第六章　地理微课的教学应用

第一节　地理微课教学的基本要求

◎ 问题导入

地理微课教学对设备有哪些基本要求？地理微课对教学内容和教学设计有哪些基本要求？

开展地理微课教学并非只是制作出微课就行，还需要硬件支撑、软件配套交互以及达到微课自身的要求。微课内容要有正确的价值导向，符合地理学科性、自然科学规律，这样不仅便于传递基本的知识和技能，更有利于提升情感态度和价值观。当然，如果微课具备较好的互动性，则可以进一步提升微课的教学效果。本节将就地理微课教学的基本要求展开论述。

一、设备要求

（一）硬件的移动要求

微课的主体部分是微视频，相对于传统的课堂教学，微课教学要求学生能在课下进行移动学习。微课教学要满足移动教学的条件，因此为了充分利用学生的零碎时间来教学，学生最好有一个移动学习平台，比如手机或平板电脑。

（二）软件的交互要求

微课不能只是让学生通过观看微视频来学习，他们还必须主动参与并积极思考。在微课教学过程中，引发学生思考最好的办法就是互动。互动可以嵌入微视频中，也可以出现在微视频以外的交流平台上。前者实现的形式比较多，如学生在视频播放界面上，直接点击选择选项或输入相关文字，回答视频中的检测试题，视频能够进行交互式的反馈评价，若回答正确则进入微视频后续部分的学习，若回答错误，则可选择再次作答或者返回继续学习。交互过程示意如图 6–1 所示。后者可以通过多个互动交流平台来完成生生、师生之间的讨论。因此，移动设备里的软件要具备交互功能。

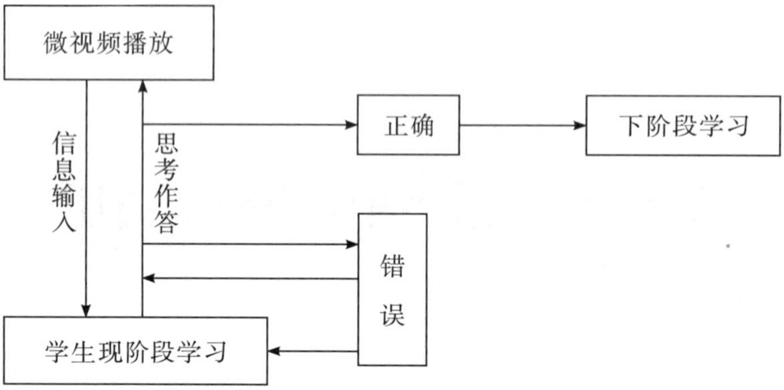

图6-1　微视频内的交互示意图

二、微课的内容和设计要求

（一）正确的价值导向

党的十八大强调坚持把“立德树人”作为教育的根本任务，新一轮课程改革也要求推动落实“立德树人”的根本任务。微课教学不仅要传授学科知识，还要培养学生正确的价值观、人生观和科学观，让学生成为一个有信念、有担当的公民。

下面以微课“环境对工业区位的影响”为例，其设计思路见表6-1。在传统教学中，大家普遍认为把化工厂布局在该城市河流下游和下风向是理所当然的事情，但该教师却巧妙地对此提出了疑问：“该工厂对其他城市环境是否会造成不利影响？”如果该工厂排污不达标，那么答案是肯定的。教师的质疑有利于学生发散思维，学会多角度思考问题，有利于培养有责任、有担当的社会主义合格公民。

表6-1　微课“环境对工业区位的影响”设计思路

教学环节	微课教学过程
合理性分析	展示学生所在城市的地图（图略），地图上标注某化工厂、某水泥厂的位置。 问：根据风向和河流流向，分析化工厂的位置分布是否合理。为什么？
提出疑问	给出包含该城市的省级行政区地图。 问：该工厂位于该城市河流下游和主导风向下游，对其他城市环境是否会造成不利影响？
综合决策	教师讲解：各个地区在利用环境资源上是公平的，发展也是平等的，一个区域的发展不能以损害其他地区的发展为代价。所以，正确的工业布局不能仅仅考虑其对本区域环境造成的影响，还要考虑对临近区域环境的影响。 问：那么，作为政府决策者的你将如何决策呢？
教师总结	教师总结：考虑环境对工业布局的影响，进行工业布局时，需要综合考虑三点：首先，任何工厂都要排污达标之后，才允许生产；其次，要尽量远离人群密集区和农田；最后，还要考虑工厂距离下一个人群密集区或农田的距离是否合适，确保环境能自净

（二）地理的学科性

地理微课的学科性质是微课质量高低的一个重要评判标准。地理微课的学科性体现在：微课内容应该符合地理课程标准；微课教学目标有利于提升学生地理学科的特有思维和分析方法；微课教学有利于培养学生的地理学科核心素养。

新一轮课程改革要求构建以地理核心素养为主导的地理课程。下面以微课“主要环境问题分类、成因及对策”为例，分析其对地理核心素养的落实情况。该微课的设计如表 6–2 所示。该微课以学生身边的环境问题为案例，并针对环境问题提出对策，这有利于培养学生的人地协调观。但是教师在进行对策指导的时候，建议“图中工厂直接关闭，图中工地完全停工、恢复植被”。教师考虑的因素是不全面的，因为从可持续发展角度出发，经济、生态、社会三者都要可持续才是真正的可持续发展。图中工厂的经济效益是很好的，如果责令其整改，使得排污能够达标，这样环境和经济可持续发展都得到了满足，因此，完全让工厂关闭是不负责任的。图中宿舍建设用地既然已经得到政府审批，那么政府一定是综合了其社会效益和环境效益才做出的规划结果，完全让其停工、恢复植被则是不合理的。因此，在应对该工厂和工地建设造成的环境问题时，应该综合考虑经济、环境、社会三要素后再提出对策。这就体现了地理的综合思维。

表 6–2　微课“主要环境问题分类、成因及对策”设计思路

微视频	教师讲解
播放某市两幅图片，请比较两种现象产生的原因  	左图反映的是大气污染现象，右图反映的是水土流失问题。前者属于环境污染问题，是由于人类排放废弃物的速度超过了环境的自净能力；后者属于生态破坏问题，是由于人类向环境索取物质超过了环境的再生速度
布置三个关于环境问题分类及原因的选择题，进行检测	
请针对以上问题产生的原因提出解决措施	针对第一种现象，应该关闭该工厂……；对于第二种现象，应该让该员工宿舍楼建设立即停止施工、恢复植被……
总结环境问题的类型、成因及对策	

（三）科学性

科学性对于教学的重要性不言而喻，对微课教学也一样。微课的内容大多是学科的重难点，要求在 5 ~ 8 分钟完成教学。任务重，时间紧，出错的可能性就加大了。因此，微课教学更应该严格审核教学内容的科学性，否则后果可能很严重。

一位刚入职的年轻教师，做了微课“沿地表做水平运动物体的偏移”，让笔者和一位历史老师提意见。表 6–3 是视频导入部分的设计思路，图 6–2 所示为视频截图。这位老师非常用心，导入的是自己在洗衣池里做的一个实验视频，这个视频与我们学生的日常生活联系非常紧密，瞬间引发了学生的思考。但是在洗衣池这么小的区域内，地转偏向力对水的流动的影响是非常小的，而其他因素可能影响更大，相信这位老师是实验了多次才拍到逆时针旋转的现象。但是将视频中的现象归结为地转偏向力的影响就不严谨、不科学了。那位历史老师看完后，深受“启发”，认为人蒙上眼睛后在操场上不自觉会向右偏离原有路线也是地转偏向力的影响结果；河流的一切凹凸岸的形成都是地转偏向力影响的结果。可见，不科学的微课极容易对学生造成误导。

表 6-3　微课“沿地表做水平运动物体的偏移”导入环节

微课视频	教师讲解
用自制的视频导入。 场地：教师的宿舍洗衣池。 视频内容：洗衣池中的洗衣粉泡沫呈逆时针向中心旋转流出	想知道水池中的水为何呈逆时针旋转吗？今天就让我们一起来探究这个问题

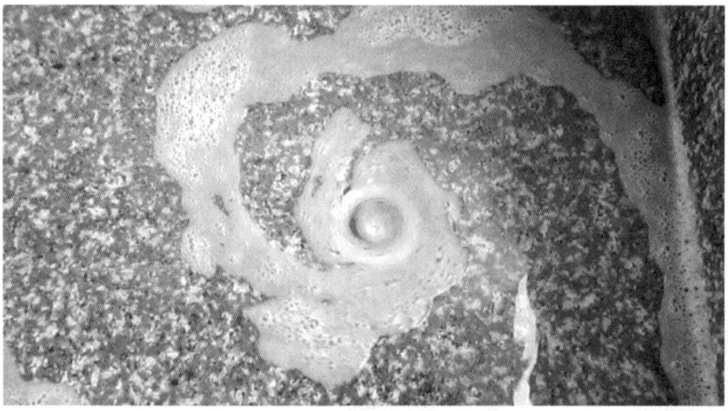

图6-2　洗衣池中水的流动

三、教学过程多互动

（一）互动型微课与一般微课的区别

互动，在社会学中的定义是人与人之间通过信息的传递而发生相互依赖的社会交往活动。[①]课堂教学也是一种社会交往活动，教师与学生、学生与学生之间都需要互动。互动型微课教学活动除了具有师生、生生互动外，还有人机互动和师师互动。互动型微课与一般微课的区别概括见表 6-4。

① 何彦彬，刘权．“互动性”微课的设计初探：以小学数学“认识轴对称图形”微课为例［J］．中国教育信息化，2016（4）：61-64.

表 6-4　互动型微课与一般微课的比较

对比项	一般微课	互动型微课
讲解方式	一位教师采用平铺直叙的方式讲解	一位教师使用引导性或者两位教师以互动对话的方式讲解知识
教学情境创设	不注重情境创设	注重情境创设，用以引发学生思考教师的问题，产生情感共鸣
视频特点	无互动设置	教师会提出问题，然后为学生“留白”，等待学生思考回答问题；视频内，嵌入互动式练习、超链接探究等互动方式
互动方式	视频内无互动。在课堂上可以通过线下方式进行互动	视频内有互动；视频外可以在线互动，也可以线下互动
互动对象	线下的人人互动	线上人机互动、师生互动、生生互动、师师互动和线下人人互动
教学效果	学生对视频缺乏兴趣，易犯困、走神，学习效率低下；学生缺乏思考，获得的是固定的结论性知识	学生完全沉浸在教学情境之中，积极思考，参与互动和分享，对知识的理解程度加深，更能举一反三，思维品质也得到提升

从表 6-4 中可以看出，互动式微课是在学生与教学内容之间（也可以说是人机之间）、生生之间、师师之间进行互动的一类微课。它具备一般微课的视频呈现功能，同时也拥有一般微课缺少的互动功能，它使学习变成了一个多向互动的过程。学习者不再是被动的信息输入者，而是信息的主动处理者和输出者。它不仅让学生获得了知识，更提升了学生的思维品质。

（二）微课互动现状

在广东省佛山市教育局举办的首届微课征集活动中，征集到了 1 700 多个微课作品，其中几乎没有互动类微课。①2014 年 3 月，教育部举办的第二届全国（高职高专）微课教学比赛，在收到的 3 790 个微课作品中只有 5 个作品互动较好，其余几乎没有互动。②可见，目前微课视频缺少互动，且互动主要还是通过课堂和线下互动来弥补。

（三）提高互动的方法

要提高微课的互动性，需要一些软件或平台做支撑。前面章节已经介绍了相关软件，故在此不再赘述。这里谈谈平台选择和互动的设计方法。

播放视频的时候，可以选用具有弹幕功能的媒体播放器，它可以让生生、师生能够即时交流互动；平台方面，可以借助微信群、微信公众号、论坛、QQ群等平台，实现多人互动；人机互动方面，可以在视频内设计交互式试题。

① 胡铁生．“微课”：区域教育信息资源发展的新趋势［J］．电化教育研究，2011（10）：61-65.

② 吴珍琳．第二届全国高校（高职高专）微课教学比赛会计类获奖作品分析［J］．轻工科技，2015（3）：143-144，163.

（四）互动型微课课例分析

微课：主要环境问题分类与成因

教材：人教版高中《地理》（必修2）第六章第一节

微课作者：深圳科学高中　艾志华

●教学目标：以富春江鲥鱼的绝迹故事创设情境，让学生探究并理解主要环境问题的分类与成因。

●教学设计分析：

1. 情境创设与导入

情境：1分钟视频介绍富春江鲥鱼。

视频介绍：视频主画面是鲥鱼、周边工厂排污图片、历史捕捞情境。

教师A提问：富春江野生鲥鱼绝迹的原因有哪些?

暂停提示：等待5秒钟，提示学生暂停视频，进行思考。思考后，再点击播放。

【分析】从学生身边的地理现象入手，采用视频的形式导入，能使学生迅速进入微课的学习之中。引导学生思考鲥鱼绝迹的原因，并适当暂停，给予学生思考时间。学生不再只是微课知识的接受者，还是微课学习的生成者。

2. 教师角色扮演——师师互动

两位教师饰演两条人工饲养的鲥鱼（一雄、一雌），并进行对话。

雌性鲥鱼：你知道吗？听说几十年前，我们家族在富春江是一个很大的家族呢！不知道为什么现在富春江都没我们的兄弟姐妹了呢?

雄性鲥鱼：这还不是因为这些年变化太大导致的。听说以前这里没有造纸厂的，富春江以前很清澈的。可是现在这么多造纸厂。

雌性鲥鱼：我也知道这个原因。还有就是人们捕捞也越来越频繁，一些还没长大的孩儿也被人们捕捞走了，导致后继无人啊。

雄性鲥鱼：哎！什么时候能再见到成群的兄弟姐妹啊?

【分析】教师没有采用平铺直叙的讲解方式，而是采用角色扮演，通过故事对话的方式讲述富春江鲥鱼绝迹的原因。视频中两位老师的互动，提高了视频的观赏性和趣味性，也让问题变得通俗易懂。

3. 随堂练习——人机互动

教师总结：可以看到，导致富春江野生鲥鱼绝迹的原因是工厂排污和过度捕捞。

随堂练习试题：下列环境问题都属于环境污染问题的是（　　）

A. 大气污染、水土流失　　B. 垃圾污染、森林资源减少

C. 粉尘污染、固体废弃物污染　　D. 生物多样性减少、土地荒漠化

【分析】在随堂检测环节，如果学生输入正确答案，会直接进入下一模块学习，若回答不正确，可以选择继续学习或者再次尝试，直到正确之后才能进入下一模块学习。这是学生与微课内容之间的互动。

4. 学生讨论——生生互动

教师讲解：请根据人类与环境的关系图（见图6-3），来分析工厂排污和过度捕捞对鲥鱼生存带来的影响。

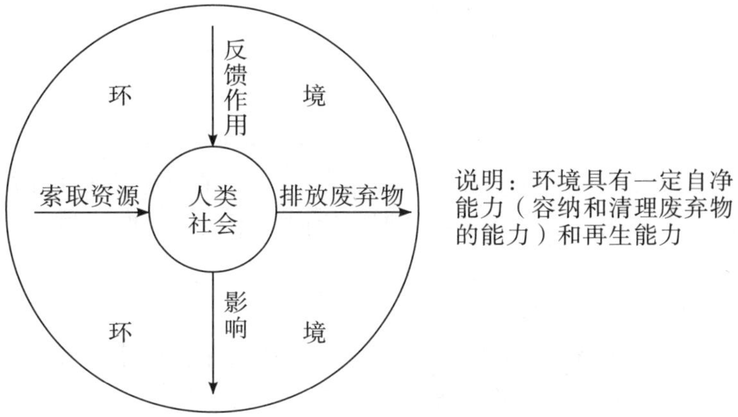

图6-3　人类与环境的关系图

要求：学生可以暂停播放视频，在学习小组微信群中交流该问题，并将答案发到班级微信公众号中。

教师讲解：工厂排污导致水环境质量下降，造成水污染问题；对鲥鱼的过度捕捞导致富春江生物多样性减少。前者属于环境污染，是因为人类排放废弃物超过了环境的自净能力而产生的；后者属于生态破坏问题，是因为人类向环境索取物质和能量超过了环境的再生速度而产生的问题。

【分析】微课视频内学习与线上即时互动相结合，使微课的学习摆脱了视频内学习的限制，提高了学生之间的互动。

5. 课堂检测——人机互动

将图6－4中反映的环境问题按照成因分成两大类，并且将其拖到左边表格的相应位置中。

图6-4　典型环境问题图示

表 6–5　环境问题成因

排放废弃物的数量大于环境的自净能力	索取资源的速度大于资源及替代品的再生速度

【分析】用拖拽的方式完成练习，既提高了学生与课程内容的互动性，也提高了学生学习微课内容的积极性。学生在学习微课内容时，不仅在于听和看，还取决于动手能力的强弱。

6. 分享与交流——生生互动

让学生到班级即时软件交流群或者论坛、微信公众号，分享自己的学习心得，将自己不理解的问题提出来，全班同学讨论。

【分析】将微课学习拓展到视频外，提高了学生与学生之间的互动。

7. 课后练习

设计一个地理微课。要求：教学设备要具备交互功能，教学内容和设计要具有正确的价值导向、地理的学科性和科学性，教学过程要多增设互动环节。

深度思考

1. 开展地理微课教学需要做哪些准备？
2. 开展地理微课教学还有哪些其他要求？

第二节　地理微课学习活动的组织

问题导入

目前地理微课学习活动存在哪些误区？如何根据学情选择合适的地理微课学习内容？如何组织地理微课学习活动才能使微课学习与课堂学习实现最佳组合效果？

一、地理微课学习活动的误区

微课学习现在已经成为很多学生的重要学习方式之一。然而，作为微课学习活动的组织者，教师对微课学习活动还存在一些误区。

（一）微课学习就是教师讲解视频

微课是教师将本应在课堂上面对面讲解给学生听的内容，在微课视频中进行讲解。学生在课堂上观看教师提前录制的微课视频，然后进行课堂讨论。

可是教师就在课堂上，为什么要让学生去看教师提前录制的视频呢？现场面对面交流肯定要比通过播放器交流来得更直接有效，而且在听教师讲解的过程中，学生会生成很多教学资源，这是最宝贵的。但是通过播放器交流，学生不能向播放器反映自己的思考，这就扼杀了学生的质疑精神。

（二）微课学习就是重难点学习

很多教师将重难点内容拆分成多个微课，让学生在课下学习。因此很多微课学习活动是这样的：课前，观看教师制作的微课视频，记录自己的疑问；课堂上，分组讨论微课中的问题，然后教师进行引导点拨。

可是，在理解重难点知识之前，必须学习一些基础的前置概念和原理。在课前，就让学生跳过前置概念和原理，直接学习重难点知识，这种学习是碎片化的，学生的知识体系是建立不起来的，学习效率也是很低下的。长此以往，学生不仅对微课学习失去兴趣，甚至对地理学科学习也失去热情。

（三）微课可以完全替代传统课堂

有些教师觉得有了微课，不论是知识教学、试题讲评还是地理实验课，都做成微课，在课堂上播放，课下在网上布置作业就好。可以将作业通过微课、其他网络平台或者软件布置，让学生在线上完成作业。教师可以通过网络平台或软件查看每位学生的答案，并可以轻松调阅全班同学每道题的正确率。这样既可以减少教师批改作业的工作量，也可以让教师及时准确地了解学生的学习情况。

在课堂上放微课替代教师讲解是不负责任的。面对面教学是绝对不可缺少的，这在前面已经说明。而在网上写作业，则会产生很多问题。比如，学生是否独立完成作业？学生是否复制了网上答案？是否是学生本人登录的账号？学生是否借助了计算器？学生的书写质量如何？以上问题，教师都不能保证。到真正考试的时候，学生只能现场在纸上作答，与网上作答的差异太大了，学生是不容易转变的。

二、地理微课学习内容的选择

（一）微课学习内容要体现学生的个体差异

学生的个体差异很大，有的学习基础偏弱，有的基础较好，不同区域的学生知识背景也有差异。因此，微课学习资源不能只是重难点的课程，也要有前置知识的复习和补充以及基础知识的夯实。地理学科与生活紧密相关，学生可以从生活现象的分析中加深对地理知识和原理的理解，也可以在生活实践中，加深对地理知识和原理的理解。但不同地区学生的认知和生活经验不同，故微课还要根据不同地区学生的认知和生活经验进行设计。比如，在讲农业区位选择时，可以某种农作物生产为案例，让学生总结农业区位因素。如果学生在河北，同学们对小麦最为了解，可以小麦为例；如果学生在湖南，同学们对水稻最为熟悉，则可以当地的水稻为例。

（二）微课学习内容能完成传统教学之不能

如果微课学习与传统教学相结合，各自发挥长处，那么学习效果一定是最好的。微课学习资源不能与传统教学重复，凡是传统教学效果更好的，就不要做成微课。微课应该是开发那些传统教学不能完成或者完成效果不好的课程资源。

可以将一些地理实验录制成视频，在课堂上播放。比如，要研究植被的水土保持功能，深圳科学高中的艾志华老师设计了以下模型（见图 6–5）。该实验要求做三次，每次首先都在斜坡上堆放相同厚度的土壤，然后在斜坡顶喷洒相同的水量，最后在坡底用容器收集流失的土壤。第一次是没有植被的时候，第二次是小麦苗长得还不茂盛的时候，第三次是小麦苗覆盖整个斜面的时候。该实验需要等待小麦发芽和成长，需要历时数日。因此，在课堂上很难将全过程演示出来，而如果用摄像机将全过程录制下来，进行剪辑，并配上教师的引导和讲解，就成了一个很好的微课。这个微课在课堂上播放，效果是很好的。但是也不是所有的实验都需要做成微课。如果实验过程在课堂上是可以完成的，非做成微课，效果反而不好。例如，为了说明地面是对流层大气的主要直接热源，深圳科学高中的艾志华老师设计了一个实验装置（见图 6–6）。按照该实验装置进行实验，完全可以在课堂上完成，这就不需要做成微课了。

图6–5　植被水土保持实验示意图

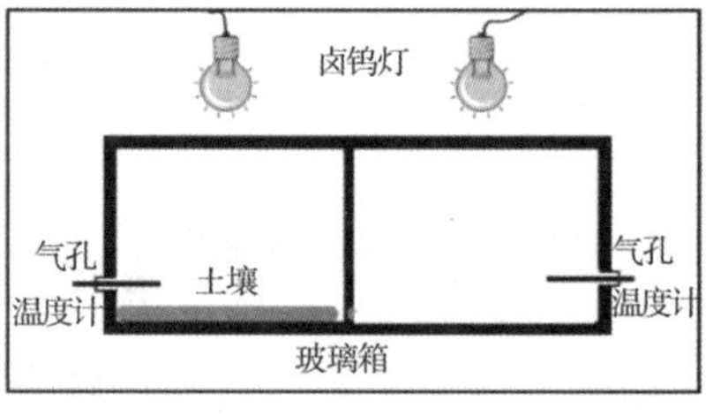

图6–6　对流层大气直接热源实验装置示意图

三、学习金字塔理论与混合式学习

学习金字塔（Cone of Learning）是由美国学者埃德加·戴尔于 1946 年率先提出的，它研究出了采用不同的学习方式，学习者在两周以后还能记住内容（平均学习保持率）的多少（见图 6–7）。具体来说，用耳朵听讲，知识保留 5%；用眼去阅读，知识保留 10%；视听结合，也就是充分利用图片、声音、动画等媒介获得知识，知识保留 20%；用示范或演示的办法，知识保留 30%；小组讨论法，知识保留 50%；实际演练、操作，在做中学，知识保留 75%；教别人或马上应用，知识保留 90%。①

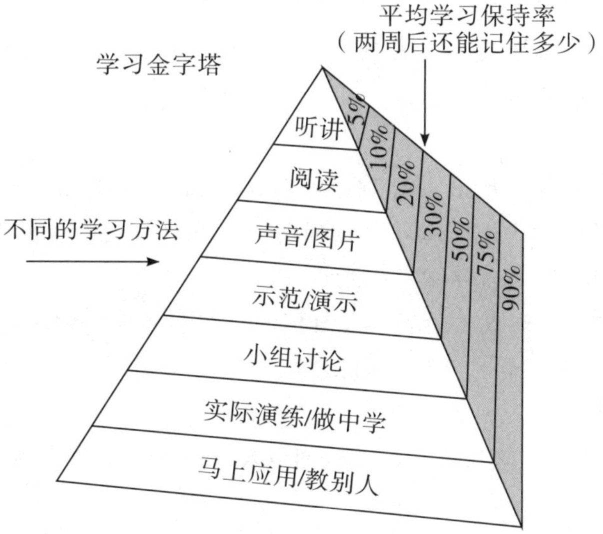

图6-7　学习金字塔理论图

传统的讲授式教学，学生以听为主，知识保留率低；微课采用丰富的图片、声音和动画等媒介传授知识，知识保留能达到 20%；示范、演示、小组讨论、实际演练的知识保留率要高得多。微课的线上互动虽然可以增加讨论、演示等环节，弥补了一些不足，但是所花费的时间长，肯定不如在课堂上讨论、演示和相互帮助的效果好。因此，应将微课视频学习与课堂学习进行融合，相互取长补短，才能使学生的学习效果达到最佳。这种方式，就是微课与课堂学习的混合式学习。

余胜泉教授认为：混合式学习过程由建构性学习环境设计、课堂教学、在线教学以及发展性教学评价四要素组成；混合式学习包括学习环境的混合、学习方式的混合、学习资源的混合、学习支持的配合、学习风格的混合、教师主导和学生主体的混合，新的技术、理念和方法在现代教与学过程中的混合等等。②由此看来，混合式学习包括了微课学习和课堂学习的学习环境的混合、学习资源的混合、学习风格的混合以及教师教学方式和学生学习方式的混合。

四、地理混合式学习活动的组织

下面以湖南教育出版社的初中《地理》（七年级上册）第四章第一节“天气与气候”这一节的新授课为例，介绍混合式学习活动的开展方法。该课由深圳明德实验学校王畅

① 张成尧．学习成效金字塔理论在中小学信息技术课堂中的应用与实践［J］．中国电化教育，2013（10）：125–127.

② 马晓燕．基于慕课、微课混合式教学模式及其资源的开发与应用［J］．宁波教育学院学报，2017（1）：11–13.

老师执教。这一节课重点是以天气为例，来介绍天气对人们生活的影响。

（一）课前：通过微课，学习前置知识——天气与气候的比较

整个微课都围绕不久前发生的台风“海鸥”案例展开（教学设计见表 6-6）。该微课的教学目标和主要学习环节如下。

【教学目标】

知识与技能：能说出“天气”和“气候”的区别，并能判断出天气和气候现象。

过程与方法：通过对台风“海鸥”期间的天气状况描述和深圳气候状况描述，总结出天气与气候的异同，提高合作探究的能力。

情感态度与价值观：形成善于观察大自然的意识和热爱科学的情感。

教学重难点：“天气”和“气候”的区别。

【主要学习环节】

（1）以台风“海鸥”路径图、卫星云图以及过境时的深圳市遭受影响的图片导入，创设课堂主情境。

（2）假设学生是气象预报员，应该从哪些方面预报天气？由此引出天气的要素。

（3）展示台风“海鸥”到达前后几天的天气变化数据，明确天气具有短时、多变的特点。

（4）我国哪些季节多台风，哪些季节少台风？引导学生关注气候。

（5）展示本校冬夏校服的差异，思考原因，从而引导学生思考气候的特点，得出气候是多年的平均状况，具有稳定性的结论。

表 6-6

教学设计	设计原因
图片导入：播放台风“海鸥”路径图、卫星云图，台风过境时深圳市图片。 教师解说：2014 年 9 月中旬，第 15 号台风“海鸥”登陆我国南部沿海，对我国海南省、广东省等地带来了巨大的影响。深圳在“海鸥”影响期间也经历了狂风、暴雨等极端天气，深圳中小学校因此停课	图片导入，能够集中学生的注意力，激发学习兴趣，为学生所要学习的内容创设情境
教师提问：在“海鸥”台风影响期间，为保证出行安全，大家都会关注天气预报。那么，如果你是天气预报员，你会从哪些方面来预报天气呢？台风也是一种天气现象，我们一般从气温高低、晴雨状况、风力大小、风向等角度来描述天气，那么以后，同学们就可以从这些方面向外地的亲朋好友描述深圳的天气情况了	引出天气的要素

续上表

<table>
<tr><th>教学设计</th><th>设计原因</th></tr>
<tr><td>

转承：知道了如何描述天气现象，接下来，我们再来看看天气现象有什么特点。我们还是以“海鸥”为例。你能从表中看出天气的特点吗？

台风“海鸥”影响前后深圳的天气情况

<table>
<tr><th>日期</th><th colspan="5">天气状况</th></tr>
<tr><td>9 月 14 日</td><td>33 ℃</td><td>26 ℃</td><td>多云</td><td>无持续风向</td><td>微风</td></tr>
<tr><td>9 月 15 日</td><td>32 ℃</td><td>25 ℃</td><td>阵雨转暴雨</td><td>东北风转东南风</td><td>4 级
6 级</td></tr>
<tr><td>9 月 16 日</td><td>30 ℃</td><td>25 ℃</td><td>中雨</td><td>无持续风向</td><td>微风</td></tr>
<tr><td>9 月 17 日</td><td>31 ℃</td><td>26 ℃</td><td>阵雨转多云</td><td>无持续风向</td><td>微风</td></tr>
<tr><td>9 月 18 日</td><td>33 ℃</td><td>27 ℃</td><td>多云</td><td>无持续风向</td><td>微风</td></tr>
</table>

教师解说：从表中可以看出每天的天气都在变化，这说明天气具有短时的、多变的特点

</td><td>用台风“海鸥”前后的天气变化，引导学生思考天气的短时性和多变性，也能引发学生主动去关注生活中的地理</td></tr>
<tr><td>

转承：深圳地处南部沿海，经常会受到台风的侵袭，那你知道台风主要发生在什么季节吗？深圳夏秋季节多台风，冬春季节少。这个现象则属于气候了。接下来，我们一起探讨气候的特点

</td><td>引出气候的特征</td></tr>
<tr><td>

图片展示：气候和我们的日常生活关系密切，接下来以我们的校服为例。这是我们去年冬季和夏季活动的照片，大家观察一下校服的区别。我们可以发现，冬夏季校服的厚薄程度是有明显差异的。这反映出深圳冬季气温偏低，夏季气温偏高。还有，我们夏季都喜欢用大伞，你知道为什么吗？因为夏季深圳雨量大，多大雨和暴雨。实际上，每年冬夏季的气候差异，基本相似。从以上情况，我们可以看出，气候是多年的平均状况，具有稳定性

</td><td>用跟学生日常生活息息相关的校服，引导学生思考气候的特征，也能引发学生关注生活中的地理的意识</td></tr>
<tr><td>

总结：天气与气候的异同

天气：某个地方距离地表较近的大气层在______时段内的具体状态，具有______性。

气候：一个地方______的天气平均状况，它具有相对的______性

<table>
<tr><th>比较</th><th>天气</th><th>气候</th></tr>
<tr><td>相同</td><td></td><td></td></tr>
<tr><td>区别</td><td></td><td></td></tr>
</table>

</td><td>帮助学生形成知识体系</td></tr>
<tr><td>

微习题：精选习题，强化巩固

</td><td>及时巩固</td></tr>
</table>

【分析评价】该微课创设的情境贴近学生生活，能引发学生的学习积极性。情境贯穿始终，教师注重引导学生思考，师生在微课中互动较好。内容是让学生明确天气与气候的差异，该知识点相对简单，但又是“天气与气候”这一节内容的基础知识，没有这个基础知识，课堂教学中的“天气对人们生活的影响”就无法开展。故将此内容安排在课堂教学前是很好的。

（二）课中：体验、分享、讨论

课堂教学中有以下环节：

（1）动画人物对话导入——创设情境。

以来到北京旅游的小新和来到深圳旅游的麦兜关于天气和穿衣方面的对话，导入课堂教学。

（2）复习微课内容。

让学生举出反映天气的谚语、诗句或歌词，以及诗句或歌词中描述的天气要素，从而复习天气与气候的区别以及天气的要素。

谚语举例：早穿皮袄午穿纱，围着火炉吃西瓜。诗句举例：忽如一夜春风来，千树万树梨花开；空山新雨后，天气晚来秋。歌词举例：今天天气好晴朗，处处好风光；阳光总在风雨后，请相信有彩虹。

【分析评价】对课前微课内容进行复习回顾，一方面检测微课学习效果，另一方面顺利将微课学习与课堂学习进行衔接。

（3）通过体验、分享，感受天气对生活的影响。

首先让学生通过观看教师近期与出游相关的微信朋友圈照片，再结合自己的生活体验，谈谈天气会对我们的生活产生的影响。

然后，展示北京未来三天和深圳未来五天的天气数据（见图6-8），并配上天气预报的背景音乐，让学生分别为麦兜和小新播报新闻，并嘱咐注意事项。

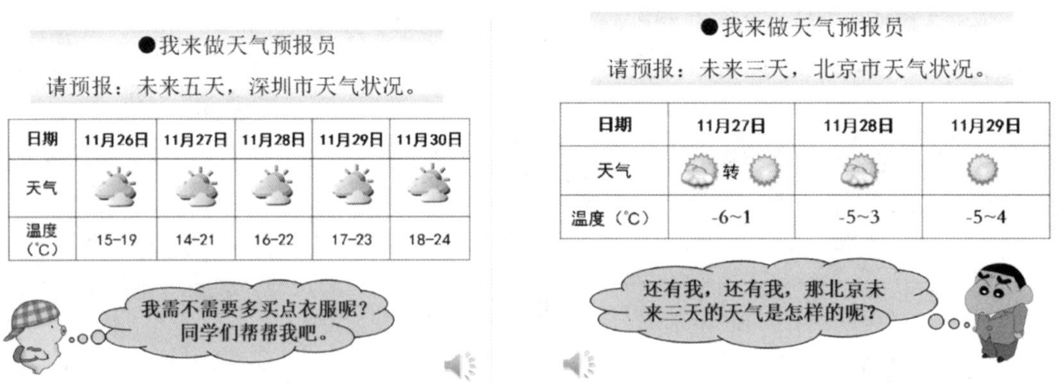

图6-8　天气预报体验活动课件截图

【分析评价】现场气氛浓烈，同学们相互鼓励，让分享的同学更积极，聆听的同学也受到感染，听得更认真。这些是微课线上学习所不能达到的，因此，此环节必须在现场进行学习。

（4）歌曲微课——情感渲染。

通过观看某网络歌曲视频思考：雾霾对人们的生活有哪些影响？

【分析评价】此微课内容需要前面所学的天气与气候的基础知识，因此不能在课前进行，且在课堂上学习后，同学们可以面对面讨论，效果也会更佳。

（5）合作讨论——深圳 PM2.5 的来源及影响。

让学生合作讨论深圳市“细小颗粒物”的产生原因及其影响，从而得出天气对空气质量的影响。课件截图如图 6-9 所示。

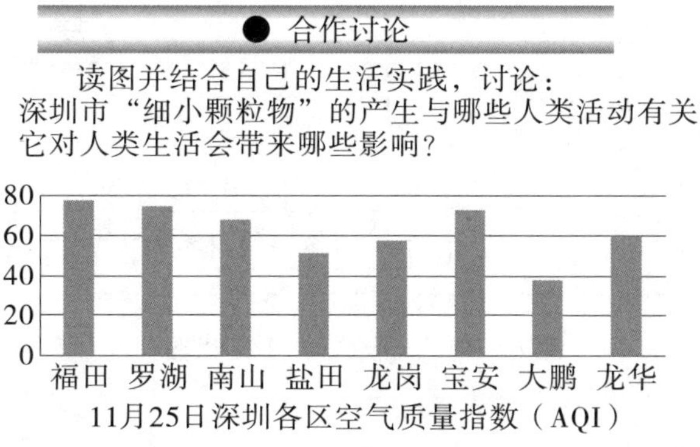

图6－9　课件截图

【分析评价】面对面进行合作讨论活动比在线上讨论效果更佳。

（三）课后作业

用某 APP软件平台布置选择题作业，纸质作业本布置综合题作业。

【分析评价】选择题在软件上做，方便老师迅速了解学生答题情况。但综合题的答题情况，线上比较难进行评价，因此应在线下完成。

（四）拓展与巩固：微课“气候对生活的影响”、微课“天气对我们生活的影响”

【分析评价】微课“气候对生活的影响”是为那些有较强学习能力和学习兴趣的同学准备的拓展学习；微课“天气对我们生活的影响”则是为那些还没能完全掌握课堂学习内容的同学进行补充强化。

综上，混合式学习就是将课堂学习与微课学习有机结合起来，发挥最大效果的学习过程。其组织过程如图 6-10 所示。

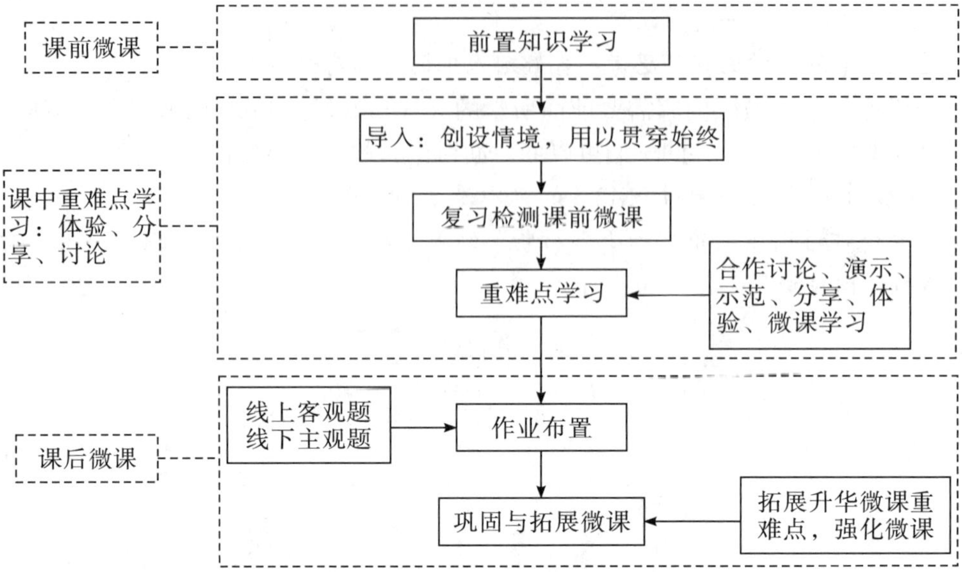

图6-10　混合式学习过程图

（五）课后练习

设计一份体现地理混合式学习的教学设计，并画出学习过程图。

◎ 深度思考

1. 本章地理混合式学习案例中的几个微课主要起到什么作用？
2. 如何规避微课应用误区并将微课作用最大化？

第七章　地理微课与移动学习平台

现有的微课移动学习平台，根据终端设备可分为电脑平台和手机平台，其中电脑平台的微课主要以网页形式传播，而手机平台上的微课则可以通过已有的即时通信软件如QQ、微信等进行传播。随着微课的不断发展，还陆续出现了很多专门的微课类 APP。

到底哪种移动学习平台更适合中学地理微课学习？我们从定义、微课制作类型及常见功能、可应用的教学环节、优缺点四个方面进行比较，具体见表 7–1。教学的基本环节包括备课、上课、课外作业的布置和批改、课外辅导、教学评价五个环节；而优缺点的评价标准则主要针对移动学习平台是否能够满足中学地理微课的用户需求，做到时效性强、覆盖性广、移动性好；内容是否具有多元性、系统性、思想性、互动性等特点；平台是否方便用户操作。

表 7–1　移动学习平台的分类与比较

移动学习平台	定义	微课类型及常见功能	可应用的教学环节	优缺点
网页微课	根据学科学段分门别类的在线微课网站，多以微课竞赛评比、在线学校网站为依托	拍摄式、幻灯片演示、录屏混合式； 网页属于最传统的移动学习平台，微课多以单纯的视频形式为主，部分以微视频 + 习题 + 课件的形式出现	因网页功能差异，其应用教学环节差异巨大，具有内嵌式习题的网页微课可实现智能交互，而大多数网页类微课应用于课外辅导	内容丰富、多元，可适应于多种不同的场景，尤其是 H5 的推广使其得到广泛应用； 有较高的使用门槛，注册、使用烦琐，收费情况较多
即时通信软件	借助即时通信技术实现在线交流的软件，集社交传播与教育功能为一体的新型学习途径	拍摄式、幻灯片演示、录屏混合式、交互式动画、可传播视频、图文等多种形式的微课，群组功能可供讨论，投票功能可用于练习测评	备课、上课、课外作业的布置和批改、课外辅导、教学评价五个环节皆可应用（具体可见本章节案例）	时效性强、覆盖性广、移动性好，具备一定交互功能； 自媒体质量良莠不齐；知识解读缺乏权威性

续上表

移动学习平台	定义	微课类型及常见功能	可应用的教学环节	优缺点
专门的微课 APP	在手机上就能够实现课堂功能的掌上学习软件	拍摄式、幻灯片演示、录屏混合式、交互式动画； 软件的功能差异巨大，有的软件只有单一视频形式课程，有的软件可以实现师生互动	因软件功能不同而不同，各个教学环节都会涉及	集成化、系统化、可跟踪性、互动性强； 普遍存在用户少而分散，微课资源贫乏的问题

下面将根据常见的移动学习平台，结合具体的地理微课教学案例，进行简要介绍。

第一节　地理微课与微信公众号

◎ 问题导入

如何利用微信公众号辅助地理教学？目前有哪些广受欢迎的地理微信公众号？其内容板块设置是怎样的？

一、微信公众号与地理微课的发展

微信是腾讯公司推出的一个为智能终端提供即时通信服务的免费应用程序。截至2021年5月，微信月活跃用户突破12亿。庞大的用户群体和方便的传播平台，为学习者提供了更多的学习选择和更加多样的交流渠道，也为实现移动学习提供了最具广泛性的工具。

（一）利用微信公众号辅助地理教学

对教育而言，微信就是一个综合的网络学习互动平台。微官网、微会员、微推送、微支付、微活动、微报名、微分享、微名片等，不仅提供了互动营销方式，也可以运用到教学教研之中，如推送微课视频等教学资源、报名线上线下教学教研活动、调研学习者需求等都可以通过微信平台实现。除了一对多的教学行为活动，学习者还可以跟平台管理者（教师）通过对话框进行一对一的疑难解答、问题探究。

总的来说，微信平台应用于中学地理微课教学之中有其必要性及重要性。

其必要性在于，随着时代的进步，微信、智能电子设备等已经大量走进我们的日常生活当中，地理教学应紧跟信息时代步伐，利用先进的技术更直观地呈现、传播知识。有人会说微信把孩子的注意力都吸引了，导致他们无心向学了；但如果把先进技术融入我们的教学，不仅能够提高学生的学习兴趣，也能充分调动教师的主动性，让科技推动教学进步。

其重要性在于，微信公众号可运用于地理微课教学的多个方面（如微课教学、教研探讨、班主任管理等）、多种对象（可以是教师自我表达、分享成果的平台，也可以是学生进行自主学习、互动交流的平台以及其他社会人继续深造的平台）、多个环节（如课前、课后、课中等）、多种媒介（如视频、文章、图片、投票、直播及网络作业本等），从而满足碎片化学习、自主性学习的需求。

（二）常用地理微信公众号介绍

1. 海宁中学地理组

该微信公众号成立于 2014 年，经过 5 年多的发展，截至 2019 年 8 月，其活跃粉丝数突破 6 000 人。几经改版，其内容不断丰富，目前已经开设了“试听苑”“课程库”“趣文汇”三大板块、10 多个子板块的内容（见表 7–2）。其中，“试听苑”板块为地理微课内容，形式多样、内容丰富，成为国内地理爱好者和地理教育从业者的主要订阅号。

表 7–2 “海宁中学地理组”公众号板块设置

层级	内容分类		
一级板块	试听苑	课程库	趣文汇
二级板块	歌曲地理	初高衔接	趣味地理
	诗话地理	时事地理	地理故事
	实验地理	地理概念	地理常识
	地理课堂	答疑解惑	行走天下
	短视频	考试相关	每周一图

2. 我们都爱地理

该公众号为广东省仲元中学创立的公众号，仲元中学除了设立微信公众号，还在百度百家、今日头条、一点资讯等成立了一系列的自媒体平台。该公众号内容除了地理知识，还有地理教育方面等文章。截至 2019 年 8 月，其活跃粉丝数量已经突破 20 000 人。板块设置有“微课堂”“分享会”和“看天下”三大板块，内容涵盖十分丰富（见表 7–3）。其中，“微课堂”板块内涵盖了丰富的地理微课资源。

表 7–3 “我们都爱地理”公众号板块设置

层级	内容分类		
一级板块	微课堂	分享会	看天下
二级板块	必修复习课件	秘籍	视野
	必修新课件集	宝典	行走
	区域地理课件	大学	趣闻
	二轮复习	鸡汤	轻松一刻
	初中地理	资源	关于老胡

3. 北斗地理

该微信公众号为谭木高考复习研究室编著的北斗地图的主要产品之一，主要为高中地理的学习提供帮助。内容除了付费的部分——地理微课视频外，还提供了丰富的免费地理微课资源，包括视频课程、高考复习、谭木课堂等地理微课集，提供了系统、全面的高中地理微课资源。

二、微信公众号在地理微课教学的实践运用

微信平台能够应用于中学地理教学的多个环节，实现以问题为中心、自主高效的翻转课堂教学。下面以湘教版《地理》（七年级上册）“海陆变迁”一课为例，简要介绍微信公众号在地理微课教中学的实践运用。

《义务教育地理课程标准（2011 年版）》列出“海陆变迁”一课的标准为：“举例说明地球表面海洋和陆地处在不断的运动和变化之中；知道板块构造学说的基本观点，说出世界著名山系及火山、地震分布与板块运动的关系。”

传统课堂一般先展示地表形态变化的案例，再介绍魏格纳的“大陆漂移假说”，其间用纸片模拟演示大陆漂移，最后再图示板块构造学说，让学生用板块构造学说的原理预测或解释地理现象，并说出火山、地震分布与板块运动的关系。一节课既要展示案例、阅读探究，还要模拟实验，时间非常紧凑，通常难以用一课时完成教学。此外，教材中火山、地震分别在“地表形态变化”“火山与地震”两段中出现，略显重复累赘，很多时候教师还会为了赶课时把原有的探究实验一带而过，学生缺乏动手实践的机会。

如果利用微信公众号进行翻转课堂教学，效率将会有所提升，学生的参与度也更强。本章节将从课前、课中、课后及评价与反思等几个环节进行简要介绍。

（一）课前：推送学习资源

首先，课前先在微信公众号推送如下两则材料。

材料 1：课前预习讨论

菊石（见图 7–1），是软体动物门头足纲的一个亚纲。菊石不是现生动物，而是已灭绝的海生无脊椎动物，生存于泥盆纪至白垩纪。它最早出现在古生代泥盆纪初期（距今约 4 亿年），繁盛于中生代（距今约 2.25 亿年），广泛分布于世界各地的三叠纪海洋

中，白垩纪末期（距今约 6 500 万年）绝迹。我国西藏的珠穆朗玛峰地区（见图 7-2）有大量的菊石化石，甚至随手可得。

图 7-1　菊石化石

图7-2　珠穆朗玛峰等高线图

让学生根据材料提出自己感兴趣的问题（据统计，大部分学生会提出"为什么高山上会有海洋生物的化石？"），并在微信群组里进行讨论。教师也可根据讨论情况掌握学情，适当调整教学策略。

材料 2：短视频《大洋中脊》（见图 7-3）

图7-3　《大洋中脊》视频截图

观看短视频让学生对大洋中脊有一定概念，以便理解板块构造学说。这样备课就不仅是教师的事情，学生也能在较短时间内通过微信平台开阔视野，探究问题，从而为正式上课做好准备。

（二）课中：核心问题讨论

课中，教师通过微课进行了预习，开门见山地导入沧海桑田的变化，学生有了一定认知基础，很快就进入到课堂之中，省去了案例介绍的时间。省下的时间能够带领学生跟随魏格纳的脚步，提出问题—做出假设（可通过如图 7-4 所示短片给予学生一定启发）—检验求证—得出结论，一步步探究“大陆漂移假说”。

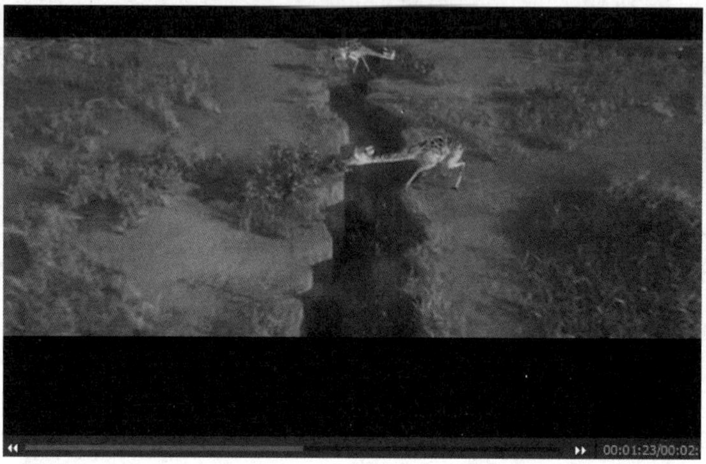

图7-4　《冰河世纪4：大陆漂移》先行短片截图

在检验求证阶段，还可通过微信投票系统实时统计哪种假设支持的同学更多，让课堂更加透明高效。如果没有时间进行纸片模拟实验，我们也可将此实验的步骤通过微信公众平台推送给学生，让学生在课后做实验。

魏格纳至死仍在寻找“大陆漂移假说”的证据，但他并没有解决大陆漂移的动力问题，因此后人循着他的脚步继续探寻。因为课前学生已有“大洋中脊”的概念，所以学生很容易根据图示理解海底扩张说及板块构造学说，最后能够利用板块构造学说解释课前所讨论的问题“沧海桑田的变化”以及火山地震的成因及分布。

“海陆变迁”一课的教学次序做出了适当的调整，整合各环节，形成一个大的探究性问题，利用微信平台进行翻转课堂教学，让学生充分利用课堂时间探究学习，知识不再是零散的、被动接受的，而是整体的、主动追寻的。

微信平台不仅能够用于备课、上课，还能用于课外作业的布置和批改、课外辅导及教学评价。在课程结束后，教师可在微信公众号推送以下两则材料并布置相关任务。

（三）课后：任务布置

材料 1：练习题

1. 能说明“沧海桑田”这种地表形态变化的地理现象是（　　）

   A. 台湾海峡海底分布着古代森林的遗迹

   B. 黄土高原沟壑纵横

   C. 我国南方地区分布着亚热带常绿阔叶林

   D. 新疆沙漠广布

2. “大陆漂移假说”提出的依据之一是（　　）

A. 火山、地震都分布在各个大陆的边缘

B. 非洲西海岸与南美洲东海岸的轮廓线几乎是吻合的

C. 生活在各个大陆的生物几乎相同或者相似

D. 据观测，红海、大西洋每年都在扩大

学生可以通过微信投票系统进行答题，教师可以快速了解学生对本节课的掌握情况。

材料2：魏格纳的故事

魏格纳是德国气象学家、地球物理学家、天文学家，大陆漂移说的创始人。1880年11月1日生于柏林，1930年11月在格陵兰考察冰原时遇难。1910年提出“大陆漂移说”，1912年得到证实。

1910年，病中偶然翻阅世界地图，产生了“大陆漂移假说”的想法。

1912年6月，在法兰克福地质协会上提出了“大陆漂移假说”理论。

1912年，参加科赫—格林贝格探险队，横穿格陵兰大冰盖。科赫是极地冰川初期的研究代表。探险历时半年。

1928年，计划与科赫再次进行格陵兰探险，但科赫于当年去世。

1929年，与约翰尼斯·乔治、佛里斯·罗伊、尔斯特·索尔格一起进行第三次格陵兰探险，建立考察站。

1930年4月1日，乘坐“旗鱼号”前往格陵兰岛，10月30日到达爱斯米特营地，运送物资。11月1日在营地度过50岁生日后返回基地，途中遇难。

在阅读材料后让学生通过微信公众号对话框（这种形式能够保证学生和老师交流的私密性）写下对魏格纳的故事的感悟以及学习本课后的收获，这样既体现了地理微课的思想性，又能够以微信作为平台，以微课作为工具对整个翻转课堂进行总体评价。

（四）“双微”教学的评价与反思

利用微信平台进行中学地理微课教学的网络自主学习方式可称为“双微”教学，那么“双微”教学有什么优缺点？需要如何改进才能持续促进中学地理微课教学的蓬勃发展呢？我们可从移动学习平台的时效性、覆盖性、移动性，及地理微课内容的多元性、系统性、思想性、互动性、科学性八个方面进行评价与反思，见表7–4。

表7–4　“双微”教学的评价

项目	评价维度	优点	缺点	改进方向
学习平台	时效性	微课资源传输便捷，不受时空限制	大部分微信公众号由教师个人管理，难免更新不及时，缺乏曝光效应	教师联合起来，建立分工明确的团队，以提高时效性

续上表

项目	评价维度	优点	缺点	改进方向
学习平台	覆盖性	操作方便，大部分学生、家长能熟练操作微信，覆盖面广；微信公众号的分组功能使消息精准推送	家长对移动终端不理解；学生不明白如何利用微信平台进行地理微课学习	多渠道引导家长、学生运用微信辅助教学
	移动性	智能手机的移动性强，方便碎片化学习	—	—
微课内容	多元性	有利于突破课堂教学难点，满足课外知识拓展，对地理教学起辅助作用	微课形式单一，多以视频形式出现，吸引力不足；部分微课内容脱离教材和学生生活，实用性差	丰富微课形式，调动学生的学习积极性；资源内容贴近教材、贴近生活
	系统性	部分微课平台设置了自定义菜单，一定程度上构建了地理知识框架	大部分微信平台缺乏系统性，零碎的知识点没有遵循知识网络，易打乱已构建的框架	构建中学地理微课教学结构，建立地理课程资源库
	思想性	部分公众平台在一定程度上宣传了可持续发展观念、爱国主义情感等地理思想	—	仍要在微信平台中继续渗透地理教育与地理学科的思想性
	互动性	微信平台能满足基本教学互动功能	部分微信平台反馈设置少，订阅者参与度不高，缺乏互动环节	建立评价反馈系统，与学生及时沟通
	科学性	大部分地理微课符合科学原理和规律，起到科普功能	少数地理微课尤其是涉及地图内容的，容易出现争议地图	加强内容审核，强化“政治安全”，保障内容科学

整体而言，“双微”教学仍有较大的发展空间。如果我们能够加以改进，一定能够促进中学地理微课教学的发展，满足现代社会碎片化学习、自主性学习的需求。

三、中学地理微信公众号基本操作

微信公众平台是腾讯公司在微信的基础上新增的功能模块，通过这一平台，个人和企业都可以打造一个微信公众号，并实现和特定群体的文字、图片、语音的全方位沟通、互动。同时，微信公众号可以与微信聊天等功能互为补充，用于中学地理微课教学。下面笔者将从微信公众号的注册设置、编辑排版、内容选择三大方面与读者分享中学地理微信公众号的基本操作。

（一）注册与基本设置

要利用微信公众号作为移动学习平台用于中学地理微课教学，我们首先要注册一个公众号，并了解公众号的各种功能，进行基本设置，如图 7–5 所示。

1. 注册微信公众号

图7–5　微信公众平台官网

登录微信公众平台官网，点击右上角“立即注册”，选择注册的账号类型。微信公众平台一共有四种账号类型，各种类型的简介如图 7–6 所示。对一线地理教师来说，订阅号已能够满足日常地理微课教学的需求。随后，按照网页提示填写信息即可完成注册。

图7–6　微信公众平台账号类型

微信公众平台的页面布局十分简洁，笔者将其分为两大部分，分别是左侧的菜单栏及右侧的编辑栏，我们可以在左侧菜单栏中看到首页、功能、小程序、管理、推广、统计、设置、开发八个子菜单。其中推广和开发面向的是商人及开发人员，要求较高的技术门槛，可在有技术支撑和兴趣学习的情况下探索、开发。

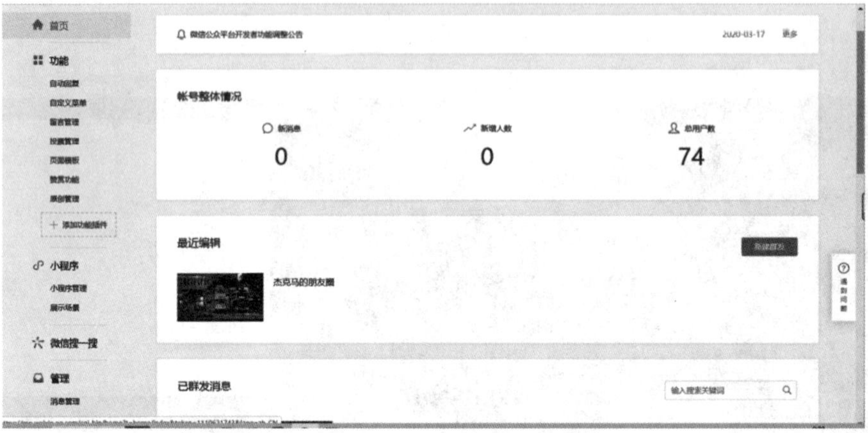

图7–7　微信公众号后台界面

在正式推送微课之前，还要为公众号完成一些基本设置，以便让用户能够了解该公众号。

2. 公众号名称简介等内容的设置

点击子菜单“设置”—“公众号设置”即可在编辑栏中看到公众号的基本信息，如头像、二维码、名称、微信号、介绍等，这些都是可以在一定时间段内进行修改的。为了让公众号顺利运营，更好地服务师生，建议一开始就为公众号做好定位，如该公众号的开设目的、目标人群、推送频次、内容分类等，这样不仅方便吸引有需要的人关注，还能为日后研究积累庞大的资源库。

3. 设置关键词回复、首次关注回复

上文中我们提到微信公众号有对话框功能，公众号用户和管理者之间可以通过该对话框进行交流，这种交流是私下的、非面对面的，比较羞涩的学生可通过这种方式向老师提问（见图 7–8）。

图7–8　公众号运营者的操作页面

公众号运营者可以在该页面回复订阅者的问题，但要注意消息只能保存 5 天，所以要及时回复。对于一些订阅者比较多的公众号，回复信息无疑也是对运营者的一大挑战，这时就可以使用关键词回复功能（见图 7- 9 ）。

图7-9　公众号自动回复设置

在“功能”子菜单中选择“自动回复”，点击“关键词自动回复”，即可添加相应的关键词自动回复信息。微信公众平台认证与非认证用户的关键词自动回复设置规则上限为 200 条规则（每条规则名，最多可设置 60 个汉字），每条规则内最多设置 10 条关键词（每条关键字，最多可设置 30 个汉字）、5 条回复（每条回复，最多可设置 300 个汉字）。订阅用户发送的信息中含有设置的关键词，则系统会自动回复，如很多学生对地球的自转不理解，我们可以设置关键词“地球”“自转”“地球运动”等，将地球自转的介绍设置为回复内容，那样当学生在输入框内输入相关关键词时，系统就会自动给他们相应的解答。

与关键词自动回复有异曲同工之妙的还有“首次关注回复”，这在公众平台中叫作“被添加自动回复”，它与关键词自动回复就在同一栏，通过在微信公众平台—功能—被添加自动回复，可设置文字、语音、图片、视频为被添加自动回复内容。在微信公众平台设置被添加自动回复后，用户在关注该公众号时，会收到系统自动发送的内容。一个中学地理微课公众号的首次关注回复，除日常问好以外还可以添加教师寄语、微信平台的微课学习指南等内容，以便学生能够快速有效地利用公众号自主学习（见图 7–10）。

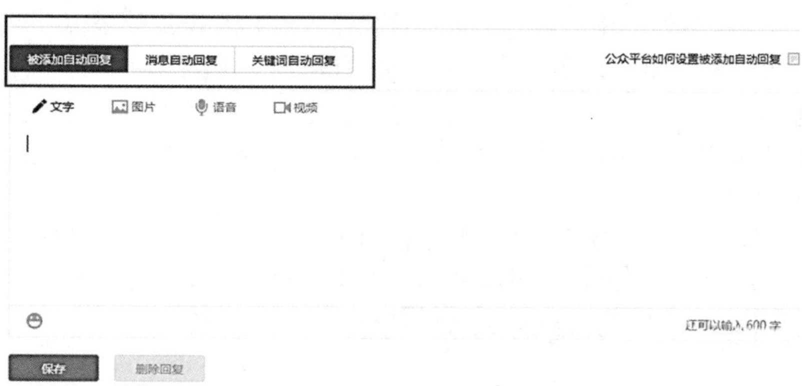

图7–10　公众号首次关注自动回复设置

4. 设置自定义菜单栏

在功能子菜单中还有一个选项叫作“自定义菜单”，在公众号文章并不多的时候可以不设置，但随着公众号内容的不断丰富，就很有设置的必要（见图 7–11）。地理学科的系统性要求微课的呈现是系统的而非零散的，这样才有助于学生构建完整的学科知识体系，而自定义菜单恰好有助于地理微课的系统呈现。

中学地理微课公众号自定义菜单可按照教材编排设置，如七年级地理、八年级地理；也可按照课程板块分为自然地理、人文地理、区域地理；还可以按照素材载体分为时事地理、歌曲地理、诗词地理等；还有的按照教学活动侧重点划分为实验、习题、阅读、讨论等部分。公众号运营者应根据教学的需要以及学情状况进行选择。

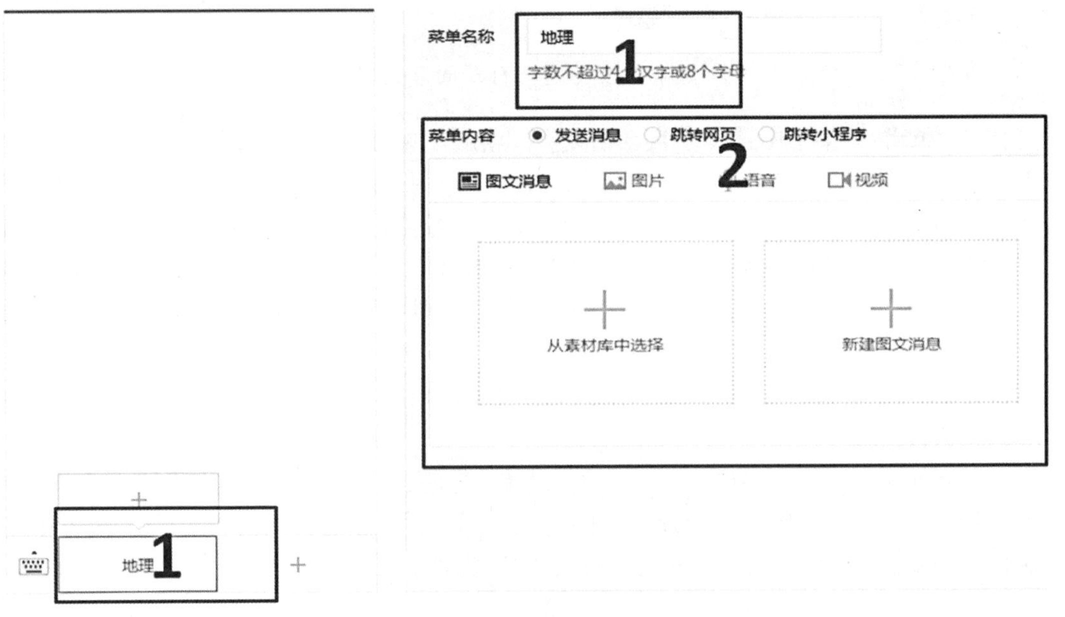

图7–11 自定义菜单设置界面

在确定好自定义菜单分类之后，我们只需在设置界面的右上角（见图 7–11 图示“1”）处输入菜单名称，在左侧的手机预览栏就能看到其设置效果（见图 7–11 图示“1”），然后再在右下角（图示“2”）处添加菜单的下属内容即可。

5. 群发消息

微信公众号最基本的内容就是群发消息，将微课素材及时传递给学生。群发消息的功能就在公众平台的首页。

点击“新建群发”之后还有一个选择页面（见图 7–12），可以选择群发的内容（图文消息、纯文字、图片、语音、视频等），还可选择群发对象的组别、性别及所在地区。选择群发对象组别这一功能可帮助教师进行分组、分层教学。

图7-12　新建群发

随后，进入图文内容编辑界面，可以在其中插入视频、音频、投票和小程序（见图7-13）。利用投票功能可设置课堂或课后选择题练习，以提高教师作业批阅效率，及时掌握学情。

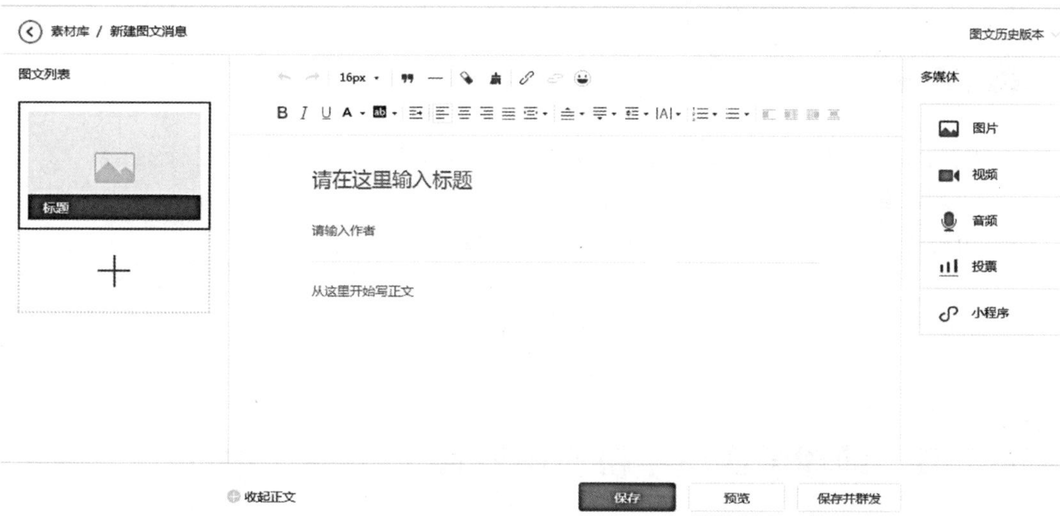

图7-13　图文编辑页面

好的微课除了内容得当以外，还要赏心悦目，在进行图文编辑时不妨尝试以下方法。

（1）文字内容较多的图文：可以 2～4 行作为一段，层次分明。

（2）文字内容较少的图文：可以到一个标点为一行，并且居中，简洁清晰。

（3）字体舒适度：微软雅黑优于宋体。

（4）字体大小：15 号字最佳。

（5）阅读舒适性：中灰比黑色适合阅读。

（6）行距舒适性：大段性文字，行间距 1.75 倍；内容较少尤其是居中性的文字，行间距 2.0 倍。

当然每个人的审美标准不同，可以根据自己的习惯进行编辑，编辑完成后可发送到手机预览，只要页面整洁美观即可。如果想要在视觉上更为丰富、吸引眼球，则可利用相关网站或素材库，比如官方搜索微信公众平台内容辅助工具。

6. 公众号统计功能

微信公众平台还有统计功能，比如用户、浏览量等都能统计，以便管理者掌握运营状况并及时做出调整。例如，我们发现学生更喜欢某一类型的微课，则可适当增加该类微课的推送。

（二）经营原则：内容为王

华南师范大学胡小勇教授曾提出，一节好的微课要发挥它强大的威力，必须建立在好的教学设计基础之上。同样，一个微课移动学习平台要发挥其作用，也必须要有好的内容。

随着微信教学的发展，已出现一批优秀的地理微信公众号，如地理知识精选、中国国家地理、谭老师地理工作室、我们都爱地理、海宁中学地理组……每个公众号的风格各不相同，但受欢迎的公众号都有一个共同特征，那就是内容丰富、时效性高、互动性强。可以多看看受欢迎的中学地理教学公众号，加以学习，取人之长，补己之短。

◎ 深度思考

1. 微信公众号在地理微课中的运用最终会以何种方式走向专业化运营？
2. 地理微信公众号的内容创新基础是什么？
3. 为什么说“双微”教学符合未来的学习方式？

第二节　地理微课与手机应用软件（APP）设计

◎ 问题导入

地理微课类的手机应用软件有哪些？如何制作一个简易的地理微课 APP？目前是否还有必要进行地理微课 APP 的开发和推广？

一、地理微课 APP 的开发

随着移动互联网的发展，手机应用软件的开发如火如荼地进行着。绝大多数地理教师都属于非专业的 APP开发人员，于是开发较为综合性的 APP显得困难重重。但随着 APP开发的需求越发旺盛，出现了众多的简易 APP开发平台，如开心 APP、苹果公司的

FileMaker、AppPark等，因此开发一个属于自己的地理微课APP其实已经不那么困难。本章节将以开心APP为开发平台，说明简易地理微课APP的开发流程。但在开发之前，需要明确以下基本流程，也需要思考APP推广的价值所在。

（一）APP开发基本流程

1. 了解用户需求

用户要明确APP使用的对象，是学生、学生家长还是教师。如果是学生，是初中生还是高中生？明确初高中学生的使用习惯（如一般都仅在周末或晚上使用）、使用频率（相对寒暑假，平时使用较少）等，思考开发一个APP所需要配合的方向、内容、风格，以及需要开发的功能。

2. 产品规格设计

在分析用户需求后，需要对产品进行定位，主要需要考虑所开发的APP适用的平台，是安卓还是iOS。对手机或平板内存的要求是怎样的？内容是收费还是免费的？使用的编程语言是什么？地理微课视频资源放在自建的服务器中还是第三方的云平台上？

3. 产品视觉设计

手机APP的视觉设计在很大程度上能够影响产品在推广初期的使用率。对于地理微课的设计，尽可能采用一些富含地理元素的符号作为APP图标或页面。

4. 产品内容构架

对于APP内容的选择，需要进行系统化的整理。如资源的类别分为视频、习题、阅读素材等；也可以按照学段划分为初中或高中；更细化一些，把知识点作为划分内容的依据，以便满足用户的精准需求。

5. 测试

主要是在离线环境中，对APP进行小范围的可靠性、安全性、流畅性等方面的测试，以便为正式上线做最后的调试准备工作。

6. 上线

一般是通过签署协议，加入各应用商店（如APP Store、华为应用商城、小米应用商店等），获得APP下载的主要渠道。如果是安卓APP，也可以通过自媒体平台（如微信公众号、今日头条号等）进行推广。

（二）搭建一个简易的地理微课APP

开心APP是一个在线WebApp打包工具网站，通过网站可以在线生成APP，并且可以对现有的网站或者代码进行打包。它可免费制作APP，并且操作非常简单，没有编程基础的地理教师也可以在指导下轻松完成，整个创建和打包引导简单友好。这里提供开心APP平台在线打包APP视频教程，扫码（见图7-14）即可观看。

图7-14　开心APP平台在线打包APP视频教程

1. 设置基本信息

注册并登录开心 APP（kxapp.com）后，设置好 APP的基本信息，包括应用名称（地理微课）、应用说明（提供丰富的地理微课资源）、应用 ID、版本号及打包版本号等，在套餐选择中，选择初级套餐进行体验即可（见图 7-15）。

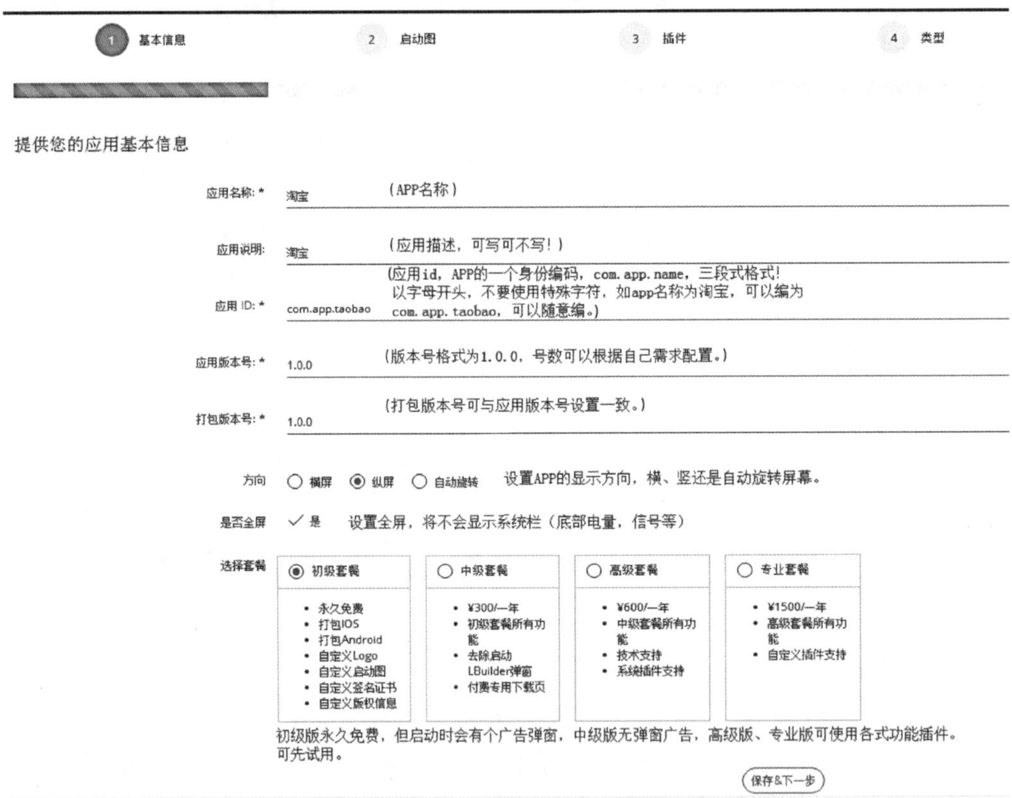

图7-15　开心APP制作基本设置

2. 启动图与图标

设置图片和启动图，按照图示的格式（png）和要求设置好，保存进入下一步。此处我们选择具有地理特色的图片作为图标和启动图（见图 7-16）。

图7–16　开心APP制作图标和启动图设置

3. 配置功能插件

根据需求，选择功能插件配置。需要注意的是，这里的插件都需要付费才能使用，在地理微课的应用中，较为实用的是网页缩放功能、第三方平台分享等，此处我们只做简单示范，暂不进行插件的配置说明（见图 7–17）。

图7–17　开心APP制作插件一览

4. 配置网址或代码

可以选择打包网址或者 H5 代码。

（1）打包网址配置。

将微课上传的网址复制粘贴进去，即可实现集中化管理。如没有掌握编程技术，也可以事先将微课上传至各类视频网站（如腾讯视频、优酷视频等），将视频列表页的网址作为打包网址。此处我们以某视频平台中的地理微课作为打包的网址（见图 7–18）。

图7–18 开心APP制作打包类型与网址选择

（2）打包代码配置。

开心 APP平台可以直接打包 html静态页面代码，如果没有搭建域名，只有代码也可以很方便地打包成 APP。因代码编写涉及的编程技术较多，此处不做过多介绍。

5. 证书设置

（1）安卓证书设置：可以自己申请安卓证书上传，或者直接使用开心 APP平台的默认证书，此处我们选择“在线生成 Android证书”（见图 7–19）。

图7–19 开心APP制作证书选择

进入在线制作安卓开发者证书页面，对别名和密码及组织名称进行简要设置后，即可生成证书（见图 7–20）。

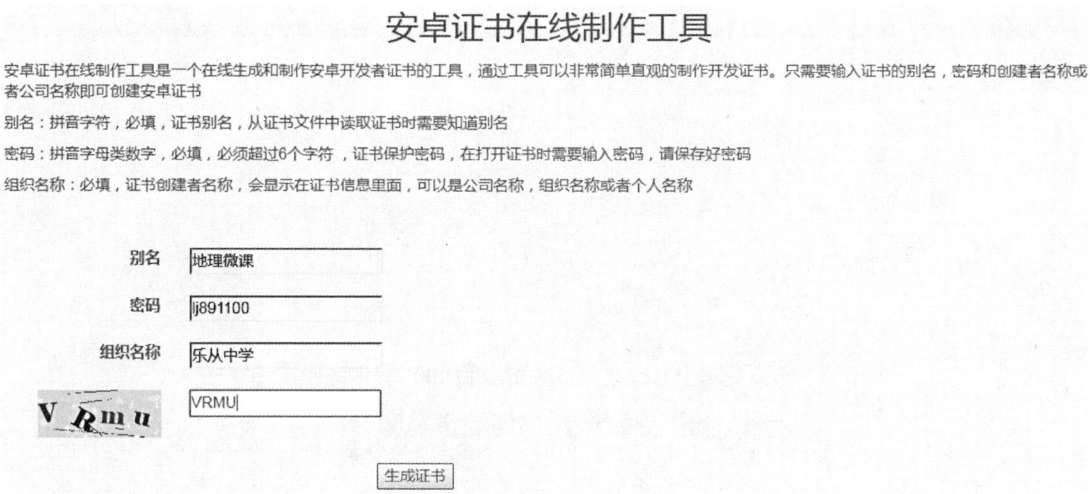

图7–20 开心APP安卓证书在线制作

随后，返回证书设置页面，将生产的证书点选上传，并设置好密码和别名即可。

（2）iOS证书设置：对于非越狱的苹果手机，需要上传 iOS证书，而该证书申请比较复杂，需要苹果开发者账号才能申请。申请 iOS证书上传打包及上架的详细教程请扫描二维码（见图 7–21）自行观看。

图7–21 iOS app真机测试到上架App Store详细教程

对于已越狱的苹果手机，可直接使用开心 APP平台系统证书打包苹果 APP，操作类同安卓证书的申请与设置，此处不再重复介绍。

6. 一键生成 APP

可选择生成安卓或者苹果 APP，这里我们点选安卓 APP，等待几分钟后即可生成（见图 7–22）。

图 7-22　安卓APP打包制作生成提示

点选“下载”后，即可进入 APP下载页面，也可扫描二维码（见图 7-23）下载安装包。

图7-23　APP生成的二维码及下载链接

在手机上完成安装后即可看到如图 7-24 所示 APP。

图 7-24　安装后的地理微课APP图标

图 7-25　进入地理微课APP后的界面

通过以上步骤，即完成了一个简易地理微课 APP的制作。打开 APP后，便可以进入上图界面（见图 7–25）。

二、常见地理微课 APP

2015 年政府工作报告首次提出"互联网 +"，将移动互联网的应用推向了一个高潮，到 2019 年政府工作报告首次提出"互联网 +教育"，肯定并明确了教育改革的新方向。在此过程中，涌现出一批优质的地理微课 APP，它们的出现不仅贡献了丰富的教学资源，还为探索教育改革之路和教育信息化的发展做出了有效的尝试。下面将简要介绍几款专注于地理微课的 APP。

（一）考 A啦

2016 年，隶属于中国地图出版集团旗下的北京创图未来科技有限公司，针对高中生地理学习的产品开发了该 APP，其目标是要做一个中学地理学科教育平台。以高中地理学科考点为蓝本，将高中地理的知识体系拆分为100多个知识点，每个知识点制作一条短视频，并附有配套模拟练习题和高考真题，是优质的高中地理移动学习平台。

以“区域农业与区域可持续发展”（请扫描如图7-26所示二维码）为例，这一节内容围绕着东北农业发展的“现状—问题—解决措施”展开。其中，农业的可持续发展措施是教学的重点和难点。作为区域可持续发展的案例探究，系统而丰富的素材组织是探究的基础，这时微课可以部分代替书本教材的功能，教师可以让学生在课前自己观看和学习“考A啦”这一微视频。在课堂讲解之时，教师借助这一微视频，让学生将视频中的知识点和课本上的知识点以思维导图的形式展示出来，和学生一起进行探究，阐明其形成过程。接着，课堂上可以将视野转到其他区域的农业发展问题，经过师生讨论，建构一般的农业可持续发展的思考方向。最后，让学生完成“考A啦”中对应的习题，以巩固所学知识。这样就做到了“课前有预习，课中有探究，课后有练习”，能有效促进学生的地理学习。目前，该APP正在调整中，部分微课资源也可以通过其官网获取。

图7-26　“考A啦”的“区域农业与区域可持续发展”微课

（二）HI地理

2015年年底，海宁中学地理组研发的“HI地理”手机APP上线，集合其丰富的原创优质教学资源，设有地理歌曲、实验地理、诗话地理、时事地理等栏目，将本校地理教师的众多地理微课集中于该APP，为校本地理微课APP的建设提供了很好的借鉴。

以微课“大气垂直分层——隐形的翅膀版”（请扫描如图7-27所示二维码）为例，歌词中紧紧围绕大气垂直分层的各层特点展开，配以相应的图片和动画，将大气受热过程及其原因进行重点讲解，以此突破重难点，起到了很好的知识承载与突破难点作用。而这一类“歌曲地理”微课，都是通过组织通俗易懂的歌曲、蕴含核心知识的图片和动画演示，让学生可以在优美的旋律中欣赏地理学科带来的别样美感；同时，通过传唱这样的歌曲，掌握地理学科的核心知识，为学生识记和理解地理原理提供了一个特别的借鉴方式。目前，该APP因维护成本过高、APP开发平台出问题等原因，并没有在各大应用商城上线。

图7-27　“HI地理”内的“大气垂直分层——隐形的翅膀版”微课

（三）中考/高考地理通

该地理微课APP为广州墨云信息有限公司开发的系列APP之一，各大应用商城都可下载。其内容包含中、高考地理科目下的所有知识点详解，具体的有地球与地图、自然地理、人文地理、区域地理、区域可持续发展等几大模块专题。习题涵盖了中高考地理科目的专题练习，每一道题目都有详细的讲解分析。另外，也有众多关于解题技巧、专题精讲、课外阅读、学习方法等的文章。同时，通过注册和登录，可以在练习后，实现错题自动分析和收藏等功能（见图 7-28）。整体而言，这是一个学科集成式的应用软件。

图 7-28　中考地理通界面

◎ 深度思考

1. 自行动手制作一个简易的地理微课 APP。
2. 下载本章节提到的 APP，深入体验学习，思考这些产品还有哪些可以改进的地方。
3. 面对移动互联网的进一步发展和即将来临的 5G 时代，设想未来的微课类手机 APP 会如何发展。

第三节　其他地理微课学习平台

问题导入

地理微课类优质网站有哪些？地理微课类的微信小程序发展情况如何？什么是局域网微录播系统？

一、微课网站

（一）中国微课网

在教育部教育管理信息中心的指导下，中国教育发展战略学会教育管理信息化专业委员会和北大未名集团共同成立的中国微课网（www.cnweike.cn）于2012年组织了全国“首届中小学微课大赛”并发布了全国首个微课评审标准，此后每两年举办一次全国范围的微课比赛，收集并整理了大量的优质微课资源（见图7–29）。

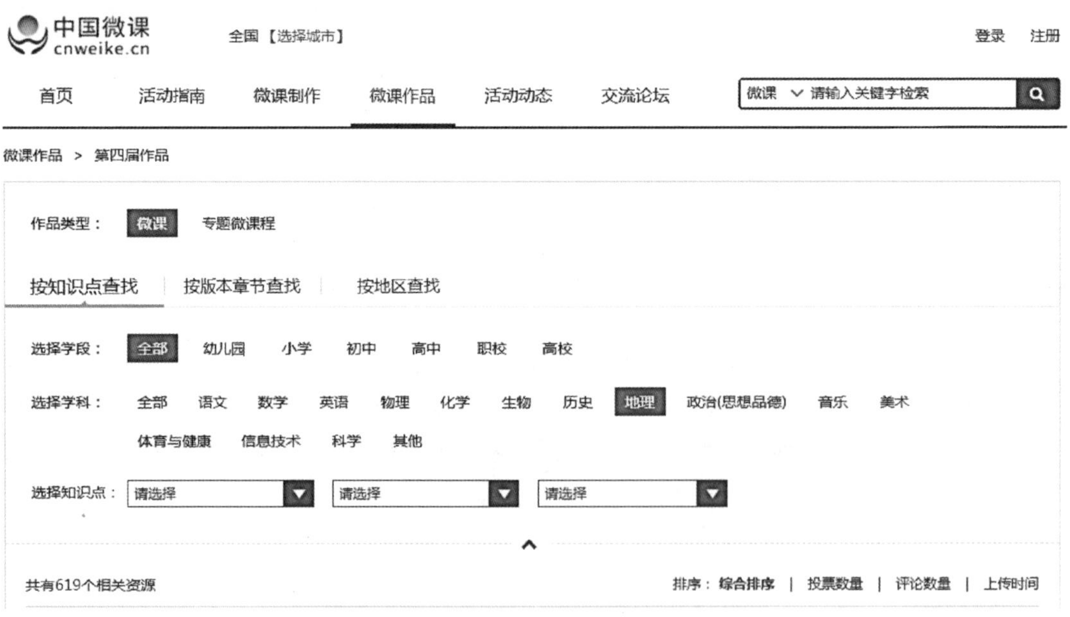

图7–29　中国微课网资源库查找界面

点击进入“中国微课网”，截至2019年8月，可以搜索参加第四届微课大赛的600多个各学段版本的中学地理微课资源。作为参赛作品，这里的微课资源质量良莠不齐。

少部分微课有配套的学案、教学课件和设计思路、内容说明等，多数微课仍只有视频一种形式，缺乏配套的教学设计、练习等资源。

（二）浙江微课网

作为全国教育改革的排头兵，浙江省在微课建设上投入巨大。这个直接由浙江省教育厅下属的浙江省教育技术中心组织建设的浙江微课网涵盖了从小学到高中各学段各种学科的课程，并且广泛开发了各种校本课程资源。截至 2019 年 8 月，已经开发了 23 个初中地理和 43 个高中地理微课程（见图 7–30）。

图 7–30　浙江微课网中的部分地理微课程

其地理微课资源十分优质，如有“看电影学地理”“故里更颜，乡村新貌——走进浙江美丽村落微课程”“诗话地理”等别具特色的地理微课程。由嘉兴市第一中学李虹老师开发的“诗话地理”微课程，以地理角度解读古典诗词，深入挖掘其背后的地理概念、地理过程、地理成因、地理原理。同时，文稿上注重科学、优美，画面上追求精致、美观，配乐上讲究古典韵味，解说上也是沉稳、大气，整个系列微视频力图体现出文学、地理、历史等学科的融合，科学性与艺术性的融合，为地理知识插上了诗意的翅膀。但可惜的是，该网站仅对浙江省内师生开放，如想免费学习，可以关注其微信公众号进一步了解。

二、微信小程序

随着移动互联网的深入发展，为了革除手机 APP的众多弊端和不便（如手机 APP 需要用户下载，并且还要注册账号才能使用），腾讯公司于 2017 年 1 月 9 日上线了微信小程序。在微信中嵌入一种想用即用、想走即走、不需下载、不需安装、也不用注册的一种小程序，大大降低了应用程序的开发成本。从此，地理微课类的微信小程序开始出现，但由于各种原因，整体质量并不高。本章节将简要介绍几个优质的地理微课类微信小程序。

（一）地理广角

由福建省建瓯市第一中学的林样根老师开发制作，在其制作的电脑版“地理广角镜应用软件”基础上进行调试后，于 2019 年 2 月上线微信小程序，其界面如图 7-31 所示。

图 7-31 地理广角界面

该微信小程序与电脑版“地理广角镜应用软件”相比，内容更加丰富，包括地理视野、考试资讯、教学素材、网友原创、微课视频和信息技术六大板块，其中的微课视频除了林样根老师自制的“高中地理系列微课”外，还纳入了“爱学地理微课”“海宁中学地理微课”等系列微课程，提供了优质的地理教学资源。同时，开发了地理广角论坛，以此增强平台的学习交互和交流功能，大大增加了该学习平台的开放性。

（二）北斗地理在线教育平台

该微信小程序也是北斗地图的主要产品之一，为高中生提供地理辅导服务。因上线时间较晚，目前内容相对较少，并且多为付费内容，还需要进一步完善和发展。

三、局域网微录播系统

局域网微录播系统，指的是在一定区域内，通过互联网实现课堂录制、展播等功能，促进教学与教研水平提升的软硬件系统。宏观上看，该系统主要针对的是教师教研活动的开展，配合学生手机、平板电脑等学习平台，通过部分软件功能，也可以实现移动学习。在微课制作上，局域网微录播系统能够帮助教师完成拍摄式微课、幻灯片演示微课及录屏混合式微课的制作、观摩，通过智能化的镜头跟踪、页面切换、声音追踪等功能，提高微课制作的效率。

下面将以高三地理复习课中的“影响动物迁徙的因素及试题评析”为例，简要介绍在地理课堂中，使用局域网微录播系统是如何实现移动学习、微课制作和联合教研的。

（一）系统组成

本章节介绍的局域网微录播系统为广东省佛山市顺德区统一使用的精品录播系统（见图 7–32），该系统由北京同天科技有限公司于 2018 年开发建设，主要用于开展区内联合教研和智能教学，其设备及软件组成（五机位）包括如下内容。

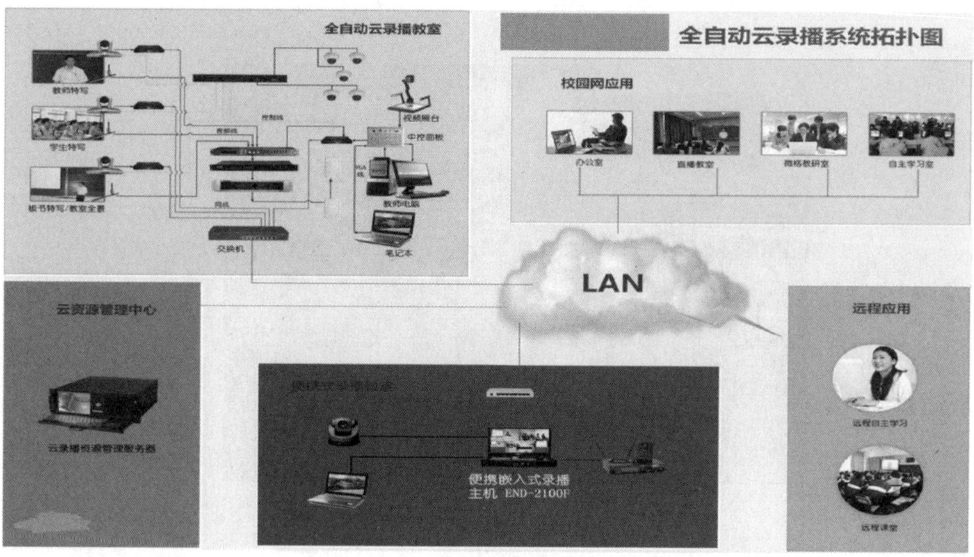

图 7–32 局域网微录播系统拓扑示意图

学生图像探测模块 4 个：学生区定位，安装于学生座位区距地 1.4 米高，4 个模块形成一个矩形。

教师图像探测模块 4 个：教师区定位，天花吸顶安装，包围讲桌与黑板侧边。
学生特写摄像机（云台）1 台：前墙距地 2.2 米。
学生全景摄像机（固定枪机）1 台：前墙距地 2.2 米。
教师全景摄像机（固定枪机）1 台：后墙距地 2.2 米。
教师特写摄像机（云台）1 台：后墙距地 2.2 米。
板书特写摄像机（云台）1 台：后墙距地 2.2 米。
吊麦 8 个：学生区 4 个，教师区 4 个。
86 寸智慧教师互动黑板：1 个，含两侧纳米书写板，中间 1 台 86 寸触摸一体机。
服务器 1 台：AI分析。
录播机柜 1 套：放置以下设备。
电源控制箱 1 台：总电源控制，摄像机电源输出。
教师跟踪主机 1 台：接教师跟踪模块。
学生跟踪主机 1 台：接学生跟踪模块。
ST智能分析终端 1 台：接学生全景摄像机、教师全景摄像机，调音台相连。
控制面板 1 台。
调音台 1 台：接 8 个吊麦。
专用导播台 1 台：控制、录制、编辑。
网络中控 1 台。
无线鼠键套装、显示器 1 套。
课程录播控制及编辑软件 1 套。
图 7–33 为某智能录播室。

图 7–33　某智能录播室

（二）系统操作

1. 上课前

依次开启：①电源控制器电源开关，②摄像机电源开关，③录播工作站开关（在右侧白色按钮按一下即可），④教师自动跟踪机开关，⑤学生自动跟踪机开关，⑥全场景调音台开关，⑦ST分析终端，如图 7–34 所示。

录播工作站采用 Windows操作系统，进入桌面后打开蓝色的“课程录播系统”软件（本项目已设置开机自动启动），软件运行后，并且摄像机图像和 VGA图像正常显示，即可正常授课。在上课前，教师只需将准备好的课件拷贝放入配套的一体教学机器（智慧教师互动黑板）即可。

教师自动跟踪主机采用内嵌 Linux系统，故开启后也需要略作等待，待停止按钮上方红色小灯亮起，方可正常使用。

图 7–34　录播室电源控制开关

2. 上课时

确保所有设备开启，教师、学生就位后，教师按下讲桌“控制面板”的“录制”按钮，然后说声“上课”，进入上课阶段。如需要直播，需到机柜上点击“直播”按钮。如上课过程需暂停，则按下“暂停”键，继续授课后再按下“录制”键，如图 7–35 所示。

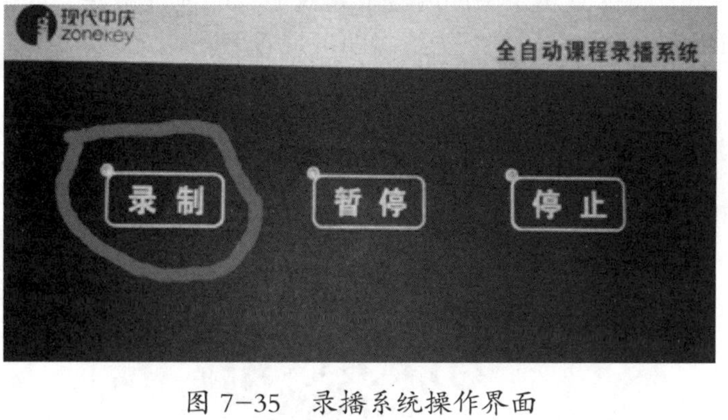

图 7–35　录播系统操作界面

注意：上课时，教师应在跟踪区域内活动，如果走到跟踪区域外，摄像机不会进行跟踪；教师应减少站在教师区和学生区交接的边缘处，以免教师摄像机与学生摄像机多次进行交替切换产生不必要的无用镜头。

3. 结束授课

当教师结束授课时，应先说声“下课”，然后按“控制面板”的“停止键”，“停止键”亮起（按完停止后 1 秒左右即亮起）后，学生可以退场。

4. 授课结束后可拷贝录制的视频

（1）在录播工作站前面板插入 U盘。

（2）拷贝路径：我的电脑 /E盘 /rec，找到对应的文件夹（文件夹以开始时间命名），拷贝需要的视频，视频共有 6 个（见图 7-36），分别是：fime.mp4——电源模式（自动录播生成，一般直播看的就是这个），Blackboard.mp4——板书云台摄像机（后），Student.mp4——学生特写云台摄像机（前），StudentFull.mp4——学生全景摄像机（枪机，前），Teacher.mp4——教师特写云台摄像机（后），TeacherFull.mp4——教师全景摄像机（枪机，后）。

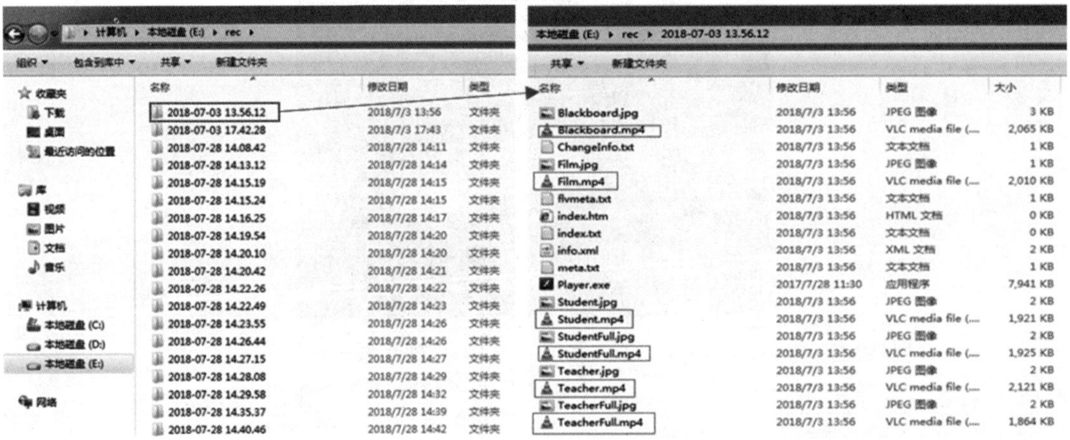

图 7-36　生成文件界面

（3）微课编辑：在将自动生成的视频拷贝后，可以进一步通过视频剪辑软件（如 Camtasia）进行编辑，将课堂实录中的内容浓缩成适合的地理微课，如微课“影响动物迁徙的因素及试题评析”（扫描图 7-37 二维码即可观看）。

图 7-37　微课“影响动物迁徙的因素及试题评析”

（三）教研平台分享

通过该录播系统，不仅可以通过剪辑课堂实录形成微课资源提供给学生，还可以通过在线直播和视频资源平台提供面向教师的教研资源，其操作步骤举例如下。

局域网内，用浏览器打开 http://r.jy.sdedu.net，右上角点击“登录”，输入顺德区教育信息网的 OA账号密码即可（见图 7–38）。

图 7–38　教研平台登录界面

点击“直播画面”（见图 7–39），可在线直播（目前仅支持顺德教育局局域网）。

图 7–39　学校展示与在线直播界面

点击“我的资源”，再点击“资源上传”，然后“添加资源”，找到需上传的视频，即可实现区内教学实录的分享（见图 7–40）。

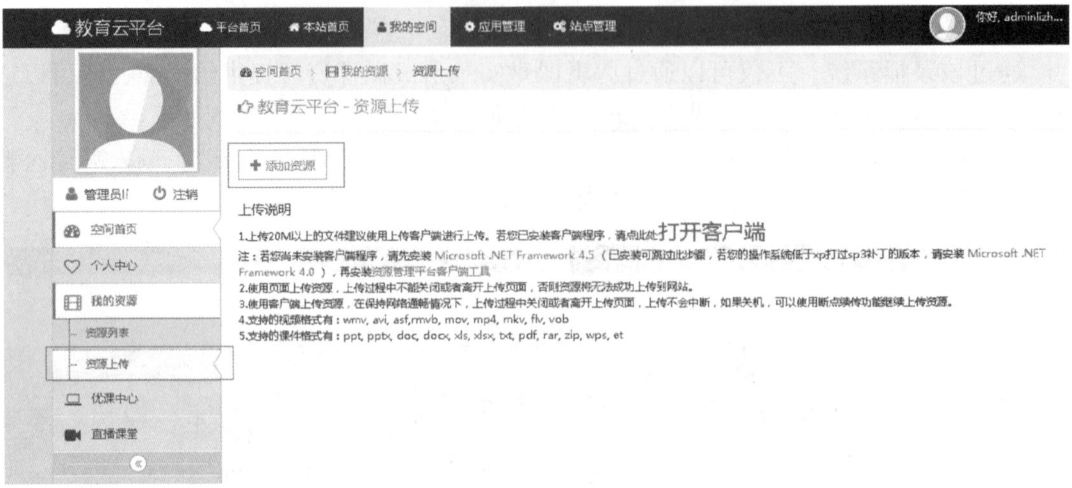

图 7-40　个人中心界面

（四）注意事项

（1）提前 10 分钟打开教室灯光，开启设备、打开软件等，确认设备在线，做好录制准备。

（2）录课之前应该把门、窗关上，窗帘拉好。

（3）录播教室中的教师和学生探测设备上请不要悬挂或放置其他物品。

（4）讲桌上不能摆放太高的物品（如水杯等）。

（5）录制开始的前 40 秒为录制准备，避免此时间内学生区域出现高于学生定位模块的目标。

（6）上课时，教师不要疾走、疾跑。

（7）上课时不要走到非跟踪区域或者盲区，如学生和教师的交叉区域、教室角落。

（8）上课时，不能随意拉动窗帘。

（9）学生举手回答问题以桌面平举为好，避免高举，以免影响跟踪效果。

（10）避免学生“一句话回答”，减少无用镜头。

（11）学生起立回答问题时注意姿态，避免低头，讲话适当提高音量。

◎ 深度思考

1. 打开本章节提到的移动学习平台，深入学习操作。
2. 通过微录播系统制作的微课，其使用效果和其他类型的微课相比优缺点是什么？
3. 浙江微课网的地理微课程对你在校本地理课程的开发中有哪些启发？

第八章　地理微课教学案例

第一节　初中地理微课案例

◎ 问题导入

地理微课在初中地理教学中如何运用？面对初中生，其地理微课的设计需要突出的特点是什么？

一、案例 1：向“世界”出发——世界的海陆分布

（一）微课内容

本微课由佛山市顺德区梁开中学梁丽萍老师制作完成，内容选自湘教版《地理》（七年级上册）第二章第二节“世界的海陆分布”。

微课内容以一趟环游世界的航班为主线，从广州出发，途经北京、罗马、悉尼等城市，最后回到广州，用这趟航线将七大洲和四大洋串联起来，具体线路如图 8-1 所示。利用学生相对较熟悉的城市来让他们感受大洲和大洋的位置，同时介绍沿途大洲的分界线、城市的风土人情等。

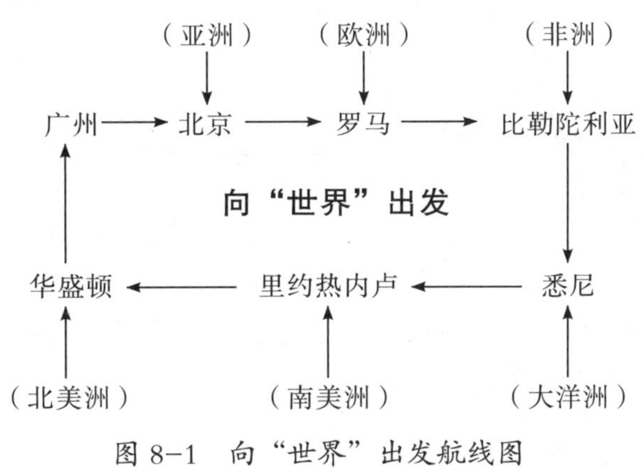

图 8-1　向“世界”出发航线图

（二）教学过程设计

1. 微课欣赏，初识世界

观看微课——向“世界”出发，形成对世界的初步印象。

2. 自主学习，浅探世界

结合微课及课本相关内容，完成学案上的练习。

七 大 洲

（1）相关概念。

①__________：面积广大的陆地。

②__________：面积较小的陆地。

③__________：大陆和它附近的岛屿的合称。

（2）大洲分布。

①主要位于北半球的大洲有______________、非洲；全部位于北半球的大洲有欧洲、______________。

②主要位于南半球的大洲有大洋洲、______________；全部位于南半球的大洲有_________________。

③主要位于东半球的大洲有亚洲、欧洲、非洲、______________。

④主要位于西半球的大洲有______________、______________。

（3）面积：由大到小依次是_________________________。

（4）大洲分界线。

大洲名称	分界线
亚洲与欧洲	
亚洲与非洲	
北美洲与南美洲	

四 大 洋

（1）相关概念。

①洋（或称大洋）：是海洋的_______________部分，一般离大陆较远，面积广阔，深度多在2 000米以上。

②海：是海洋的______________部分。与大洋相比，海的面积要小得多。它们一般靠近大陆，由______________或岛屿与大洋隔离开来。

③海峡：是沟通两个海域之间的______________，通常是重要的海上通道。

（2）面积：最大的大洋是______________，其次是______________，最小的大洋是______________。

（3）特征。

①______________：跨南北半球，最大、最深，岛屿最多。

②______________：跨南北半球，形状略呈“S”形。

③印度洋：大部分位于______________半球。

④______________：完全位于北半球，最小、最浅。

3. 合作探究，深挖世界

换一个视角认识地球，学生合作探究在南北半球图上判读大洲、大洋的方法。

①左右两图分别为哪个半球？你判断的理由是什么？

②赤道穿过哪几个大洲？北冰洋周围的大洲按照顺时针怎样排列？

③如何根据岛屿分布在南半球图上判断南极洲附近的大洲？

④根据南极洲判读大洋：南极洲像大象，鼻子上扬喷出______________洋，背驮______________洋，脚踏______________洋。

4. 小组展示，各显神通

分小组上台展示探究结果，并接受其他同学的提问。

5. 教师引导，归纳总结

教师板画，图解大洲、大洋的分布。

6. 趁热打铁，当堂达标

从人造卫星上看，地球更像一个“水球”，其原因是（　　）

A. 水是生命之源　　B. 地球表面七分是海、三分是陆

C. 地球质量七分是水　　D. 从人造卫星上看不到陆地

（三）微课赏析

本节微课对象是初中七年级学生，他们对于世界地图还比较陌生，记忆七大洲、四大洋的位置相对困难，所以本节微课非常巧妙地用一趟旅行将七大洲、四大洋串联起来，并且采用新旧知识迁移的方法，将大家比较熟悉的大城市作为认识大洲和大洋的跳板，降低了难度，增加了趣味性，也唤起了学生对于进一步探索世界和学习地理的热情，非常适合作为新课导入型微课。

二、案例 2：如何识别山体部位——世界的地形

（一）微课内容

本微课由北滘碧江中学梁柳娴老师制作完成，内容选自湘教版《地理》（七年级上册）第二章第三节“世界的地形”。

微课内容主要是通过将典型自然地貌部位图片结合示意图来讲解山峰、陡崖、鞍部、山脊和山谷的特点。在山脊的讲解中，引入了大家熟悉的屋脊来帮助理解。在每一种地貌部位对应的等高线特点之后还列举一些地貌功能或人类活动的案例，例如在介绍山脊时有涉及长城、分水岭等。在结尾处作者利用表格进行归纳，帮助学生形成知识系统。

（二）教学过程设计

1. 课前准备

提前安排学生带橡皮泥和铅笔刀回学校，一个小组至少一套工具。

2. 课堂设计

（1）创设情境，导入新课。

星期天我们全班同学要到西樵山进行综合实践活动，需要登上甲山顶（见下图），为使登山更省力些，C、D路线我们应选择哪条？为什么？如果要选择一个位置露营，你会选择A地还是B地？为什么？

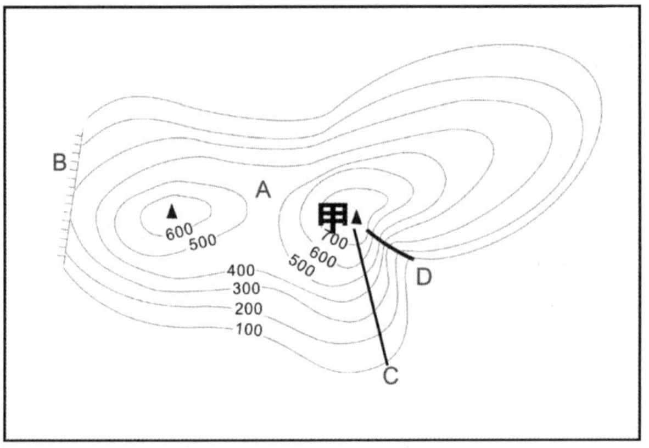

教师过渡：要解决以上问题，首先要弄清楚这是什么图，接下来就学习这种用途非常广泛的图是怎么来的。

（2）动手操作，探究原理。

教师展示等高线图模具，简单讲解其形成，然后带领学生按小组将橡皮泥捏成日常见到的任意地形部位，将其一层层横向切开，并分层绘制到白纸上形成等高线地形图，以此帮助学生理解等高线、等高距等概念。

引导学生观察各自等高线图的特点，然后按小组上台展示自己的等高线图，并讲解。

（3）微课学习，知识成网。

观看微课“如何识别山体部位”，根据微课将自己小组制作的等高线图归纳进去，并自主总结五大基本地形部位的等高线图特点。

（4）回归导入，首尾呼应。

解决导入的问题，巩固所得。

（5）当堂小测，趁热打铁。

读下图等高线地形图，完成第①～③题。

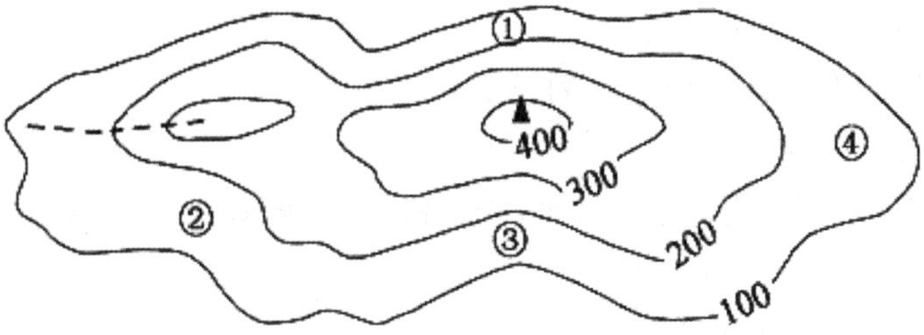

①图中山顶的海拔高度可能是(　　)

A. 457 米　　B. 400 米　　C. 531 米　　D. 398 米

②图中虚线表示的地形是（　　）

A. 山谷　　B. 鞍部　　C. 山顶　　D. 山脊

③图中序号所在地坡度最小的是（　　）

A. ①　　B. ②　　C. ③　　D. ④

④（2015·泰安学业考）下列图示能正确表示河流及河水流入湖泊的是（　　）

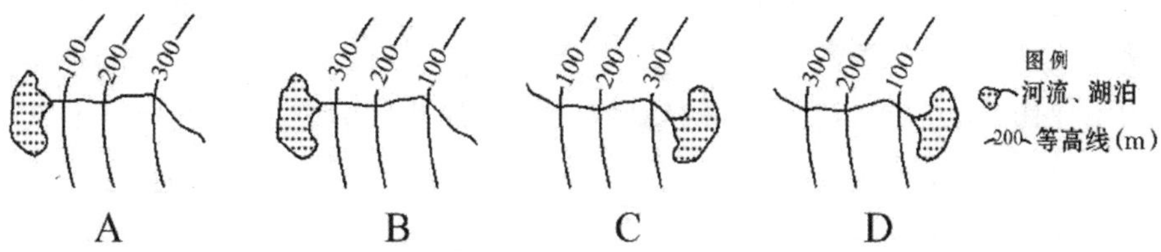

（三）微课赏析

本节课是讲述地形的开篇，对于七年级学生而言，等高线还比较陌生。而等高线的判读，对于初中地理甚至高中地理都是一项必备的技能，所以利用微课帮助理解非常有必要。本节微课逻辑非常清晰，每一种地貌部位的讲解都遵循“图片—等高线示意图—等高线特点—该地貌部位的功能或相关人类活动距离”的逻辑来讲解。最后还结合了习题和表格来进行难点的突破和总结，科学性较强，适合作为本节课的总结型微课。

三、案例 3：冬夏季风的对白——中国的气候之季风气候显著

（一）微课内容

本微课由佛山市顺德区沙滘中学的赖丽容老师制作完成，内容选自湘教版《地理》（八年级上册）第二章第二节“中国的气候”。

微课内容主要从三个问题展开：（1）冬夏季风的特点；（2）季风和非季风区的界限；（3）夏季风对我国降水的影响。表现形式采用了拟人化的手法，将夏季风、冬季风可视化为两个人物形象，通过两者对话、相互提问并结合表格对比、图片对比以及视频等丰富的手段，将我国气候的特点生动地展示了出来，同时引入一个“温馨”的卡通形

象作为旁白，贯穿整个微课，引导学生思考。

（二）教学过程设计

注：本节课只能在配置平板电脑的教学环境下实施。

1. 微课自学，基础梳理

在微课开始之前，提醒学生微课内容丰富，注意做好笔记，微课观看完毕后根据课本相关知识自主完成相应练习。

观看微课，完成下列基础知识填空。

① ______________ 显著，是中国气候的主要特征之二。

我国季风气候显著的原因：我国位于世界上最大的大陆——________大陆东部，东临世界上最大的大洋——______洋，形成巨大的______差异。

②季风区与非季风区的界线：

__________—阴山山脉—贺兰山—__________山脉—冈底斯山脉以东一线为界。右图中甲为__________与__________的分界线，A是__________区，B是__________区。

③__________的影响是导致中国降水时空分布不均的主要原因。夏季风的进退影响中国大陆东部__________的推移。

2. 微课反刍，合作探究

针对不明白的地方再次观看微课，观看完毕之后小组合作完成下列重难点部分，对于有争议的部分可以反复回看微课。

（1）中国的季风区和非季风区。

结合人教版高中《地理》（必修 1）第 38 页“活动”中图 2.15 东亚季风课本第 40 页完成以下内容：

①夏季风与冬季风的对比。

<table>
<tr><th>季风</th><th>冬季风</th><th colspan="2">夏季风</th></tr>
<tr><td rowspan="2">源地</td><td rowspan="2">亚洲大陆内部</td><td colspan="2">海洋</td></tr>
<tr><td>太平洋</td><td>印度洋</td></tr>
<tr><td>风向</td><td>③偏_____风</td><td>①_____风</td><td>②_____风</td></tr>
<tr><td>性质</td><td>干燥</td><td colspan="2">湿润</td></tr>
</table>

②夏季风对降水的影响。

A. 空间影响：自东南向西北，距海越来越__________，受夏季风的影响越来越小，降水量越来越_________。

B. 时间影响：

夏季风 4 月份从南部沿海登陆，向北推移后，9 月份南撤，使我国东部降水集中在___________月份。我国南方雨季开始得比北方___________（早 / 晚），时间比北方（长 / 短）。

②雨带推进迟缓，会导致“南涝北旱”；推进迅速，则出现“___________”局面。

③大陆性特征显著。

中国的气候也有显著的 ________特征。气温的 _______和 _______较大，与世界上同纬度的其他地区相比，冬季气温明显偏 ___，夏季气温明显偏 ___。

（2）多特殊天气与气象灾害。

气象名称	发生时间	出现的天气特点	影响的范围（主要区域）
寒潮	____半年	急剧 _____、大风、霜冻	我国大部分地区
台风	5—10 月（_____季节）	_____	海南、广东、广西、台湾、福建、浙江等 _______地区
梅雨	_____初	_____、低温	________地区
沙尘暴	______季	空气混浊、能见度低	________和 ______地区
洪涝 干旱	不同季节 交替出现	_____、_____	全国各地

3. 小组展示，教师答疑和总结

小组分别上台展示自己的结果并接受其他同学的提问。对于无法解答的问题，教师进行引导和点拨，最后教师根据学生的掌握情况对重难点进行总结梳理。

4. 扩展练习，开拓思维

（1）季风气候对我国农业生产有哪些有利与不利影响？

有利：____；

不利：____。

（2）同纬度的阿拉伯半岛是干旱的沙漠，而我国的江南却是“鱼米之乡”，这是为什么？

（三）微课赏析

季风气候显著，是中国气候的第二个主要特征，这块内容是在前面所学的我国气温与降水基础上的深化，重难点主要集中在冬夏季风的性质和差异以及夏季风带来的影响上。本节微课借助三个拟人化的形象来呈现知识点，非常生动活泼，符合初中生的喜好，趣味性很强。对于像季风和非季风的界限这些相对比较简单的知识，微课采用对白等形式，而对于冬夏季风的对比、夏季风对我国的影响等相对较难的知识点，则采用表格、图片及视频等多样化的方法来突破，符合学生的认知规律，同时也有助于培养学生读图、比较分析等能力，科学性较强。另外，微课在重点知识点讲解完之后配套有几道选择题，虽然是视频直接选择答案并给出答案解析，没有真正实现和学生的交互，但也不失为一种微课交互功能的探索，是一次不错的尝试。

深度思考

1. 初中课堂的微课可以通过哪些方式增加其趣味性来提高学生的学习兴趣？
2. 在初中课堂的教学过程中运用微课应安排在哪些教学环节？

第二节　高中地理微课案例

问题导入

地理微课在高中地理教学中如何运用？高中地理中的自然地理和人文地理模块在进行微课教学时有什么差异？

一、案例1：冰山见证的凄美爱情故事——洋流

（一）微课内容

本微课由佛山市顺德区乐从中学孟洁老师制作完成。内容选自湘教版《地理》（必修Ⅰ）第二章第四节“水循环和洋流”。

本节微课用实验的方法模拟演示了风海流和补偿流的形成原因，具体做法是将碎纸片当成船只，用风筒来模拟不同方向的盛行风，水盆代表海面。用风筒制造稳定的盛行风，碎纸片在风的吹拂之下在海面按一定的方向移动，遇到水盆边缘则向两边补充和回流；变换风向，船只有相同的移动规律，从而模拟出风海流和补偿流的形成。

（二）教学过程设计

1. 课前小测

在正式上课之前发布课前自主学习任务单（见表8-1），让学生结合课本完成下列练习，并记录其间的收获和疑问。根据学生的答题情况了解学情，有侧重地设置课堂环节。

表8-1　“洋流”课前学习任务单

课程名称	洋流的成因及分布
学习任务	（1）掌握洋流的概念。 （2）了解按照洋流的性质和成因，分别可以将洋流分为哪些类型？ （3）初步观察洋流的分布，尝试自主总结规律

续上表

<table>
<tr><td>测试题目</td><td>读右边“某海域洋流分布图”，完成第 1～2 题。
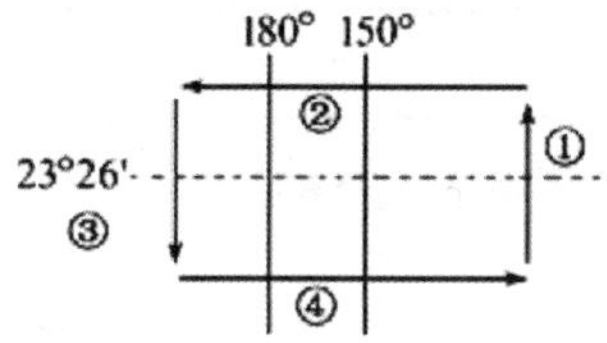

1. 对图中④洋流形成起重要作用的风带是（　　）
A. 北半球信风带　　B. 南半球信风带
C. 北半球西风带　　D. 南半球西风带
2. 图中洋流属于暖流性质的是（　　）
A. ①②　B. ②③　C. ①③　D. ③④
读下图，完成第 3 题。
3. 在这两幅海水等温线图中，虚线表示洋流，下列叙述中不正确的是（　　）
A. ①是暖流，位于北半球
B. ②是暖流，位于南半球
C. ①②均向北流动
D. ①位于大陆东岸，②位于大陆西岸
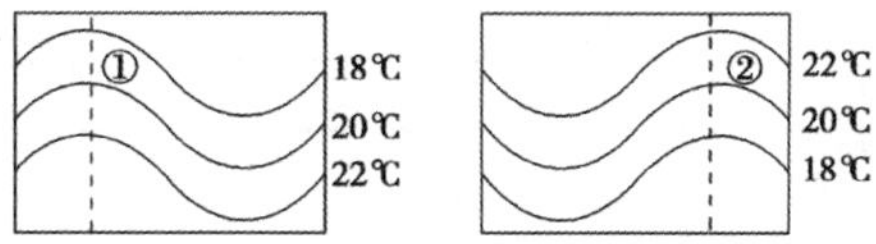

读“世界洋流局部分布图”，完成第 4 题。
4. 关于图中①②③④洋流按成因分类（图略），正确的是（　　）
A. ①洋流属于密度流　　B. ②洋流属于补偿流
C. ③洋流属于风海流　　D. ④洋流属于补偿流
读“某大洋局部环流示意图”（图略）。图中甲、乙、丙、丁表示该海区洋流的流向，完成第 5～7 题。
5. 若 AB线是 30° 纬线，则这个海域位于（　　）
A. 北半球　B. 南半球　C. 东半球　D. 西半球
6. 若 AB线是 60° 纬线，则这个海域位于（　　）
A. 北半球　B. 东半球　C. 印度洋　D. 南太平洋
7. 若 AB线是 60° 纬线，则这个海域中的乙是（　　）
①风海流　②暖流　③寒流　④补偿流
A. ④　B. ②③　C. ①②　D. ③④</td></tr>
<tr><td>自主小结</td><td></td></tr>
</table>

2. 课堂设计

（1）视频导入，引入主题。

播放电影《泰坦尼克号》中泰坦尼克号撞击冰山，男女主人公生离死别的片段，提出问题：“巨大的冰山是如何进入纽芬兰海域而导致泰坦尼克号沉没的？”引发学生思考，制造悬念，同时快速地引入本节主题。

（2）针对设问，对比自学。

简单讲解课前任务书中错误率较高的题目。学生自主完成下列自学内容（见图 8–2），掌握洋流的基本概念、分类及等值线的判断方法。

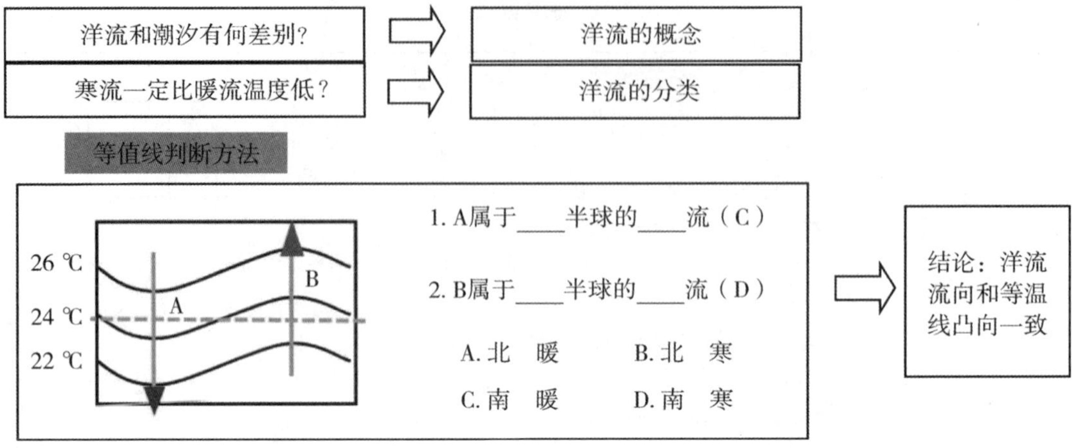

图 8-2

（3）观看微课，探究突破。

风海流的成因及分布规律较抽象，学生普遍较难理解，是本节的难点，所以采用实验型微课来帮助学生还原原理。在观看微课前提出几个问题，引导学生思考。

①最开始水流成因是什么?

②水流到水盆一端为什么向两侧分开？这与实际哪些因素相似?

③水盆内未吹风的地方为什么水也在流?

（4）知识迁移，温故知新。

回顾全球气压带、风带分布（见图 8-3），初步掌握气压带的理想分布。

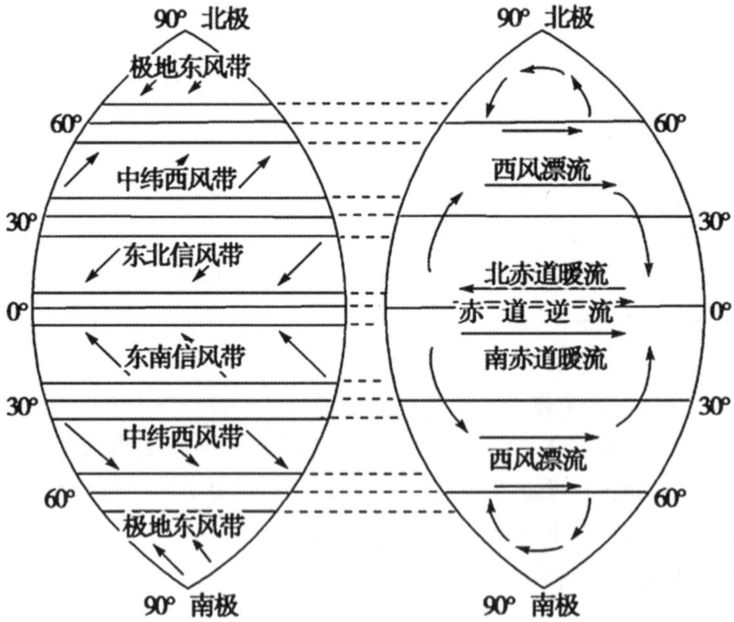

图 8-3

（5）动手实践，熟悉分布。

在世界地图简图（见图 8-4）中画出重要的洋流，遵循从一般到特殊的认知规律，从理想分布过渡到真实情况。通过画图熟悉不同海域的不同情况，总结规律。

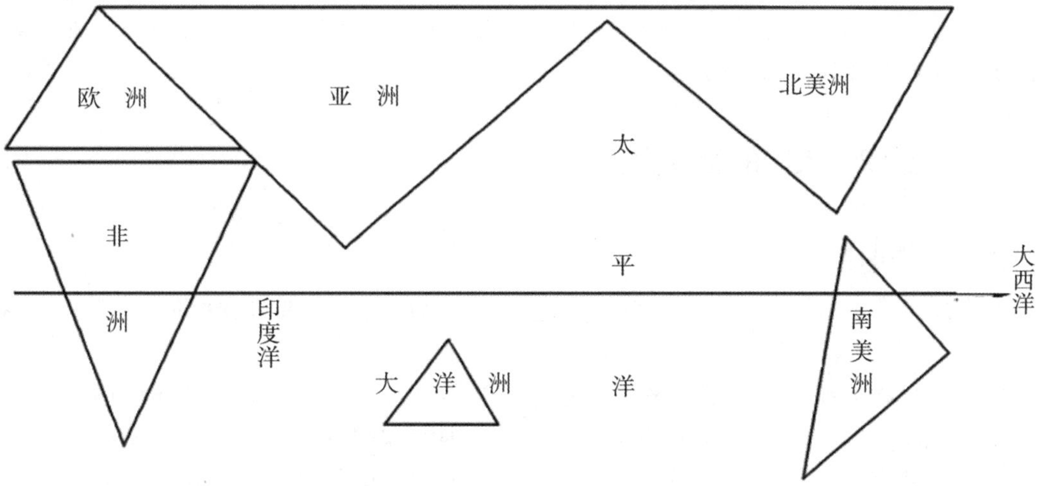

图 8-4

（6）呼应开头，回归主题。

根据所学知识回答导入的问题：导致泰坦尼克号沉没的罪魁祸首是什么？它的性质是怎样的？

（7）案例探究，承上启下。

读下图，回答下列问题。

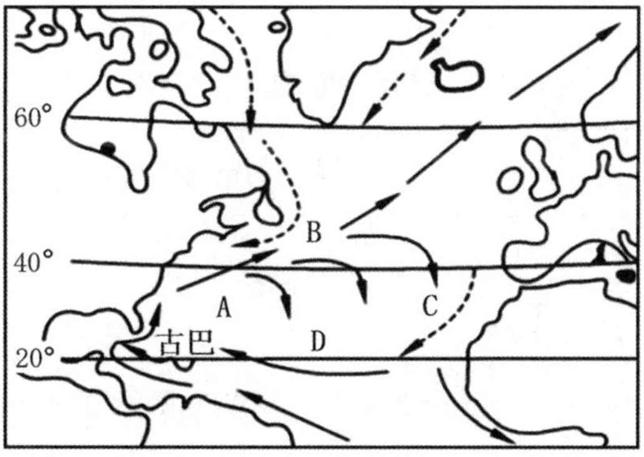

①________（洋流）是西欧________气候形成的主要原因之一，（洋流）对北非沿岸地区的气候起到降温、减湿作用。

②图示范围内有世界著名的________渔场，它位于 A 和________的交汇处。

③当船到达挪威沿海时，可能发现来自美国东北部工业的污染物。这种说法正确吗？为什么？

（三）微课赏析

本节课针对的是高一新生，洋流的知识对于他们而言比较生疏和抽象，而且距离生活较远，学生没有思考的基础。本节微课通过模拟实验再现风海流和补偿流的成因，弥补学生在思维能力和空间想象能力上的不足，帮助学生快速理解了风海流和补偿流的形成。小实验简单易行，学生也可以自行模拟加深理解，彰显了地理实践力的价值，是一个简单易懂且有效的实验型微课。

二、案例 2：人口的空间变化

（一）微课内容

本微课由佛山市顺德区乐从中学刘刚老师制作完成。内容选自湘教版《地理》（必修Ⅱ）第一章第三节“人口迁移”。

微课从“春运属于人口迁移吗？”这个问题展开，通过举例和示意图讲述了人口迁移和人口流动的区别；利用地图阐述了不同时期国际和国内人口迁移的类型；用思维导图的方式罗列人口迁移的影响因素，同时介绍“推拉理论”是人口迁移的根本原因，最后解决开头所提出的问题。整节微课内容完整且论述过程中配合多种呈现方式，科学而生动。

（二）教学过程设计

注：本节课针对高三一轮复习的学生。

1. 课前小测

在正式上课之前发布课前自主学习任务单（见表 8－2），让学生结合微课完成下列练习，并记录其间的收获和疑问。根据学生的做题情况了解学情，有侧重地设置课堂环节。

表 8－2 “人口的空间变化”学习任务单

课程名称	人口的空间变化
学习任务	观看自学视频，记录知识重点，并完成自学小测
自学视频	请用微信或其他 APP扫描下面二维码，观看视频并完成相关任务

续上表

自学完成基础梳理	1. 一个地区人口数量的变化，包括人口________和________。 2. 人口迁移需满足 3 个条件：（1）________________； （2）______________；（3）________________。 3. 人口迁移按照是否跨越国界可分为__________和________。 4. 影响人口迁移的因素： （1）________包括：_________、土壤、水、矿产资源、自然灾害等； （2）__________包括：_________、交通、通信； （3）________包括：_________、_________、宗教； （4）____________________包括：_________、社会变革、战争。 影响人口迁移的因素中，_________往往起重要作用。 人口迁移的根本原因是：_______________
自主小结	

2. 课堂设计

（1）微课反刍，自学自查。

再次播放微课，根据微课及课前学习任务单所学，完成下列基础选择题，自我检测掌握情况。

“候鸟老人”是指季节性居住在某个城市，随季节变化而迁移的老人。近年来“候鸟老人”的数量越来越大。据此回答下列各题。

①我国“候鸟老人”的主要迁移省区是（　　）

A. 黑龙江、海南　　B. 上海、福建　　C. 新疆、湖南　　D. 西藏、云南

②形成“候鸟老人”现象的主要因素是（　　）

A. 经济水平　　B. 气候条件　　C. 养老制度　　D. 婚姻家庭

每年春节临近，对返乡者来说，又到了一年一度“一票难求”的时刻。但和以往不同的是，近年来选择“反向春运”者越来越多。所谓“反向春运”是指年轻人将老家的父母和孩子接来自己工作的城市过年，节后再返乡。这种既省钱又尽孝的“反向团圆”被越来越多人接受，成为不少在城市打拼的“80 后”“90 后”陪伴父母过年的“妙招”。据此回答下列各题。

③导致春运期间人口流动量大的最主要因素是（　　）

a. 交通运输　　b. 经济因素　　c. 社会文化因素　　d. 国家政策

A. ab　　B. bc　　C. ac　　D. bd

④有关“反向春运”带来的影响叙述正确的是（　　）

A. 加快中西部地区农村劳动力输出　　B. 不利于交通资源优化配置

C. 缓解东部地区城市空城化　　D. 缓解农村人口老龄化问题

随着改革开放的不断推进，我国沿海城市的人口发生了较大变化，大多城市采取积极吸引“高精尖”人才的措施。下图示意 1985—2010 年我国沿海城市平均人口密度变化情况。据此完成下列各题。

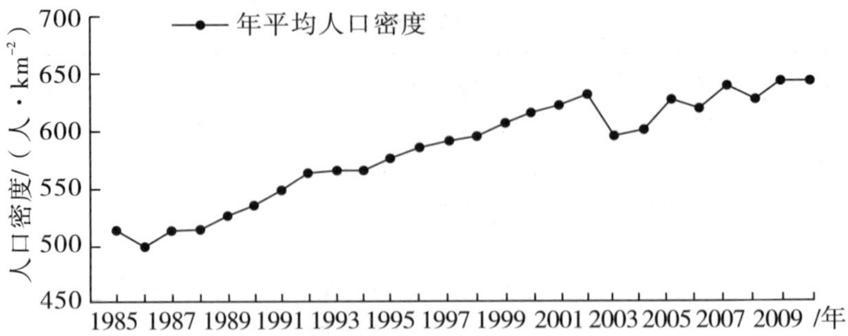

⑤图示 2003 年人口密度明显下降是由于（　　）

A. 疾病导致人口锐减　　B. 经济衰退导致人口外迁

C. 行政区划调整导致城市范围扩大　　D. 人口老龄化严重导致死亡率上升

⑥预测我国沿海城市未来常住人口和户籍人口增速的变化是（　　）

A. 常住人口和户籍人口增速均加快

B. 常住人口和户籍人口增速均减慢

C. 常住人口增速加快，户籍人口增速减慢

D. 常住人口增速减慢，户籍人口增速加快

（2）合作探究，能力提升。

刘同学的自述：大家好，我叫刘达，今年高三，刚好 17 岁，家住佛山，家里有爸妈、姐姐和我。我姐大我 10 岁，我们是一个典型的“移民”家庭。我老家在四川一个小镇上，20 世纪 90 年代爸妈就带着姐姐随老乡一起到佛山，在家具厂找了份工作。我姐学习很用功也很争气，通过努力上了中山大学，现在美国读博深造，暑假我曾到姐姐学校参观。因为近年来在珠三角的生活生产成本越来越大，家乡政府招商引资优惠大，我爸为了供姐姐和我的学费，不得不辞职，利用所学技术和半生积蓄回乡创办家具厂。回乡创业对家乡经济有所贡献，还被称为“城归”和“雁归经济”。据了解类似我爸返乡创业或就业的人数全国达 450 万。我因高考条件不符，在高二时回到老家继续备战高考。

①判断刘达及家人的下列行为中哪些是人口迁移？并指出其主要影响因素。

A. 爸妈于 20 世纪 90 年代来广东找工作　　B. 姐姐到中山大学读书

C. 刘达暑假到美国探亲　　D. 刘达回老家备战高考

②结合材料，尝试利用“推拉理论”，分析刘达爸爸“雁归”创业的原因。

大家好，我还是刘达，我姐姐准备博士毕业后做一个“海归”，但犹豫着要去哪里。她了解到北上广深等一线城市推出落户、安家费、房补、子女上学优惠等一系列政策吸引国内外人才，这些城市之间正进行着一场空前的“抢人大战”。下图为“抢人大战”引发的人口迁移示意图。

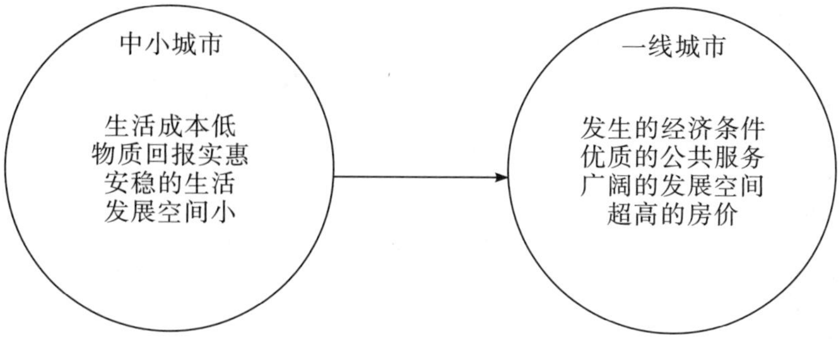

③导致图中人口迁移的推力是（　　）

A. 生活成本低　　B. 发展空间小

C. 广阔的发展空间　　D. 超高的房价

④“抢人大战”引发的人口迁移，对迁入地地理环境造成的影响是（　　）

A. 缓解人地矛盾　　B. 合理利用剩余劳动力

C. 保护生态环境　　D. 促进经济发展

（3）专项训练，难点突破。

第一类：表格式

春节是第一批国家级非物质文化遗产名录之一。2018年春节期间全国有数亿人流动（或迁移），有近12亿人观看央视的春晚节目。下表为2018年春节期间人口迁入迁出量排位居前十的城市。结合材料回答下面小题。

迁出人口前十的城市	北京	上海	广州	深圳	成都	杭州	天津	武汉	南京	西安
迁入人口前十的城市	杭州	成都	广州	西安	昆明	南京	武汉	厦门	长沙	郑州

①表中人口迁入量和迁出量的位次能够反映城市的活跃程度。下列城市组合中，春节期间最活跃的一组是（　　）

A. 北京、郑州　　B. 广州、长沙　　C. 武汉、南京　　D. 成都、杭州

②表中反映出，春节期间我国出行人数南北差异大，南方城市普遍比北方城市活跃程度高，主要原因是春节期间（　　）

A. 南方的气候条件比北方好　　B. 北方的地形条件比南方好

C. 南方比北方人口密集、经济发达　　D. 北方的交通条件比南方好

第二类：折线图式

（2018·全国卷Ⅰ）户籍人口是指依法在某地公安户籍管理机关登记了户口的人口，常住人口是指实际居住在某地一定时间（半年以上）的人口。图中示意近10年来我国某直辖市户籍人口与常住人口的数量变化，据此完成下列小题。

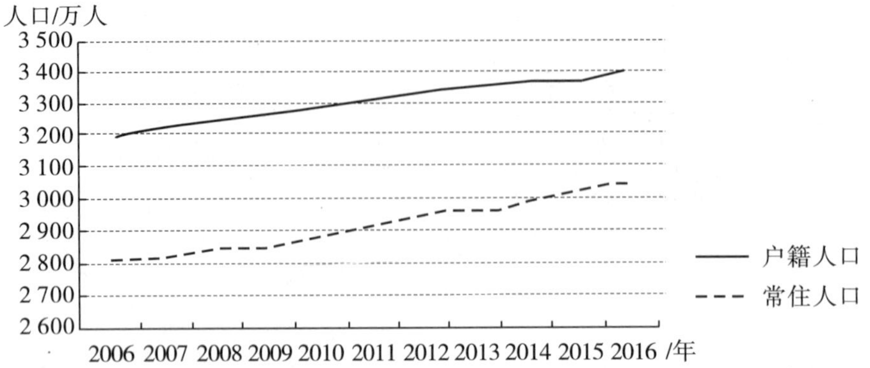

③根据图示资料推测，近10年来该直辖市（　　）

A. 外来务工人口多于外出务工人口　　B. 老年人口比例逐年下降

C. 劳动力需求数量增加　　D. 人口自然增长率逐年增加

④该直辖市是（　　）

A. 北京市　　B. 天津市

C. 上海市　　D. 重庆市

第三类：柱状图式

（2018·海南卷）常住人口是指居住在某地一定时间（半年以上）的人口。安徽省2017年常住人口达625.8万人，比2016年增加59.3万人。2001—2017年安徽省常住人口年增长率如下图所示，同期该省人口自然增长率保持在0.6%～0.7%。

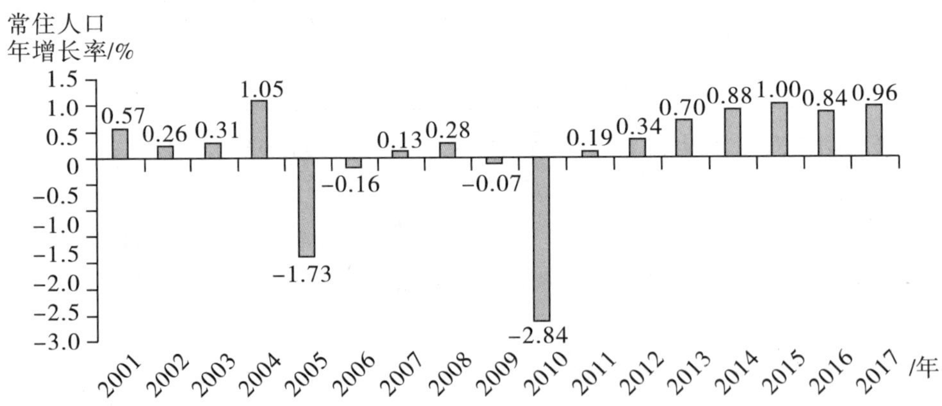

⑤2005年和2010年该省常住人口大量减少，表明该省当年（　　）

A. 外出求学人员剧增　　B. 外出务工人员激增

C. 外出旅游人数剧增　　D. 外来务工人员剧减

⑥2013年后该省（　　）

A. 人口出生率大幅提高　　B. 劳动力缺口逐渐缩小

C. 人口回流现象渐明显　　D. 老龄化问题得到解决

第四类：金字塔式和饼状图

读某市人口迁移及从业人员构成图，回答下面小题。

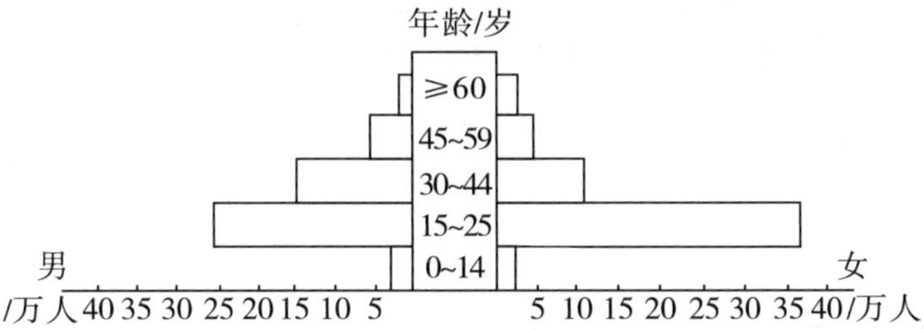

2012年迁入人口年龄及性别统计图

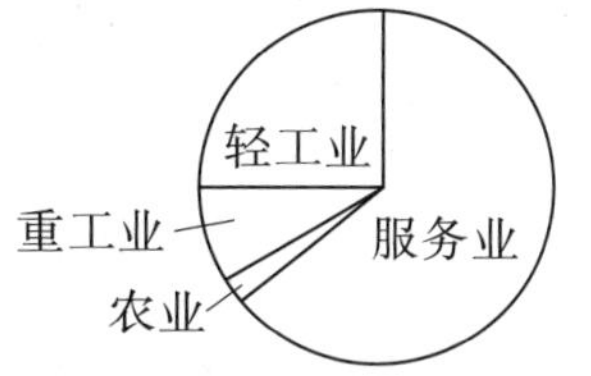

2012年从业人员构成图

⑦关于该市人口迁移的叙述，正确的是（　　）

A. 该市外来人口大于本地人

B. 人口迁移主要受自然因素的影响

C. 迁入人口不会对该市产生婚姻生育等社会问题

D. 迁入人口中女性数量多于男性可能与该市产业结构有关

⑧迁入人口对该市的影响可能有（　　）

a. 缓解了劳动力短缺的状况　　b. 促进了该市的经济发展

c. 加快了该市老龄化进程　　d. 加重了该市基础设施的压力

A. abc　　B. abd　　C. bcd　　D. acd

（4）方法归纳，举一反三。

图表人口问题答题点拨：

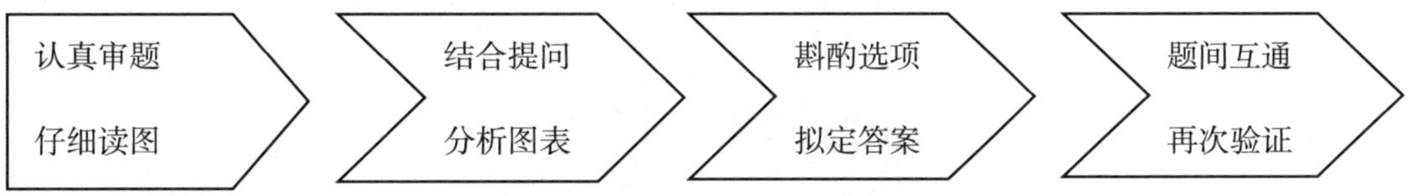

（三）微课赏析

本节内容针对的是高三一轮复习的学生。人口问题高考频率较高，而且都以图表的形式出现，而图表信息的读取正是学生的薄弱之处，所以本节知识的重难点就是对图表类题目的突破。图表信息提取能力弱一部分原因在于学生对基础概念的理解不够深刻，但是高三的复习非常紧凑，想在课堂上突破重难点，就无法着力于讲解基础知识。在这种供需矛盾之下，微课的引入就非常迫切。

本微课非常全面地讲述了人口迁移的概念、类型及影响因素，并配有图片和案例，最后加以总结。整节微课制作精良且知识点完整而科学。对高三知识比较薄弱的同学而言，在课前可以反复观看，这对他们夯实基础非常有帮助。同时，再配套相应的基础题目，以学习任务书的形式要求学生在课前完成，优学优练，提高课堂效率。

◎ 深度思考

1. 高中阶段的地理微课与初中地理微课在哪些方面有什么区别？
2. 运用高中地理的微课课堂教学模式，可否迁移运用到其他学科中去？

第三节　国外地理微课案例

◎ 问题导入

国外地理微课是什么样的？有哪些平台和渠道可以获取和学习国外地理微课？

随着移动互联网时代的到来，世界各国都将信息技术在教育领域的应用作为重点发展方向，由此在近 10 年涌现出一大批基于移动学习、混合式学习的学习平台。本节选取了在全球范围内具有较大影响力的 3 个学习平台（edX、可汗学院、Try It），通过介绍各平台的应用情况、展示与中学地理有关的微课内容、分析其微课设计的优缺点，各选取自然地理、人文地理和区域地理三大模块的 1 个微课，全面介绍这些国外地理微课的使用、设计、运营情况，以期能够给国内地理微课发展带来更多的启发。

本节内容所涉微课都已放在百度网盘，扫描图 8–5 二维码即可获得，提取码：ro5s。

图 8–5　国外微课案例二维码

一、基于 edX 平台“人文地理学概论”课程的微课——“人口金字塔”

（一）平台简介

edX是麻省理工学院和哈佛大学于 2012 年 4 月联手创建的大规模在线开放课程慕课

平台（Mass Open Online Course，即“MOOC”，音译为“慕课”），旨在通过互联网，免费为每个人提供接受高质量教育的机会，同时，进行教学法研究，促进现代技术在教学手段方面的应用，研究在线课程效果等。截至 2019 年 6 月，该平台提供了 2 400 余门各学科课程（见图 8-6），已有超过 2 000 万名来自世界各地的学习者。

图 8-6　edX上与气候相关的课程

虽然该平台主要以大学课程为主，与我国中小学地理课程设置有所差异，缺乏专门性的地理课程，但其课程中有很多微课所涉及的知识点能够较好地辅助中小学教学。为了更好地拓宽我国地理微课教学思路，本次所选微课为该平台上由美国得克萨斯大学附属高中开设的 AP课程（美国大学先修课程）“人文地理学概论”微课——“人口金字塔”。

（二）微课内容简介

本微课视频时长 4 分 48 秒，以俄罗斯和尼日利亚在国土面积与人口数量上的对比与预测作为导入，探讨人类学家预测人口数量的方法，以此引入人口金字塔，随后对人口金字塔进行详细介绍。

一方面，以卢旺达、加拿大、日本三国的人口金字塔（见图 8–7）为例，展示预测人口的方法，以此对比总结出以上三国分别属于前工业化、工业化和后工业化国家的人口变化特点及原因，从中列举了工业化水平影响人口数量的机制：在工业化过程中，医疗卫生条件改善，食物变得丰富；随着人口爆炸式增长，工业化水平高的国家妇女受教育程度提高和就业机会增加，城市化使抚养孩子的经济成本增加，使出生率下降。紧接着，提出问题，让学习者预测以上国家 2050 年的人口金字塔图形。

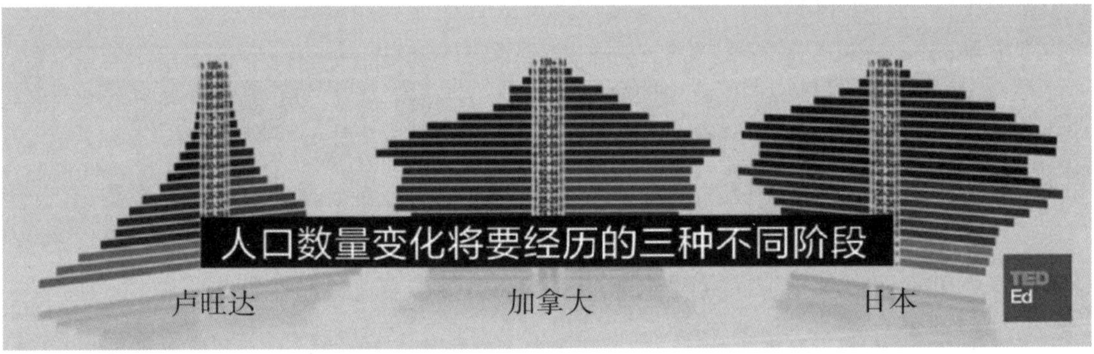

图 8–7　微课“人口金字塔”视频截图

另一方面，以俄罗斯、中国、美国三国的人口金字塔为例，探讨该工具如何反映一个国家和地区的过去的读图方法。最后，对人口变化的影响因素及其影响进行展望，简述了人口变化还受到其他因素（如食物短缺、生态系统破坏和经济不平等）的影响。

除了微视频内容外，本微课还在视频后设计了相关的配套练习。练习总共 8 题，按照简单、中等、困难的难度差异，标注在每道题旁边。以下为试题内容。

1. 分析巴西人口金字塔的变化。(简单题)

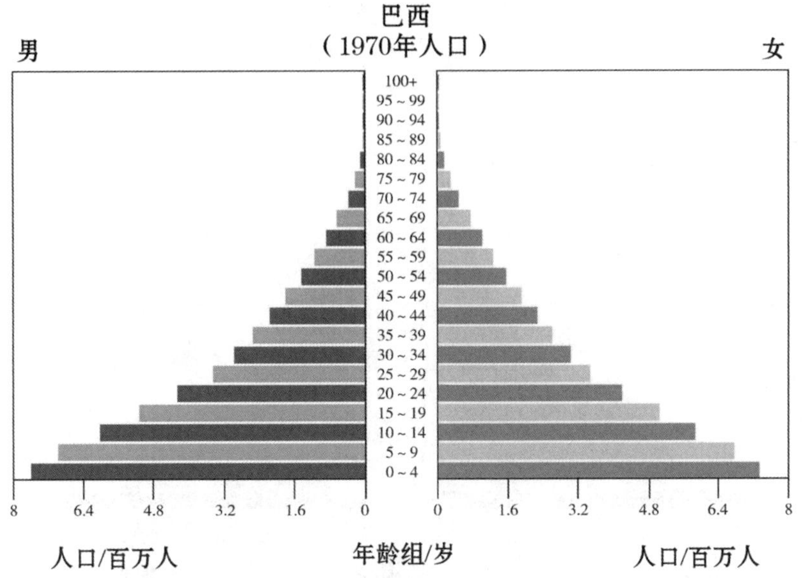

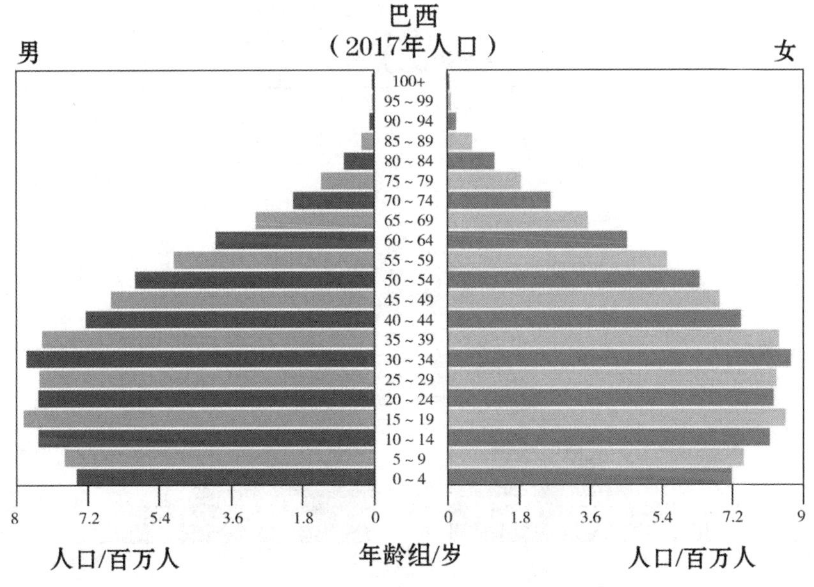

以上是巴西的两个人口金字塔图。以下哪项陈述解释了 2017 年人口金字塔中 0~5 岁人口减少的原因?

A. 女性获得医疗保健机会减少

B. 儿童和婴儿死亡率有所改善

C. 天主教会的影响

D. 出生率增加

E. 巴西政府退出鼓励生育政策

2. 人口金字塔的成因。(简单题)

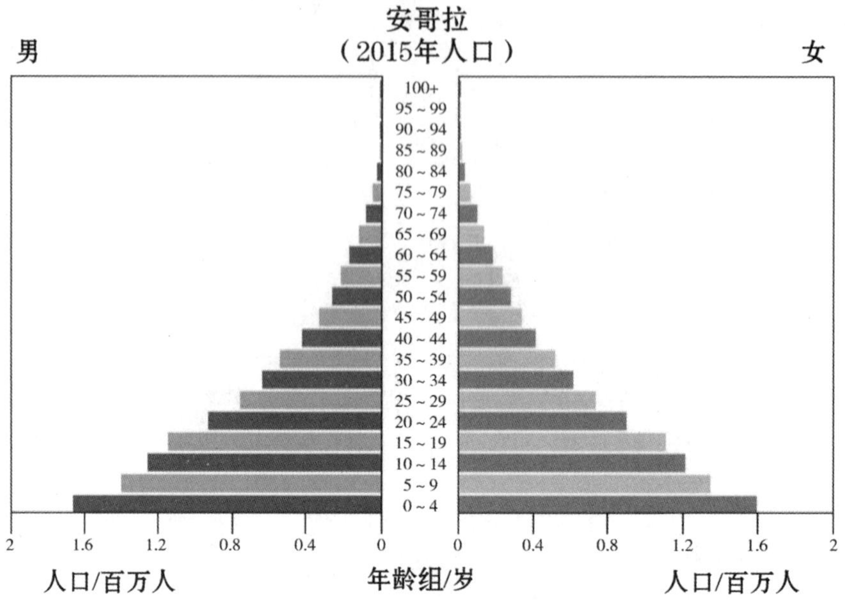

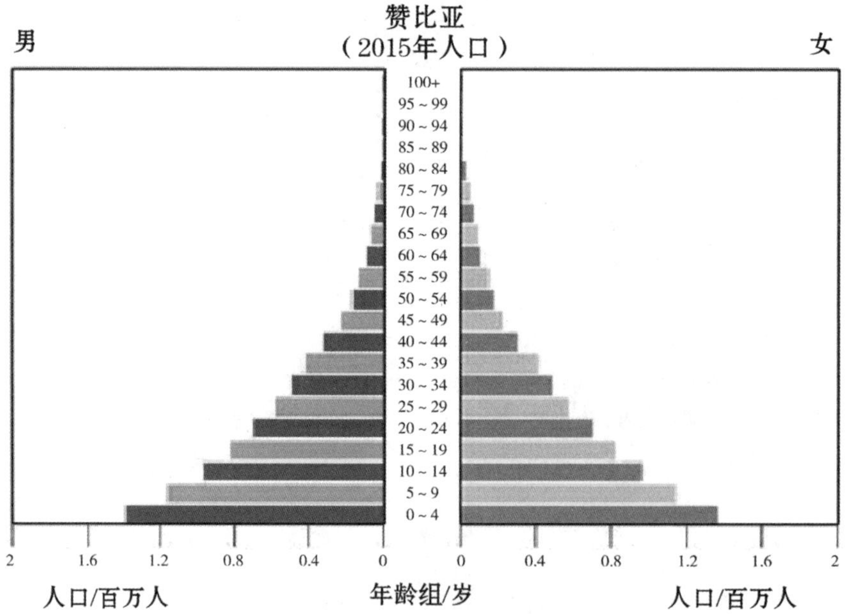

以上是安哥拉和赞比亚的人口金字塔，两国的金字塔有类似的结构。导致这种金字塔形状最主要的原因是什么?

A. 两国的出生率和死亡率相同

B. 两国生育率相同

C. 两个国家都处于工业化发展的第二阶段

D. 两者都是沃勒斯坦世界体系理论的外围国家

E. 两者都在非洲同一地区

3. 通过人口金字塔预判意大利的未来。(简单题)

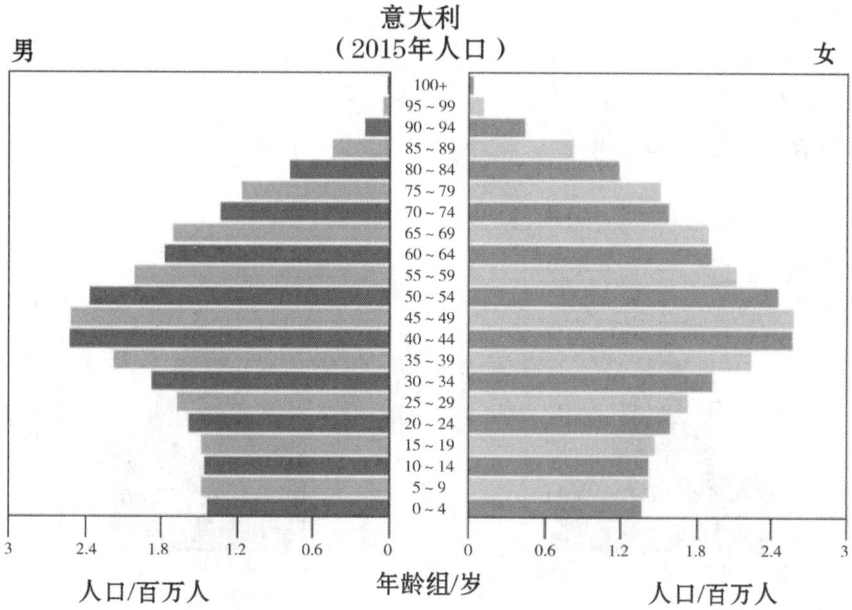

意大利的人口金字塔显示了许多经济富裕年代的人。在金字塔的基础，上意大利将面临什么问题?

A. 将会增加近 300 万儿童

B. 死亡率会增加

C. 意大利的老年人抚养比将会很高

D. 将会有更多人在意大利找到工作

E. 意大利的生育率将会提高

4. 使用人口金字塔确定未来对服务的需求。(中等题)

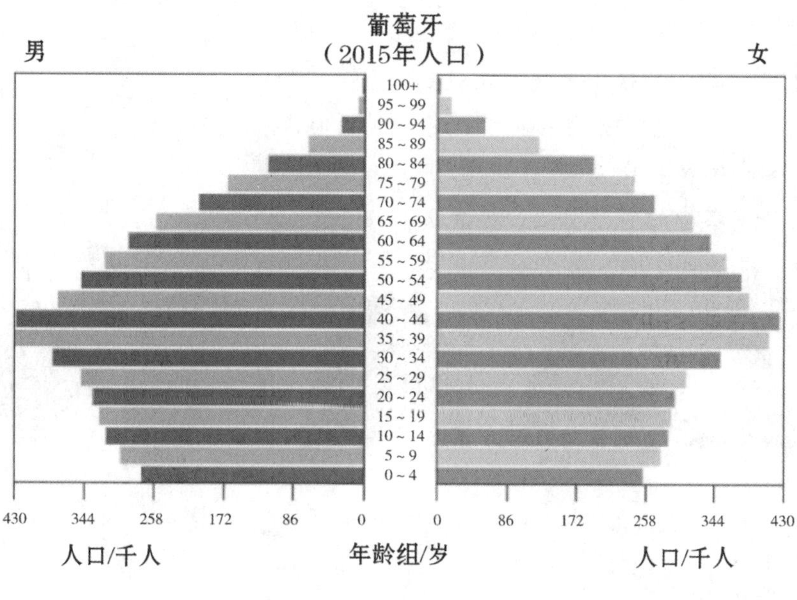

人口金字塔可被用于预测商品和服务的市场。根据葡萄牙人口金字塔，30 年内哪种服务将被需要？

A. 商业　　B. 教育　　C. 娱乐

D. 卫生健康　　E. 批发

5. 中国台湾地区人口金字塔依赖率的变化。(中等题)

中国台湾地区人口金字塔

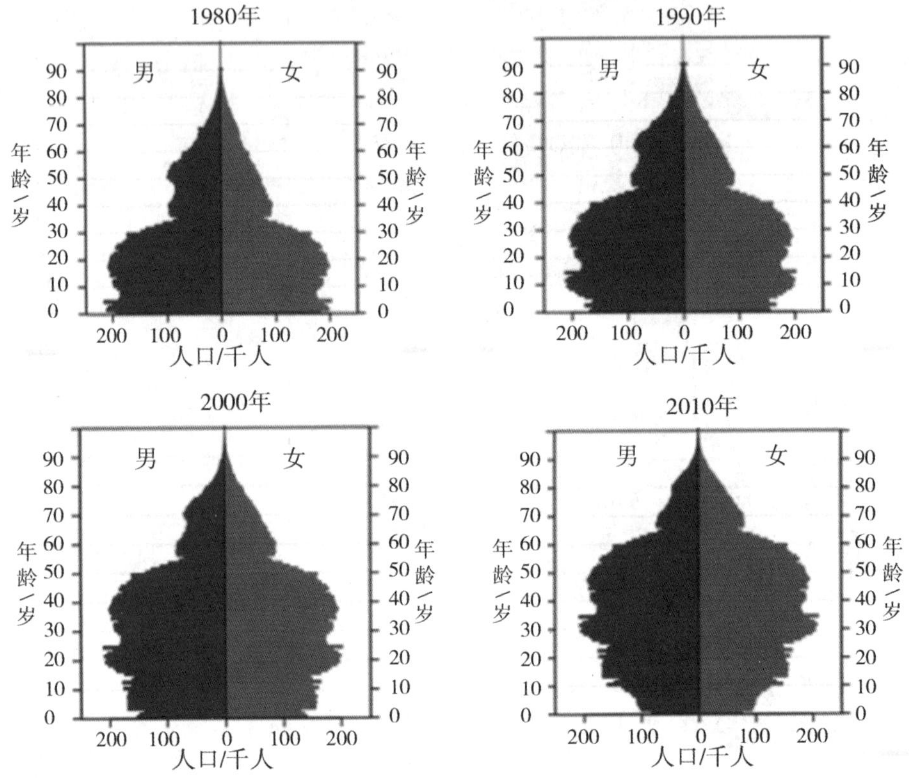

在哪个时期，台湾地区青年抚养比较高？

A. 1980 年　　B. 1990 年　　C. 2000 年

D. 2000 年和 2010 年　　E. 2010 年

6. 人口金字塔中的劳动力。(中等题)

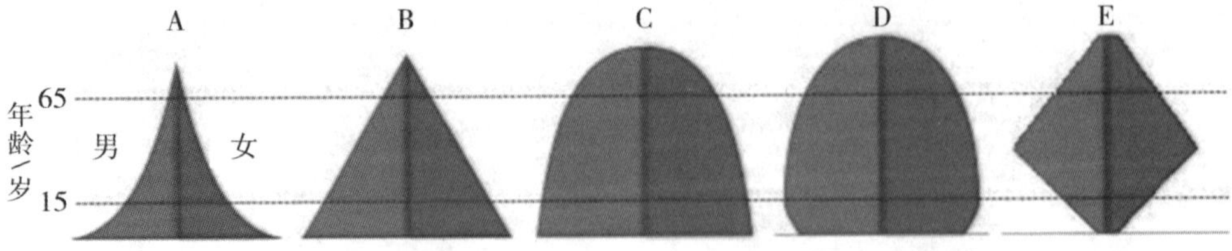

以上哪种人口金字塔反映了一个拥有最大劳动力以支持其老年人口的国家？

7. 透视密歇根州底特律市的民族构成。（困难题）

地理学家打算比较密歇根州和底特律市不同种族群体的预期寿命，将此信息进行可视化的最好方式是（　　）

A. 人口转变模型　　B. 人口统计方程　　C. 人口金字塔图

D. J曲线　　E. S曲线

8. 分析人口金字塔。（困难题）

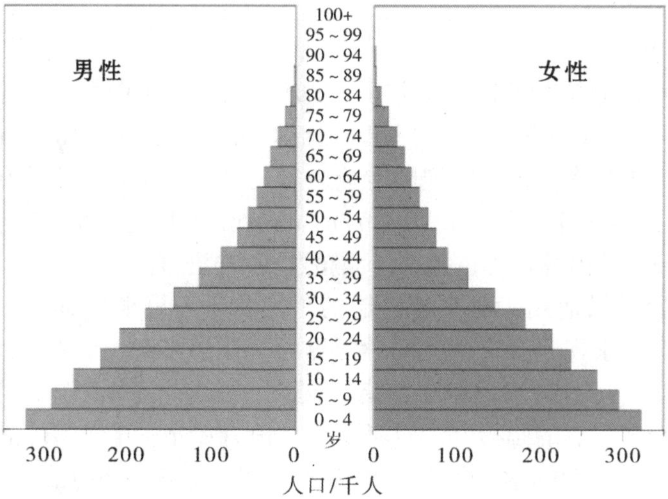

根据上面的人口金字塔，下列哪项陈述不正确？

A. 该国的预期寿命较低

B. 出生率超过死亡率

C. 该国正处于人口转变的第二阶段

D. 婴儿死亡率很高

E. 有许多获得独立并在经济上富有成效的公民

（三）微课设计点评

该微课始终围绕“人口金字塔”图为核心，探讨了人口金字塔在人口数量分析和预测中的实际运用。微视频导入富有探索性，例证丰富，动画演示流畅，语音图文清晰，是一个非常优秀的动画类演示微课。视频文本难度适中，试题设计紧扣要点，整体设计能够有效引导学生对人口金字塔图的学习和掌握。同时，综合引入其他相关的知识点，如探讨工业化与人口的关系，有助于学生综合思维能力的培养。综上，该视频可有效适用于湘教版高中《地理》（必修Ⅱ）人口模块相关内容，能够较好地辅助师生教与学。

需要改进的是，知识细节的处理和知识建构的方式有待优化。视频中将影响人口数量的因素主要归结为工业化，将城市化、医疗卫生条件、食物丰富程度、妇女受教育程度、就业机会、抚养孩子成本等都作为工业化的影响因素，进而影响人口数量的变化。理论上，这没有太多问题，但忽视了农业社会时期人口数量变化的因素。同时，在论述这些内容时，视频中并没有出现相应的图片展示，而该部分内容应属于较重要的知识梳理内容，建议配上相应的图片以便学生更好地理解和掌握。另外，在借鉴时，还需要注意修改与我国教学内容不相适应的部分。比如，此微课配套的习题中，选择题都是 5 个备选答案；不少题中选项的内容涵盖所学知识差异巨大，需要审慎选用。

二、可汗学院（Khan Academy）：“我们的太阳系与地球”课程中的系列微课

（一）平台简介

可汗学院是由孟加拉裔美国人萨尔曼·可汗于 2009 年创立的一家教育性非营利组织，与美国航天局（NASA）、现代艺术博物馆（The Museum of Modern Art）和麻省理工学院（MIT）等机构合作，提供特定的专业内容，其使命是让所有人免费享有世界一流的教育资源。早在 2013 年 8 月，它就在 YouTube提供了超过 5 600 段覆盖各个学段和各类科目的教学视频，其内容资源也被翻译成超过 36 种语言。

目前，该平台提供适用于各个年龄层的个性化学习资源，通过专属的手机应用程序，提供练习题、教学视频和个性化的学习界面，让学习者能够在课堂内外按照自己的进度学习。尤其是其特有的知识地图系统（见图 8–8），将每个知识点进行整合，要求学习者完成某一个知识点的学习并通过考试后才能开始下一个知识点的学习，这样的学习模式大大提高了学习者的学习效果。2017 年，可汗学院和相关机构分析了大约 25 万名学生的 SAT考试（即学术能力评估考试，相当于美国大学入学考试）的数据，发现使用可汗学院的官方 SAT练习与 SAT考试的成绩提高是有正向相关性的，这印证了可汗学院的学习模式有助于成绩的提高。

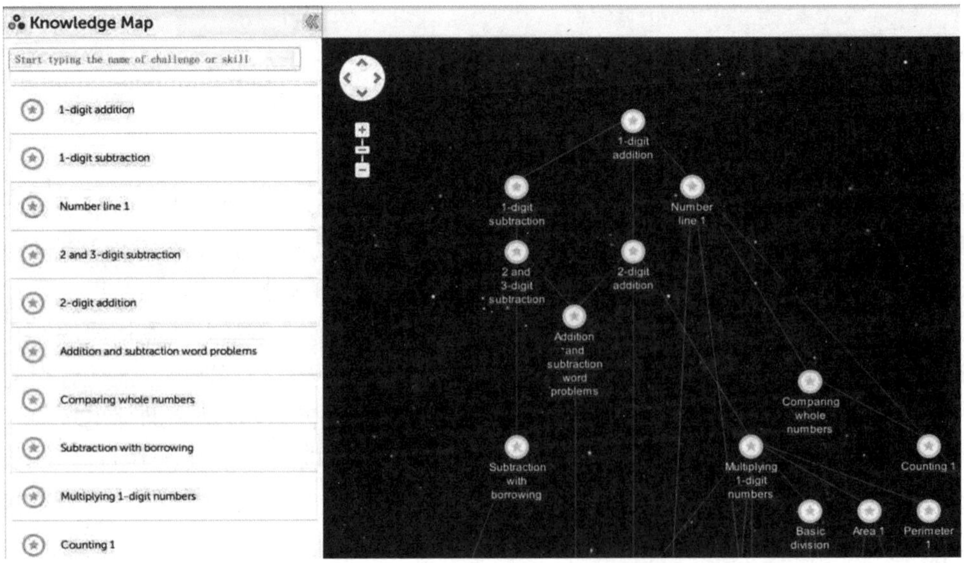

图 8–8　可汗学院某课程的知识地图

（二）微课内容简介

本微课内容隶属于可汗学院手机应用 APP中的课程“我们的太阳系与地球”，微课围绕太阳系与地球的形成、地球的板块运动等内容展开，资源形式多样，包括微视频、活动、阅读、测试等（见图 8–9）。下面对其内容进行简要介绍。

4.2　为什么板块构造很重要

【视频】大历史速成课：太阳系与地球

【活动】测试要求：地球的形成

【视频】我们移动的地球

【阅读】为什么我们都是熔岩冲浪者

【测试】为什么板块构造很重要

图 8–9　“我们的太阳系与地球”第二节内容

该微课视频有两个部分。第一个《大历史速成课：太阳系与地球》片长 14 分钟，主要内容为太阳系与地球的形成。全篇以幽默风趣的语言、充满美国式的笑点、形象生动的比喻展开对太阳系八大行星的论述，特别提到冥王星被列为矮行星的主要原因：不能清理自己轨道周围的宇宙碎块。接着对太阳的形成及其物质构成等展开探讨，不仅阐述了太阳系的形成过程，还通过链接式视频介绍了以上结论的研究方法和推理过程。紧接着根据物质组成情况对八大行星做出分类（即岩石行星和气态巨行星），对各行星的物质形成过程进行阐述和形象生动的演示（物质聚合类似摩擦生电现象）。

微视频的 6 分 28 秒处，开始对地球的形成进行论述，先动画演示地球内部结构的物质组成（粗略介绍了地核、地幔和地壳的物质组成和演变过程），随后重点阐述了地壳的特点和物质组成、地球大气和水的形成过程，描绘了地球早期（冥古宙）的地球状态，还简述了月球的形成（行星撞击地球后的物质组成）和对地球的影响，如地球上海洋的形成及潮汐运动。在 9 分 36 秒处，开始论述地球构造运动，重点阐述了板块运动的影响：生物垃圾下沉（地壳下沉运动）形成煤炭等矿产资源、降低地表温度、大陆相连以促进贸易和交流等。最后，简述了人类去寻找具有可能存在生命的星球、不断探索宇宙的历程。

在活动板块，罗列了活动的名称、目的、步骤及进一步讨论的内容，要求学生通过查阅资料、回顾前期所学，对地球形成的相关内容做结论性的判断。活动内容如下：

活动：测试要求—地球的形成

【目的】这个活动将帮助你回顾四个要点，并了解科学家如何使用它们来查证有关板块构造的结论。

【步骤】记住，在日常生活中，我们都会遇到一些要求。你在此活动中的任务是评估以下说法:

- 在任何恒星形成的气体云中，大约99%的物质最终形成一颗恒星，而只有大约1%的物质留给行星形成。
- 分化是指圆盘中的重力围绕着一颗正在发展中的恒星旋转的过程，它将物质聚集在一起，形成行星、小行星和其他天体。
- 每个大陆都有自己的构造。
- 历史学家和地质学家用非常不同的方式来测量时间。

选择以上一个说法，并确定你认为它是正确的还是错误的。然后，确定哪些线索(直觉、证据、逻辑、权威)有助于支持你的论断。

【进一步讨论】在下面探讨的活动中，做两件事:

1. 张贴你的论断，无论你认为它是错误还是正确的，以及支持你的论断的线……
2. 查看其他人的帖子，看看你是否能找到更多的线索来支持该人的说法。用你找到的线索回复他们的帖子，并描述如何支持他们的论断。

图 8–10 “4.2 为什么板块构造很重要”活动

在活动内容结束后，将由讲述式微课视频《我们移动的地球》对地球的板块运动做概述，主要内容是对地球板块运动做基本的介绍和举例。

随后，进入“阅读”板块。《为什么我们都是熔岩冲浪者》的作者通过大量图文资料和自述札记，详尽介绍了板块运动对地球地形地貌的塑造及其影响。这些板块运动犹如“冲浪”般刺激和剧烈：如冰与火之地的冰岛、“火山之国”印度尼西亚、黄石公园等，通过探访与回顾以上各地的板块运动，如高大山系的形成、火山喷发、地震、海啸等，阐述地球上的重要板块运动的表现形式及影响，为我们打开了一个壮丽、充满惊险的“板块冲浪”画面。文章最后对学习者提出进一步思考、讨论的问题：为什么地球上有的“冲浪”十分缓和，而有的地方十分剧烈，如印度尼西亚。

在最后的“测试”板块中，提供了以下 5 道选择习题，其考查的内容主要是前期所学的地球板块构造。每道题目有 4 个备选项，且每道备选项都会有自选提示（如本组的第 2、3 题）。当对题目没有把握时，可以点选每道题下方的“使用提示”获得，且每个提示都有一定梯度性，并不会将 2 个提示全部列出。如错选，将获得无限次的再选机会，直至完成所有测试。完成所有习题后，系统会统计学习者第一次选择的答案，如通过率没有达到 100%，将需要再次进行测试。

“为什么板块构造很重要？”测试活动

1. 地球构造板块的移动速度大致与下列哪种移动速度相同？（请选择一个答案）（　　）

A. 巨型红杉树生长的速度　　B. 云飘浮的速度

C. 冰川漂移的速度　　**D. 你的指甲生长的速度**

2. 地壳被分解成十几个板块，这些板块漂浮在________缓慢移动的岩石上。（选择填空）

A. 地核外核　　B. 地核内核　　C. 大气　　**D. 地幔**

［提示：（1）地核是由密度大的元素组成的，这些元素在分裂过程中沉入内部——比如铁和镍。（2）地壳是由一层熔化的岩石和金属组成的。］

3. 在大陆板块俯冲的地方，你将发现（　　）。（请选择一个答案）

A. 内陆山脉　　B. 一连串的岛屿　　C. 裂谷　　**D. 沿海山脉**

［提示：（1）当构造板块分裂时，它们形成了一个类似东非大裂谷的裂谷。（2）群岛链通常形成于两个大洋板块之间的俯冲带。］

4. 板块构造的一个基本概念是地球大陆是相互联系的，这意味着在地球历史上的某个时刻，所有的大陆都形成了一个超大陆，叫作泛大陆。科学家用什么理论或术语来描述这种大陆运动？（　　）（请选择一个答案）

A. 大陆吸积　　B. 宇宙起源论　　**C. 大陆漂移学说**　　D. 盘古大陆论

5. 下列哪一项不作为板块构造理论的依据？（　　）（请选择一个答案）

A. 飓风　　B. 火山带　　C. 大洋中脊　　D. 火山

（编者注：以上粗体字为答案）

（三）微课设计点评

本微课通过微视频，由太阳系和地球的形成出发，构建了一个由远及近的视角；通过各类互动（如讨论活动、阅读材料、习题测试等），不断缩小研究范围、落实知识内容，为学习者建构了地球所处的内外部宏观环境；通过列举板块构造的具体表现，展现了一幅幅地球板块运动的壮美画卷。这样综合而又全面的微课设计，保障了学习者能够获得高质高效的学习资源，从而获得良好的学习体验。尤其是其测试模块，不仅能够将前期所学综合考查，更加能够通过测试的分层性与交互性，强化学习者对所学知识的理解，记录学习者的成长轨迹，从而为下一步的学习提供更科学的方案。

值得注意的是，活动板块的讨论显然需要一定的网络设备支持才能够进行，对于部分没有条件开展的学校需要重新设计。当然，课程内的其他活动同样对我们的教学具有很大启发，如本微课的先导活动，就是在学习前对学习者的一个测试活动（见图 8–11）。

【提示】恒星在形成时遵循一个非常独特的过程，太阳系和行星也是如此。在这次活动中，你将看到六张图片，它们展示了太阳系和行星形成的过程。使用直觉和逻辑，确定图像的正确顺序。在你的笔记本或下面提供的空间中，指出正确的顺序来显示我们太阳系形成的进程。

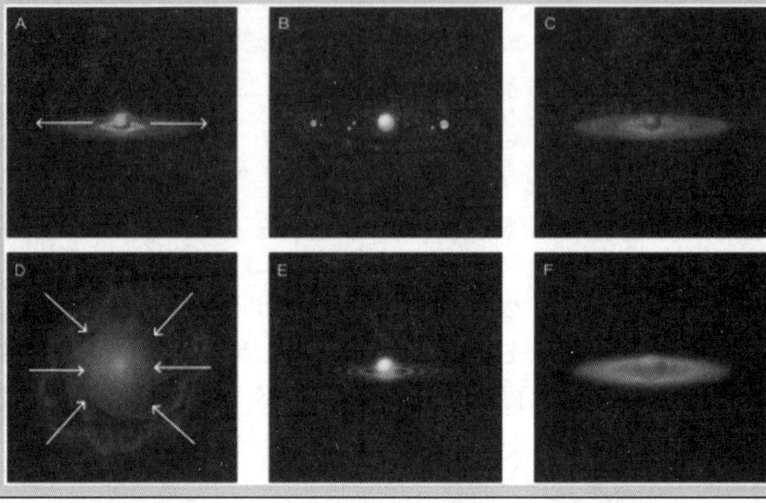

图 8-11　“为什么板块构造很重要？”先导活动

此外，第二个微课“我们移动的地球”，仅通过教师讲述来进行板块运动的知识传授，显得难度较大。这里建议采取更加具备“可汗学院式”的微课方式，即“电脑+画板”的形式，能够较为真实地模拟教师给学习者上课讲解的状态。如可汗学院的另一个微课“地球内部结构”，通过时长 9 分 35 秒的微视频，采用“电脑+画板”的形式进行画、写讲解，微视频中先用不同颜色的电脑画笔画出地壳、地幔、地核等地球剖面结构图，并详细介绍了地壳、地幔和地核的物质组成和各自深度（见图 8-12），着重论述了物质的组成情况并简要分析原因，总结出一般规律：高温高压下的内核（或下地幔）应为固体，而外层因压力较小都为流体。

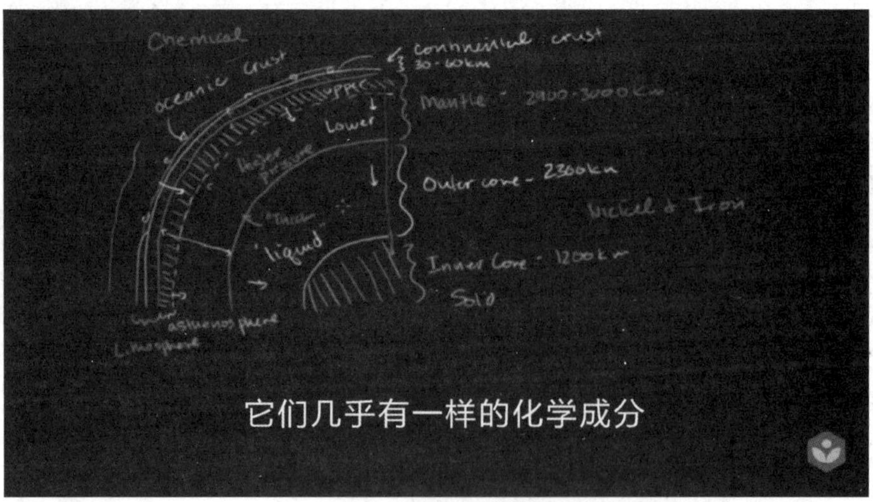

图 8-12　微课“地球内部结构”视频截图

这样的“可汗学院式”微课对于自然地理模块的教学具有天然的优势，对学生逻辑思维的培养、重难点知识的理解有较好的辅助作用，值得大家在制作中学地理微课时加以借鉴和参考。

三、基于 Try It 平台“初中地理”课程的微课“欧洲 1”

（一）平台简介

Try It成立于 1987 年，是由日本教育培训公司（株式会社ドライグループ）于 2015 年 7 月开发上线的网络学习平台。目前已有超过 4 000 个涵盖小学、中学乃至大学的各学科课程视频，超过 100 万人进行注册；同时，其视频频道在网站 YouTube上的观看量已近 1 亿人次。

作为以营利为目的的教育培训公司，其微课平台主要内容虽为初高中学段的考试科目课程，但依然以免费的形式，作为线下教育培训班的引流渠道。其手机应用程序较为有特色的是，它不仅可以实现微课视频的观看，而且在观看视频的过程中，有不懂的地方可通过摇动手机记录自己不太理解的地方。此外，针对学习者不能理解的内容，可以通过付费挑选老师，获得个性化的指导。同时，配套的文本和练习册也可以免费下载，以便进一步学习。

（二）微课内容简介

本微课视频内容为欧洲的简要介绍，适用于初中段区域地理的学习。通过讲授式的微课形式，分为要点、练习、总结三个部分，可以通过应用程序界面快速选择需要观看的板块。微课视频时长约 8 分 20 秒，主要内容是对英国、法国、德国、意大利、俄罗斯、挪威、西班牙、葡萄牙等国的位置、国家名称、特点及其历史发展进行简要的介绍。

其练习教材部分，根据微课内容进行设计，学生在完成视频学习后，进行有关欧洲主要国家特色地理事物、位置及名称的相关练习，完成后可以查看答案（解答）；如仍然有不理解的地方，可以观看练习讲解的视频或进行详尽的文本阅读。

（三）微课设计点评

本微课作为初中区域地理学习的先导性课程，以认识欧洲的主要国家为内容，详略得当的讲解，难度较为简单的习题设置，较为适合七年级学生的认知水平和学习能力。视频中的授课教师充满活力，在不到 3 分 30 秒的时间内，展现了欧洲主要国家的位置、特色和名称，并结合习题讲解和总结，反复细致地提高了学生对所学地区基本情况的认识。在总结部分，还着重讲解了记忆相对位置的方法，提出欧盟的建立对欧洲发展的影响，得出“稳定和团结有利于国家发展”的结论，有利于学生正确世界观的形成。这为后期学习欧洲的气候、地形、农业、语言、宗教等内容打下了良好基础。

需要注意的是，微课中在做位置讲解时，主要通过相对位置进行讲解，如用“法国位于英国的东南部”来描述法国的位置，没有标注经纬网对地理位置进行系统化的建构，也不利于将来学生对西欧受西风带影响的理解。因此，建议将经纬网放入图中，作为重要的定位工具，要求学生进行一定的填写、记忆，这将有利于学生对世界区域地理位置的整体把握。

◎ 深度思考

1. 请尝试使用本章节提到的国外微课学习平台，深入了解国外地理微课的发展及现状。

2. 国外地理微课的内容选择、设计和目标与国内有什么区别？各有什么优缺点？

第四节　地理视频素材资源

◎ 问题导入

地理视频素材由哪些部分组成？其获取途径有哪些？如何获得免费的地理视频素材？

地理视频素材是微课视频的基本组成内容，好的地理素材往往能够大幅提高微课视频的制作效率和呈现质量。面对海量的数字资源，如何快速、高效地获取地理视频素材显得尤为关键。本章节将简要介绍地理视频素材的分类和获取方法，以期给广大地理教师提供“捕鱼之法”。

除此之外，本节还提供了大量现有的地理微课视频，扫描图 8–13 二维码即可获取，提取码：j28o。

图 8–13　地理视频素材资源

一、地理视频素材的分类

地理视频素材分类多种多样，按照素材组成可以分为文本类、图标类、图片类、音频类及视频类；按照地理视频获取渠道可以分为纪录片视频、新闻类视频和学术类视频。

（一）以素材组成分类

1. 文本类

主要指的是地理视频的脚本。该类素材来源十分广泛，可以从课本、教参、文献素材、网络中获取。而关键在于优质文本素材的获取与整理，以便编写出优质的视频脚本，保障地理微课的质量。

2. 图标类

好的图标能够为地理视频创建一个简洁的外在形象，尤其是打算自主创建品牌类的地理微课。在自媒体的创建中，对自我形象的包装首先是通过Logo或者头像来建立。这里推荐几个质量较高的图标类网站。

（1）Easyicon（www.easyicon.net）。支持中文搜索，风格较为多样，提供多种下载格式。图8-14为该网站搜索“地球”的结果显示。

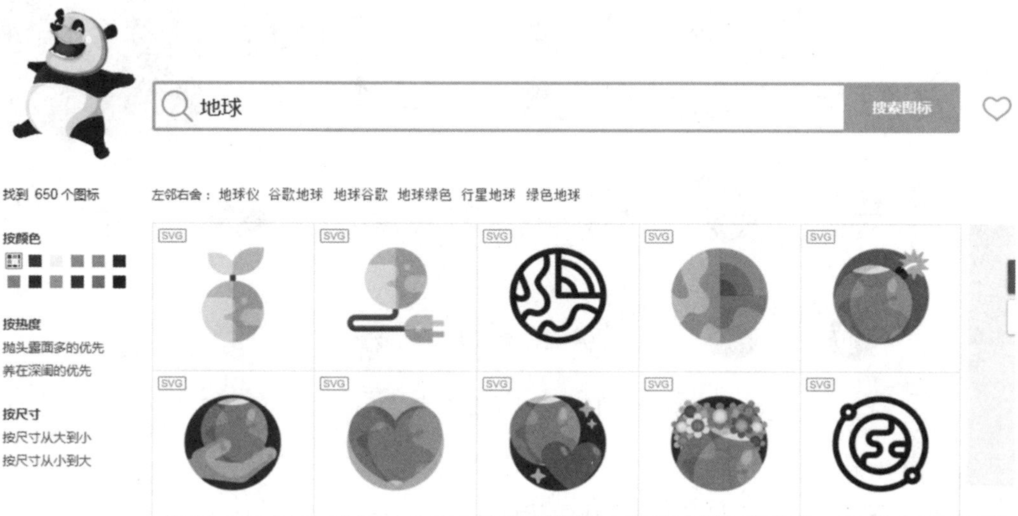

图 8-14　Easyicon页面搜索“地球”结果

（2）Iconfont（www.iconfont.cn）。该网站是阿里巴巴旗下的矢量图标交流平台，同样支持中文搜索，也可以上传自己的设计建立图标库。网站有多色、单色等分类，每个分类下面都是各个设计者的作品合集，方便查找。图8-15为该网站搜索“地球”的结果显示。

图 8-15　Iconfont页面搜索“地球”结果

（3）Flaticon（www.flaticon.com）。Flaticon 是由 Freepik 公司创建的矢量图标网站，需要英文搜索，最吸引人的地方在于它强大的打包下载形式，不过部分图标需要付费。如果你选择下载 png格式，还可以用 Flaticon 在线修改颜色这个功能。图 8–16 为 Flaticon 搜索 earth后的结果显示。

图 8–16 Flaticon页面搜索“earth”结果

3. 图片类

这里的图片包括地图和地理景观图片两大类。

（1）地图。推荐地图窝（www.onegreen.net），它收藏了丰富且合乎中国规范的高清地图。地图类型也较为多样，包括行政区划图、地形图、交通图等基本的地图形式，也有黑白轮廓图、简图等（见图 8–17）。

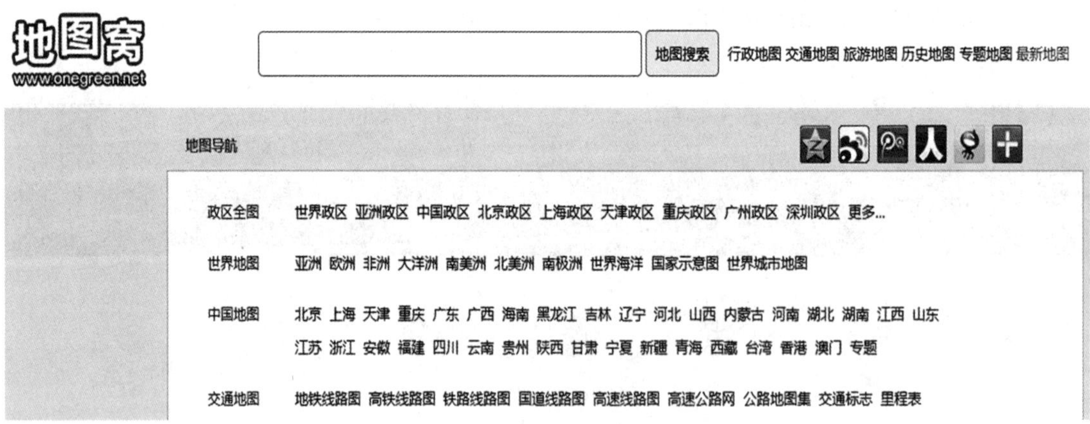

图 8–17 “地图窝”网站首页

如想较为便捷地获取大比例尺的等高线地形图，可以使用腾讯地图，在放大到 1∶20 000 时就可以出现。对于大范围内的等高线地形图的需求，通常做法是通过分层设色图进行简单的加工处理后获得。

（2）景观图。绝大部分地理景观图通过一般的搜索引擎即可获得，这里推荐用必应代替百度，其图片除了高清准确而且基本无水印外，尺寸选择较多，还可以筛选出透明底的图片，功能大大超过一般的搜索引擎。

4．音频类

地理视频素材的音频主要以轻音乐的背景音乐为主。在进行地理微课视频的制作过程中，如何找到适合自己微课风格的背景音乐是需要反复考量的。而如今由于加强对音乐版权的管理，很多音乐的版权分属于不同的音乐平台，这增加了查询和下载音乐的时间和经济成本。推荐使用音乐搜索器，进行全平台音乐的搜索，提高素材收集效率。

5．视频类

作为地理视频素材最直接的来源类型，与地理相关的视频种类多样，涵盖纪录片、动画演示、学术讲解等，那么如何在海量资源中快速高效地找到相应的高质量视频素材？通过一般的搜索引擎是途径之一，但质量难以保证，因此推荐利用本书第六章所述的各类专业微课网站或APP进行搜索和下载。

（二）以视频获取渠道分类

在地理视频素材中，根据一般中学教学所需，其来源可以简要分为纪录片视频、新闻类视频和学术类视频资源，下面做简要介绍。

（1）纪录片视频资源。该类视频为地理视频素材高质量的代表，往往围绕一个核心主题开展丰富而又细致的论述。这方面的纪录片以英国的BBC、美国的Discovery、日本的NHK、央视纪录片频道等为典型代表，也可以通过视频类网站查找相应的资源。

（2）新闻类视频资源。这类视频主要以国内新闻媒体报道为主，推荐央视网（tv.cctv.com）作为国内权威媒体素材的主要来源。

（3）学术类视频资源。主要以围绕地理学科的前沿进展进行系统而深入的讲解为主，相应的资源可以通过中国大学MOOC（https://www.icourse163.org）和网易公开课（open.163.com）查询和获取。

二、地理视频素材获取和处理

前文简要介绍了地理视频素材的分类和查找的渠道，但在查找到后，还需要针对以上素材进行进一步的甄别、选择和处理，这里再提供一些素材获取的途径、方法和技巧。

（一）获取途径

1．书籍及文献资料

地理视频类的微课一般在书籍中以光盘、二维码链接的形式存在，如本书前面提供的众多二维码视频链接。一般来讲，出版书籍中附带的光盘视频，相对质量较高，可以提供较大的借鉴和示范意义，也可以在各大在线商店或图书馆搜索页面搜索“地理+光盘”字样获得相应的图书资源。

2. 电子文本资源

作为主要的地理视频素材来源形式，电子类的文本资源具有与纸质文本无可比拟的优越性。其中，以期刊文献与微信公众号为优质的文本资源代表，下面对这两类资源做简要介绍。

（1）期刊文献。这类资源的学术性和权威性是地理视频素材的保障。这里提供一个免费的获取方法：注册登录“广东省立中山图书馆”（www.zslib.com.cn），选择“D类读书证”即可实现在线免费获取期刊文献资源，进入个人数字图书馆后，出现众多的电子资源库，一般选择“CNKI知识资源总库”即可进入中国知网，搜索想查找的文献名称就可以实现免费下载。其弊端是目前仅针对广东省内居民开放使用，如需查找其他数据库资源，可以注册并登录国家图书馆（www.nlc.cn）进行搜索和查找。

（2）微信公众号。作为自媒体时代发展的集大成者，微信公众号也提供了丰富优质的地理视频素材（如本书第六章所述）。需要指出的是，通过搜狗的微信搜索，即可查询到相应的微信公众号文章及相应资源。这类资源的系统性、及时性都保证了素材的质量，不过需要额外关注自媒体素材的科学性，以免出现知识性错误。

3. 视频网站

如前文所述，推荐央视网作为主要的视频素材来源，它不仅提供新闻类视频，也涵盖各类纪录片和学术类视频；其主要的不足之处在于搜索引擎尚缺乏智能性，查找结果的相关度较低。

腾讯视频（v.qq.com）作为国内覆盖面最广、与微信最为密切的视频网站，资源较为丰富多样，引用较为便利；其主要的不足之处在于广告内容过多，影响观看。

除此之外，哔哩哔哩（www.bilibili.com）同样涵盖丰富的视频资源，其广告和弹幕功能也深受广大学生的喜爱，产生了大量符合中学生观看的视频。以“地理课”为关键词进行搜索，可以发现众多风格迥异的视频。

（二）获取和处理方法

在获取了大量地理视频素材时，常常出现需要付费下载或下载渠道困难的情况，这种情况以文本类资源和视频类资源为甚，因此，这里简要提供一些工具和方法。

1. 纸质文本的电子化处理

主要针对纸质文本如何转变为电子化的可编辑文字和图片，可采用OCR文字识别软件进行处理。市面上此类软件较多，推荐使用“扫描王APP”作为主要的电子化处理工具。

2. 不可复制类的电子文档

这类文档以360图书馆、百度文库、知乎等为主，可以采取安装“有道云笔记”插件的方法予以解决。具体的操作是，在360浏览器的右上角点选插件安装，搜索并安装“有道云笔记”的插件即可。对于不能复制的文字，在有道云笔记的插件右键点选“有道云笔记网页剪报”后，就会将页面文字复制到相应的有道云笔记文档内，从而实现自由的编辑功能，如图8-18所示。

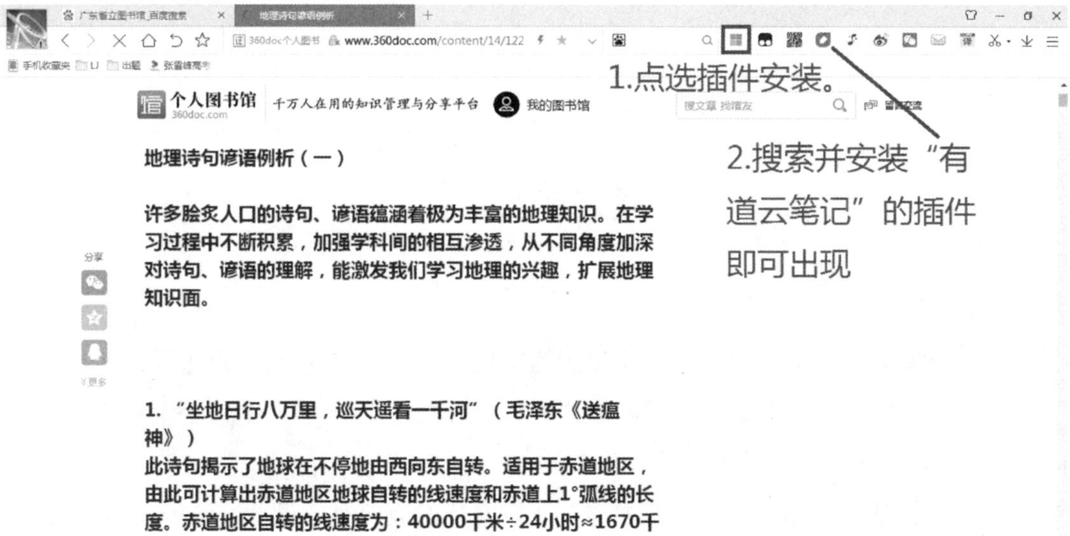

图 8-18　有道云笔记网页剪报使用示意图

3. 现有微课视频的下载

（1）硕鼠软件。它是一款提供视频快捷下载的 FLV视频下载平台，目前提供 FLV在线视频下载服务，支持 CNTV、新浪、搜狐等 84 个网站的视频免费快捷下载。使用方法是复制粘贴到硕鼠视频地址栏，点选“用硕鼠下载视频”即可。其缺点在于视频格式受限，较多视频网站（如腾讯视频、优酷视频等）资源不能直接下载。

（2）录屏软件。日常在对地理视频资源的收集中，常遇到不能下载且时长较短的视频，推荐使用免费在线录屏网站 Apowersoft（www.apowersoft.cn/free-online-screen-recorder）进行处理。在简单安装后，即可轻松实现视频翻录。其优势在于所有视频都可以免费获取且安装简便，但这种方法对于时长较长的视频录制较为困难，使用者需根据情况灵活处理。

◎ 深度思考

1. 试用本章节提到的软件或方法探索其中的优缺点。
2. 地理视频素材的组织有没有一定的机制或方法，以提高微课视频制作效率？

参考文献

［1］李家清．中学地理教学设计和案例研究［M］．北京：科学出版社，2012.

［2］杨姗姗．基于混合式学习的微课教学设计与应用研究：以《远程教育原理与技术》为例［D］．武汉：华中师范大学，2016.

［3］冯智慧，郑晓丹．微课新界定：从技术开发迈向有效设计：访华南师范大学胡小勇教授和佛山教育局胡铁生老师［J］．数字教育，2015（4）：56–60.

［4］大优酷与东方梦工厂达成顶级家庭娱乐内容版权授权合作协议［EB/OL］.（2016–12–15）［2017–01–12］．http://www.techweb.com.cn/news/2016-12-15/2451968.shtml.

［5］刘徽．微信公众号，这么做才有效［M］．北京：电子工业出版社，2016.

［6］彭会平．“海陆变迁”教学设计［J］．中学地理教学参考，2015（9）：47–49.

［7］胡小勇，冯智慧．理解翻转课堂从十个问题说起［J］．教育信息技术，2015（11）：3–6.

［8］吴玮．我国中小学微课设计、开发与评价的问题与对策：基于中国微课网的内容分析［J］．中小学电教，2017（1）：20–23.

［9］王雪晶．微录播系统在信息化教育中的应用研究［J］．办公自动化，2018（5）：45–46，58.